महाभारत की संरचना

(निबन्ध-संग्रह)

श्रेष्ठ भारतीय साहित्य

भारतीय ज्ञानपीठ

महाभारत की संरचना

बच्चन सिंह

भारतीय ज्ञानपीठ

लोकोदय ग्रन्थमाला : ग्रन्थांक 1010

ISBN 978-81-263-1833-9

प्रकाशक :
भारतीय ज्ञानपीठ
18, इन्स्टीट्यूशनल एरिया, लोदी रोड
नयी दिल्ली–110 003

मुद्रक : विकास कम्प्यूटर ऐंड प्रिंटर्स, दिल्ली–110 032

आवरण–चित्र : राधेश्याम अग्रवाल
आवरण–सज्जा : ज्ञानपीठ कला प्रभाग

MAHABHARAT KI SANRACHNA
(Essays)
by Bachchan Singh

Published by
Bharatiya Jnanpith
18, Institutional Area, Lodi Road
New Delhi-110 003
e-mail : jnanpith@satyam.net.in, sales@jnanpith.net
website : www.jnanpith.net

Third Edition : 2019
Price : Rs. 200

दिवंगता धर्मपत्नी इन्दिरा सिंह
की पुण्य स्मृति में

प्राक्कथन

''भारतवर्ष के वनों की तरह 'महाभारत' विस्तीर्ण है। उसके वृक्ष समूह एक-दूसरे से सटे हुए जटिल लता-गुल्मों से आच्छादित और उलझे हुए हैं— बहुविचित्र मंजरियों से लदे हुए रंगमय और सुगन्धित। वहाँ सभी तरह के जीव रहते हैं, पक्षियों की मनोमुग्धकारी ध्वनियाँ सुनाई पड़ती हैं, उसी के साथ वन्य जन्तुओं की भीषण हुंकार भी। सीधे-सादे कबूतरों के पास कुंडली मारे सर्प पड़े हुए हैं। वहीं पर दस्युओं का भी निवास है जो विधि-विधानों से मुक्त किन्तु अविश्वसनीय कुसंस्कारों के दास हैं। उन्हीं के संग ऐसे त्यागपरायण चिन्तक भी हैं जिनकी दृष्टि जगत से परे ऊर्ध्वोन्मुखी है और उनकी भावना बहिर्विश्व और अन्तरात्मा के गहनतर स्तरों तक व्याप्त है। इसमें कार्यक्षमता है, इच्छाशक्ति-सम्पन्न प्राणों का ऐश्वर्य है जो अन्य किसी शक्ति के बाहर है। उसी के पास सहस्त्रों वर्षों से संचित गुरु भार और निप्राण निद्रा पायी जाती है, उसी के पास सपनों का तलदेश है। हम उसी में निमग्न होना चाहते हैं, बशर्ते वहाँ दंशकारी मक्खियाँ (मच्छर) न हों। इसमें हम दीर्घकाल तक विस्मय पर विस्मय का अनुधावन करते चलें तो भी यात्रान्त (अन्तिम यात्रा) सन्दिग्ध बना रहेगा।''

—बुद्धदेव बसु, 'महाभारतेर कथा' के हिन्दी अनुवाद से उद्‌धृत।

इसी यात्रा पर मैं 15-20 वर्षों से निकला हूँ। 'महाभारत' पढ़ता रहा हूँ और महाभारत मुझे पढ़ता रहा है। यह पढ़ाई अविराम चलती रहेगी। एक-दूसरे के पढ़ने के द्वन्द्वात्मक सम्बन्धों की फलश्रुति है यह पुस्तक। अन्य ग्रन्थ हमें एक मार्ग से ले जाकर किसी गन्तव्य पर छोड़ देते हैं या मार्ग पर प्रश्नचिह्न लगाकर अलग हो जाते हैं। किन्तु 'महाभारत' के महाकान्तार में रास्ता खोज पाना बहुत कठिन है। स्थान-स्थान पर हिंस्र पशुओं, नदी-नालों, झाड़-झंखाड़ों का मार्गावरोध। इसमें रास्ता खोजने, निरन्तर चलते रहने, भटकने के अतिरिक्त कोई विकल्प नहीं है। भटकने का अपना अलग सुख होता है। उसका अपना सुख है, अगर कुछ मिल जाए तो क्या कहना। अगर...।

इस महाकान्तार के अनपेक्षित लगने वाले वृक्षों, झाड़-झंखाड़ों को काट-छाँटकर सुखथणकर जैसे विद्वान ने बड़े श्रम से 'महाभारत' का एक 'क्रिटिकल एडिशन' तैयार किया जो भंडारकर इंस्टीट्यूट से प्रकाशित हुआ। पर जिस प्रकार बड़े जंगलों को काटकर उसके विराट सौन्दर्य और संस्कृति को नष्ट किया जा रहा है वैसे ही सुखथणकर संस्करण ने भी किया। मैंने उस 'महाभारत' को लिया है जो अपने सम्पूर्ण विस्तार में उपलब्ध है। गीता प्रेस संस्करण और सातवलेकर संस्करण मेरे आधार ग्रन्थ हैं। गीता प्रेस संस्करण जहाँ सन्दिग्ध लगा है वहाँ सातवलेकर संस्करण से काम लिया गया है। इसकी संरचना में व्यास कम नहीं भटके हैं।

'महाभारत' की समझदारी के लिए कुछ और पुस्तकों को पढ़ना आवश्यक है— वासुदेवशरण अग्रवाल की 'भारत-सावित्री', इरावती कर्वे की 'युगान्त' और बुद्धदेव बसु की 'महाभारतेर कथा', पहली हिन्दी में है दूसरी मराठी में और तीसरी बाँग्ला में। दूसरी-तीसरी के हिन्दी अनुवाद हो चुके हैं। अग्रवाल के ग्रन्थ में पांडित्य की ऊष्मा है, कर्वे में एक नृतत्त्ववेत्ता की गुणवत्ता और बसु में क्लासिक साहित्य की तुलनात्मक छौंक के साथ बेहद मौलिक अर्थापन (इंटरप्रटेशन)। इनसे पता लगता है कि 'महाभारत' के अनगिनत आयाम हैं। उन पर अनन्त काल तक लिखा जा सकता है। दुनिया में प्रतिपल, प्रतिक्षण जो महाभारत हो रहा है, वह हम देख रहे हैं, सुन रहे हैं। इस 'महाभारत' के अतिरिक्त हर व्यक्ति के मन में एक महाभारत होता रहता है— एक-दूसरे से कुछ मिलता-जुलता फिर भी भिन्न। 'महाभारत' के टेक्स्ट को प्रत्येक पाठक अपने-अपने ढंग से 'डी-कान्स्ट्रक्ट' करेगा और अलग-अलग परिणतियों पर पहुँचेगा।

मेरे मन में जिज्ञासा जगी कि इतना महिमान्वित क्लासिक जो हर समय प्रासंगिक बना रहता है, कैसे लिखा गया। जब रामानन्द सागर ने इसका फिल्मांकन किया तो दूरदर्शन पर इसे देखने के लिए सड़कें सूनी हो जाती थीं। रामायण का फिल्मांकन उतना आकर्षक न बन सका। दूरदर्शन जैसा प्रभावशाली मीडिया उसके मोटे सिम्तों को ही समेट सका है। वह एक आइसबर्ग है, जिसका तीन बटे चार भाग पानी में रहता है। ठीक ही कहा गया है—

यदिहास्तितदन्त्र यन्ने हास्ति न तत् क्वचित्।

अन्त में व्यास थके हुए स्वर में कहते हैं—

ऊर्ध्वबाहुर्विरौम्येष न च कश्चिच्छृणोति मे।
धर्मार्थश्च कामश्च किमर्थे न ते सेव्यतै॥

मैं दोनों हाथ उठाकर कहता हूँ कोई नहीं सुनता कोई नहीं सुनता। लेकिन अब भी कुछ लोग बचे हुए हैं जो सुनते हैं, यद्यपि ऐसे लोग कम हैं। इन्हीं कम लोगों में पीटर ब्रुक्स भी है जिसने 'एक्जाटिक' परिवेश में महाभारत का नाट्य रूपान्तरण किया है। उसे सुना गया है, सराहा गया है।

इरावती कर्वे ने 'युगान्त' में लिखा है कि 'महाभारत जीवन की व्यर्थता और निस्सारता का ग्रन्थ है। इसके पढ़ने से ऐसा लगता है कि सारे मानवीय उपाय-प्रयास निष्फल हैं। मानवीय जीवन का अन्त दुखद और नैराश्यपूर्ण है। क्या महाभारत इसी अभिप्राय से लिखा गया है? यहाँ तो सारे मानवीय स्नेह, घृणा, कष्ट, सभी तुच्छ, सारहीन और पतझर के चक्रवात में सूखे पत्ते की तरह उड़ते रहते हैं।' कर्वे के कथन को झुठलाया नहीं जा सकता, पर उसे शत-प्रतिशत स्वीकारा भी नहीं जा सकता। इस सारहीन जीवन में भी सार ढूँढ़ना होगा। यह काम पाठक का होगा।

महाभारत की संरचना में सबसे अहम भूमिका पात्रों या चरित्रों की है। शिक्षा-दीक्षा, धर्मशास्त्रीय उपदेश, अनुष्ठान भले ही भूल जाएँ लेकिन संघर्षों की चमक लिये पात्र अविस्मरणीय हैं, अभूतपूर्व हैं। इस अध्ययन में उन्हें उनके जटिल अन्तर्विरोधों सहित समाविष्ट कर लिया गया है। सबसे अधिक अन्तर्विरोधी पात्र हैं— कृष्ण और युधिष्ठिर। इनको समझना टेढ़ी खीर है। कृष्ण एक ओर ईश्वर हैं तो दूसरी ओर मिकियाविली। युधिष्ठिर जितने धर्मराज हैं उतने ही अधर्मराज। कर्ण क्षत्रिय होकर भी सूतपुत्र है, माँ से त्यक्त, दैव और गुरु से अभिशापित, दोष विरहित-कौरवों का कृष्ण। वीरों में अद्वितीय, कृष्ण और अर्जुन के समकक्ष— अर्जुन से बीस। भीष्म, द्रोण, धृतराष्ट्र, द्रौपदी, कुन्ती और गान्धारी आदि के अभाव में संरचना की कल्पना नहीं की जा सकती। कृष्ण सुख-दुख से परे हैं। अन्य सभी पात्र दुख में समान हैं। सबसे दुखी कौन है कहना मुश्किल है। जो पात्र कथा में रचनात्मक भूमिका नहीं अदा करते उन्हें छोड़ दिया गया है।

गान्धारी, कुन्ती और द्रौपदी में कौन सबसे अधिक दुखी है, नहीं कहा जा सकता— 'दुख ही जीवन की कथा रही।' यदि संसार में स्त्री न होती तो यह रेगिस्तान होता, यदि महाभारत में ये तीनों स्त्रियाँ न होतीं तो महाभारत अपाठ्य होता। इनके कारण— मुख्यतः द्रौपदी के कारण (उसके अप्रतिम सौन्दर्य, अतृप्त प्रेम, अपमान के कारण) महाभारत की संरचना में जान आ गयी है, ठीक वैसे ही जैसे कैशिकी वृत्ति के कारण नाट्य में आती है। आज के स्त्री-विमर्श की शुरुआत यहीं से होती है। दलितों की अवमानना का विस्तृत उल्लेख शान्तिपर्व में है। युधिष्ठिर का निर्वेद जो नेवले के प्रसंग में आया है कथा को त्रासद मोड़ देता है। महाभारत में धर्मशास्त्र और वर्णाश्रम धर्म की बहुत-सी बातें हैं, पर उनका विरोध भी उतना ही चटकीला है। कुरुकुल अपने आप में वर्णाश्रम धर्म का विलोम है।

श्रमण धर्म का प्रभाव भी कम नहीं है।

अन्त में, '*धर्मस्य तत्त्वं निहितं गुहायाम्।*' अभिप्राय है यह कि काफी गुहा-गह्वर छानकर ही उसका आभास पाया जा सकता है, स्वयं तत्त्व को नहीं। व्यास कहते हैं कि महाजनों का मार्ग ही धर्म का मार्ग है। लेकिन महाजन कौन है? इसका निर्णय पाठक को करना है।

इसमें पहला लेख 'कसौटी' में छपा था शेष क्रमशः यानी क्रमागत रूप से 'संवेद' में। उनका आभारी हूँ। 'संवेद' के प्रत्येक अंक में इन लेखों की प्रशंसा में ढेर सारे पत्र छपते थे। कइयों ने तो यह भी लिखा कि इनकी प्रेरणा से वे महाभारत पढ़ने लगे हैं। किसी लेखक को इससे अधिक खुशी क्या मिलेगी! हाँ, इलाहाबाद के एक प्रबुद्ध एडवोकेट का आठ पृष्ठों का टंकित पत्र मिला। भीष्म पितामह को 'कुछ जिन्दगियाँ बेमतलब' लिख देने से वे कुछ व्यथित प्रतीत हुए। उनके पत्र को 'संवेद' में ही प्रकाशनार्थ भेज दिया। क्रिटिक में कुछ अरन्तुद लिखना ही पड़ता है। व्यास ने स्वयं कहा है—

अप्रियस्य हि पथ्यश्च श्रोता-वक्ताश्च दुर्लभः।

—बच्चन सिंह

निराला निवेश, रथयात्रा
महमूरगंज, वाराणसी-221010

पुनश्चः अपने सुयोग्य और शालीन टाइपिस्ट वीरसेन विश्वकर्मा को शुद्ध टंकण के लिए आशीष देता हूँ।

अनुक्रम

महाभारत की बुनावट

"हम इसे स्वीकारें या न स्वीकारें, किन्तु यह तथ्य है कि हम भारतवासी 'महाभारत' के जादू से आज भी अभिभूत हैं। इसकी बुनावट में हमारी सभ्यता और संस्कृति के अनेक धागे हैं। इन धागों की पहुँच हमारे दूर-दूर के अतीत तक है। इसकी गहराई में बैठने पर ज्ञात होगा कि इसके बहुत-से सूत्र अतीत के भारतवर्ष और संस्कृत साहित्य से लिये गये हैं। ...यह दैवी प्रेरणा से निर्मित एक मूल्यवान स्मारक है।"

—सुखणकर-स्मृति संस्करण

"भारतवर्ष के जंगलों की तरह महाभारत प्रत्यन्त विस्तीर्ण है। उसके वृक्ष एक-दूसरे से सटे लता-गुल्मों में आच्छादित और उलझे हुए हैं— बहुविचित्र पुष्पमंजरियों से लदे हुए रंगमय और सुगन्धित। वहाँ सभी प्रकार के जीव रहते हैं, मनोमुग्धकारी विहग-ध्वनियाँ सुनाई पड़ती हैं, उसी के साथ वन्य जन्तुओं की भीषण झंकृतियाँ। सीधे-सादे कबूतरों के साथ कुंडली मारे सर्प पड़े हुए हैं। वहीं पर साधुओं का निवास है जो विधि-विधानों से मुक्त अप्रत्याशित रूप से कुसंस्कारों के दास हैं। उन्हीं के साथ ऐसे त्यागपरायण चिन्तक भी हैं जिनकी दृष्टि जगत से परे ऊर्ध्वलोकोन्मुखी है और उनकी भावना बहिर्विश्व और अन्तरात्मा के गम्भीरतर स्तरों तक व्याप्त है। इसमें क्षमतापूर्ण और इच्छाशक्ति-सम्पन्न ऐश्वर्य बद्धमूल है। ...उसी में हम निमग्न होना चाहते हैं। हम उसका कितना भी अनुधावन करें, यात्रान्त सन्दिग्ध बना रहेगा।"

—बुद्धदेव बसु, महाभारतेर कथा

"यह ख्याल मन में बराबर बना रहता है कि मानवजीवन की विफलता की शिक्षा हृदय पर अंकित करने के लिए ही तो कहीं महाभारत की रचना नहीं की गयी है। मानव के प्रयत्न, आकांक्षा, वैर, मैत्री सभी गर्मी के दिनों में उठनेवाले बवंडर में उड़नेवाले धूल-पत्रों की तरह क्षुद्र और न-कुछ प्रतीत होते हैं, किन्तु उसके साथ

ही व्यक्तियों ने ऐसे प्रयत्न किये, आकांक्षाओं को पोषित किया कि वे अविस्मरणीय भी सिद्ध होते हैं। ...उनके द्वारा समस्त मानवता का दुख हमें चुभता है।''

—इरावती कर्वे, युगान्त

उपर्युक्त तीनों उद्धरणों में तीन दृष्टियाँ संकेतित हैं— सांस्कृतिक, संरचनात्मक और नृतत्त्वशास्त्रीय-अस्तित्ववादी। पर सभी पाठाश्रित हैं। यों इस विशाल बहुआयामी ग्रन्थ को पढ़ना बहुत कठिन है। इसमें पाठक के धैर्य, अध्यवसाय, अनुशीलन और बुद्धि की परीक्षा हो जाती है। कुछ लोगों ने इस विशाल ग्रन्थ के लघु संस्करण भी तैयार किये हैं। उनसे उपरले स्तर की कथा तो मालूम हो जाती है पर न तो पढ़ने में वैसा आनन्द आता है और न गूढ़तर तत्त्वों का ज्ञान हो पाता है। इसलिए आवश्यक है कि इसके बृहद्काय पाठ का पारायण किया जाए, बार-बार पारायण किया जाए।

स्वयं पाठ को लेकर अनेक समस्याएँ खड़ी होती हैं। क्या यह एक व्यक्ति द्वारा एक देश-काल में लिखा गया है? इसका उत्तर स्पष्ट नहीं में है। इसमें लेखक एक व्यास नहीं है, अनेक व्यास हैं। लगभग एक हजार वर्ष तक इसमें कुछ-न-कुछ जुड़ता रहा है। इसमें काव्यात्मकता के अनेक स्तर हैं— उदात्त, अनुदात्त, जटिल, सपाट। इसकी रचना-प्रक्रिया और लघु-दीर्घ संस्करणों का पता तो महाभारत के आदिपर्व से ही लग जाता है। महाभारत की बुनावट और अर्थवत्ता की जानकारी के लिए आदिपर्व पढ़ना आवश्यक है।

यह व्यास की मानसी सृष्टि है। बड़ी रचना की पहली रूपरेखा मानस में ही बनती है। व्यास ने ब्रह्मा से कहा— '*कृतं मदेयं भगवन् काव्यं परम पूजितम्।*' (1-61) भगवन्, मैंने परम पूजित एक काव्य की रचना की है। ब्रह्मा ने कहा— '*त्वया च काव्यमित्युक्तं तस्मात् काव्यं भविष्यति।*' (1-72) तुमने अपनी रचना को काव्य कहा है, अतः यह इसी नाम से प्रसिद्ध होगी। हो सकता है, महाभारत अपने मूल रूप में काव्य रहा हो। अपने प्रस्तुत रूप में भी यह काव्य है किन्तु मात्र काव्य नहीं है। इस काव्य शब्द ने महाभारत को समझने में पेच भी पैदा किया है।

महाभारत के चार लघु-दीर्घ संस्करणों का साक्ष्य तो आदिपर्व में ही है। इसके पहले संस्करण में तीस लाख श्लोक थे। इसे नारद ने देवताओं को सुनाया था। दूसरे में पन्द्रह लाख श्लोक थे, जिसे देवल और असित ने पितरों को सुनाया था। तीसरे में चौदह लाख श्लोक थे, उसे शुक्रदेव ने यक्षों, गन्धर्वों और राक्षसों को सुनाया था। चौथे में एक लाख श्लोक थे, जिसे वैशम्पायन ने जनमेजय और ऋषियों को सुनाया था। इन अतिशयोक्तियों से इतना ही अर्थ लगाया जाना चाहिए कि यह देवों, गन्धर्वों, यक्षों, राक्षसों, ऋषियों और सामान्य मनुष्यों में समान रूप से लोकप्रिय था।

आज के बृहदकाय महाभारत में भी एक लाख श्लोक नहीं हैं। 'हरिवंश' को मिलाकर, जिसे खिलपर्व के नाम से भी जाना जाता है, श्लोकों की संख्या एक लाख तक पहुँच जाती है। किन्तु, अब इसे महाभारत का अंग नहीं माना जाता। पूना संस्करण में कुल 82,146 श्लोक हैं।

इन तीन अन्य संस्करणों— जय, भारत और महाभारत— का उल्लेख आदिपर्व में ही है। प्रत्येक पर्व के आदि में 'जयमुदीरयेत्' आता है। 'जय' में आठ हजार श्लोक थे। 'भारत' में चौबीस हजार। इसी को 'चतुर्विंशति साहस्त्री संहिता' कहा गया है। महाभारत 'शतसाहस्त्री संहिता' है— *'इदं शत सहस्त्रं तु श्लोकानां पुण्यकर्मणाम्।'* जय और भारत— दोनों का अस्तित्व महाभारत में विलीन हो गया। अब उन्हें अलग पहचानने का अकादमिक प्रयास बालू में से तेल निकालना है।

यह महाकाव्य ग्रन्थ यूनानी एपिक 'इलिएड' और 'ओडिसी' (दोनों मिलाकर) से आठ गुना और बाइबिल से तीन गुना बड़ा बताया जाता है। इसमें लगातार उपबृंहण होता रहा है। श्रीमद्भागवत और रामचरितमानस की कथाओं का आयोजन शहरों में निरन्तर होता रहता है। कथावाचकों को व्यास कहते हैं। ये व्यास मूलकथा में बहुत कुछ जोड़ते रहते हैं। चूँकि अब सभी पुराण मुद्रित हो चुके हैं इसलिए उनका उपबृंहण सम्भव नहीं है। रामचरितमानस भी पुराण-काव्य है। इस पर कुछ लोगों को घोर आपत्ति है। पर शैली की दृष्टि से यह पुराण-काव्य सिद्ध होता है। इसमें रामकथा शिव पार्वती से कहते हैं, काकभुशुंडी गरुड़ से, भरद्वाज ऋषियों से और तुलसीदास भक्तों से। कथा सुनानेवाला भी भक्त है, सुननेवाला भी। पुराणों में श्रवण-माहात्म्य भी है। उसी तरह मानस में भी श्रवण-माहात्म्य का उल्लेख है।

महाभारत में तीन कथावाचक हैं— व्यास, वैशम्पायन और गल्वगणकपुत्र उग्रश्रवा सौति। व्यास ने इसे वैशम्पायन को सुनाया था, वैशम्पायन ने जनमेजय को और उग्रश्रवा सौति ने कुलपति शौनक के नैमिषारण्य में होनेवाले द्वादशवर्षीय सत्र में ब्रह्मचारी ऋषियों को। इस तरह भी महाभारत के तीन संस्करण हैं— व्यास संस्करण, वैशम्पायन संस्करण और सौति संस्करण। आज के महाकाय काव्य की सामग्री सौति संस्करण की ही मानी जानी चाहिए। उसके बाद भी लोगों ने बहुत कुछ जोड़ा होगा। यों इसके उपबृंहण का समारम्भ सौति से ही होता है।

लगता है, शौनक ने अपने द्वादशवर्षीय सत्र में महाभारत का नया संस्करण तैयार कराया। उनके कहने से सौति द्वारा भार्गववंश का इतिहास भी इसमें सम्मिलित कर लिया गया। पौलोम पर्व के पाँचवें अध्याय में कथा आरम्भ होने के पूर्व ही शौनक कहते हैं— *'तत्रवंशमहं श्रोतुमिच्छामि भार्गवम्'* अर्थात् उनमें से प्रथम मैं भृगुवंश का ही वर्णन सुनना चाहता हूँ। कथावाचक सौति कुलपति की अवहेलना

कैसे करते? सत्रकुलपति की, विश्वविद्यालयकुलपति की। शौनक भार्गव थे। अपने अभिनन्दन और कुलगौरव के स्तवन की प्रथा नयी नहीं है।

विष्णु सीताराम सुखणकर ने अपने एक प्रसिद्ध लेख 'भृगुवंश और भारत' में इस तथ्य को विस्तार से उजागर किया है। वैदिक काल में भार्गवों के गौरव का अता-पता नहीं था। सुखणकर के मतानुसार यह कार्य न व्यास का था, न वैशम्पायन का और न सौति का। वास्तविकता यह है कि महाभारत का एक महत्त्वपूर्ण संस्करण भार्गवों के प्रबल और साक्षात् प्रभाव के अन्तर्गत तैयार किया गया है। सूत ने इस प्रभाव को महाभारत में घुला-मिला दिया। युद्धकथा की जगह यह धर्मसंहिता बन गया। आदिपर्व में पौर्व उपाख्यान, आरण्यक में कार्तवीर्य उपाख्यान, उद्योग में अम्बा उपाख्यान, शान्ति में विपुलोपाख्यान और अश्वमेध में उत्तंक उपाख्यान भार्गवों के उपाख्यान हैं।

जमदग्नि और परशुराम की जन्मकथा का भूरिश: उल्लेख है। भार्गव परशुराम द्वारा इक्कीस बार क्षत्रियों के नाश करने की कहानी दस बार कही गयी है, जिसकी टेक '*त्रिसप्तकृत्व: पृथिवी कुता नि:क्षत्रिया पुरा*' पर टूटती है। क्षत्रियों के गर्व तोड़ने का उल्लेख तो बीस बार आया है। यही नहीं, भार्गव के देवतुल्य चरित्र कृष्ण, द्रोण, कर्ण आदि के चरित्रों से टक्कर लेते हैं, कहीं-कहीं उन्हें पीछे भी छोड़ जाते हैं। (वासुदेवशरण अग्रवाल, भारत-सावित्री 1984, खंड 1, पृ. 24-25)। इस प्रकार का सम्मिश्रण महाभारत की बुनावट को काफी जटिल बना देता है।

पर्व-संग्रह पर्व में सौ पर्वों की सूची दी गयी है। सम्भवत: नैमिषारण्य के सत्र को पर्वों में समाहित कर लिया गया है। कुछ लोग इस सूची को काफी पुराना बतलाते हैं। उनके कथनानुसार यह सूची ईसवी पूर्व पहली शताब्दी में प्रसिद्ध हो चुकी थी। इस सूची में खिलपर्व भी सम्मिलित था। सौति के अट्ठारहपर्वीय महाभारत में इसे हटा दिया गया है। अत: इसका पहला सम्पादक सौति ही ठहरता है।

सौति संस्करण में बहुत-सी कथाएँ बेतरतीब ढंग से एक कर दी गयी हैं। उनमें से बहुत-से आख्यान-उपाख्यान अप्रासंगिक लगते हैं। कथा भी अबाधित नहीं चलती, इसका प्रवाह कुछ बड़े पर्वों से उसी प्रकार रुक जाता है, जैसे नदी का प्रवाह बड़े-बड़े शिलाखंडों से। यदि पर्वों के संघटन पर दृष्टि डाली जाए तो महाभारत युद्धकथा-मात्र नहीं ठहरता। यदि यह युद्धकथा होता तो इसे शल्यपर्व पर समाप्त हो जाना चाहिए या अधिक से अधिक सौप्तिक पर्व पर। शान्तिपर्व के बाद महाभारत एक दूसरी दिशा की ओर मुड़ जाता है— त्रासदी, करुणा या शान्ति की ओर। स्त्रीपर्व के बाद शान्तिपर्व। सबसे बड़ा पर्व। महाभारत में यह पर्व आकार में सबसे बड़ा है। पर कथा-प्रवाह में यह सबसे अधिक बाधक प्रतीत होता है। कुछ

लोगों का कहना है कि महाभारत पढ़ने के पूर्व इसी पर्व को पढ़ना चाहिए। पर यदि पाठक पहले इसे पढ़ने लगेगा तो भीष्मादि के नीरस उपदेशों से ऊब जाएगा और महाभारत नहीं पढ़ेगा। इसमें राजधर्म, वर्णाश्रम धर्म, मोक्ष, दर्शन, पांचरात्र आदि के सम्बन्ध में विस्तृत सामग्री एकत्र की गयी है। यह हिन्दू-धर्म-कोश बन गया है। वासुदेवशरण अग्रवाल के मतानुसार "इन अध्यायों में प्राचीन भारत के धार्मिक इतिहास की तीन तहें सुरक्षित हैं। पहली तह में विभिन्न तत्त्व-चिन्तकों के पृथक् मत, उसके अनन्तर दूसरी तह में सांख्य आदि दर्शनों की सामग्री और तीसरी तह में शैव एवं पांचरात्र भागवत धर्मों की सामग्री है। शान्तिपर्व की शैली और शब्दावली महाभारत के अन्य सर्गों से विशिष्ट है।"

अपने इस विश्वकोशीय स्वभाव, विकसनशील वैशिष्ट्य के बावजूद यह आगे के पर्वों से जुड़ा हुआ है। इस पर्व का आरम्भ कर्ण की अभिशापित जिन्दगी की कथा से होता है। युधिष्ठिर जैसा अव्यवस्थित व्यक्ति कदाचित् न किसी महाकाव्य में मिलेगा और न एपिक में। वे बेहद संवेदनशील हैं। वे बेहद दुखी हुए। इसी व्यथा के साथ ज्ञातिवध का स्मरण आग में घी का काम करने लगा। उन्होंने डंके की चोट पर कहा— तुम लोग जाओ, राज्य भोगो, मैं वन जाने के लिए कृतसंकल्प हूँ। यों वे महाप्रस्थान और स्वर्गारोहण के अतिरिक्त कहीं भी कृतसंकल्प नहीं हो सके। उनको सभी लोगों, अर्जुन, भीम, नकुल, सहदेव, द्रौपदी, व्यास और कृष्ण ने समझाया। वे किसी प्रकार हस्तिनापुर लौटने, सिंहासन पर बैठने और आश्वमेधिक यज्ञ करने पर तैयार हुए। समझानेवालों का जो क्रम बैठाया गया वह द्रष्टव्य है। यही क्रम उद्योगपर्व में भी है। अन्त में कृष्ण के समझाने से वे मान जाते हैं।

कुन्ती मौन है। यह मौन गहरे रहस्मय अर्थों को खोलता है। युधिष्ठिर कर्ण से युद्धकाल में जितना डरते थे, उसके मारे जाने और अपना ज्येष्ठ भ्राता जान लेने पर उतने ही दुखी हो जाते हैं। मेरे खयाल में कुन्ती कर्ण को— अपने प्रथम बेटे को— नदी में विसर्जित करने के पाप का सारा जीवन प्रायश्चित्त करती रही। आश्रमवासिक पर्व में सभी लोग प्रायश्चित्त करते दिखाई पड़ते हैं। दावाग्नि में उसका जल मरना प्रायश्चित्त की पूर्णता है। भीष्म द्वारा युधिष्ठिर को समझाने के बहाने हिन्दू धर्म और दर्शन की कई तहों को एकत्र कर दिया गया है। हिन्दू धर्म में श्रमणधर्म के विरुद्ध गृहस्थधर्म पर जोर दिया जाता है।

अनुशासनपर्व शान्तिपर्व का ही विस्तार है। इसमें दान, व्रत की महिमा, तीर्थों की सूची मिलेगी। इसे पुनरुक्ति समझना चाहिए। विष्णुसहस्रनाम, शिवसहस्रनाम समावेश भी इसी पर्व में है। इन्हें भी कई जगह से एकत्र किया गया है। कथा-प्रवाह में इन्हें छोटे-बड़े द्वीप समझना चाहिए। कथा इनसे बचकर चलती है। बाद के पर्व— आश्वमेधिक, आश्रमवासिक, मौसल, महाप्रास्थानिक और स्वर्गारोहण

आदि— क्रमश: छोटे होते जाते हैं। मालूम पड़ता है, गणेशजी लिखते-लिखते और व्यासजी बोलते-बोलते थक गये हों। छोटे-छोटे पर्व महाभारत के समापन की सूचना देते हैं। स्वर्गारोहणपर्व असंगत मालूम पड़ता है। महाप्रस्थान पर समाप्त हो जाता तो संरचना कुछ बेहतर मालूम पड़ती।

इस ग्रन्थ में— महाग्रन्थ में— इतने अधिक विषयों का समावेश हुआ है कि महाभारत की निम्नलिखित उक्ति सच मालूम पड़ती है—

यदि हास्ति तदन्यत्र यन्नेहास्ति न तत् क्वचित्।

जो इसमें है वही अन्यत्र है और जो नहीं है वह अन्यत्र भी नहीं है। स्पष्ट है कि महाभारत विविध विषय-विभूषित है। वैविध्य इसकी समस्या नहीं है। किन्तु विषयों में इतने विपर्यय, अन्तर्विरोध और पुनरुक्तियाँ हैं कि वे विद्वानों की जटिल समस्याएँ बनी हुई हैं।

भला हो बंगाल की रॉयल एशियाटिक सोसाइटी का, जिसने महाभारत को कोलकाता से 1834-39 में छापा। बाद में यह कुछ अन्य व्यक्तियों के द्वारा अपने ढंग से मुम्बई और चेन्नई में छापा गया। किन्तु इनमें से कोई भी समालोचनात्मक संस्करण (क्रिटिकल एडिशन) नहीं है। विंटरनित्स पहले व्यक्ति थे जिन्होंने महाभारत के समालोचनात्मक संस्करण पर जोर दिया था। प्राच्यविद्याविदों का ग्यारहवाँ अन्तर्राष्ट्रीय अधिवेशन सन् 1897 में पेरिस में हुआ था। इसमें उन्होंने कहा था कि महाभारत के सम्यक् अध्ययन के लिए उसका एक प्रामाणिक संस्करण अत्यन्त आवश्यक है। सन् 1908 में लूडर्स ने उसका एक प्रारूप भी प्रस्तुत कर दिया था।

भंडारकर प्राच्य विद्या-शोध-संस्थान, पूना ने 1918 में महाभारत का एक प्रामाणिक 'क्रिटिकल संस्करण' निकालने का निश्चय किया। सुखणकर ने 1925 से इस पर काम करना शुरू किया। चार दशक तक गहन अध्ययन और परिश्रम के बाद यह 1966 में तैयार हुआ। अनेक महत्त्वपूर्ण पांडुलिपियों के आधार पर, अप्रासंगिक प्रसंगों को हटाते हुए जो संस्करण तैयार किया गया वह वैज्ञानिक माना जाता है।

प्रश्न होता है कि क्या यह सम्भव है कि महाभारत का कोई ऐसा संस्करण खोज लिया जाए जिसे मूल प्रामाणिक संस्करण कहा जा सके? यदि किसी दैवी चमत्कार से वह मिल भी जाए तो हमारी विशाल संस्कृति का अधिकांश छँट जाएगा। उसे खोकर हम बहुत अधिक दरिद्र हो जाएँगे। अत: जो विशालकाय ग्रन्थ हमें उपलब्ध है उसी को लेकर महाभारत का अध्ययन अपेक्षित है।

विमलकृष्ण मतिलाल (सं. 'मोरल डेलिमाज इन द महाभारत') लिखते हैं, "यह कहना पर्याप्त है कि बहुत-से भाषाविद और भारत-विद्या-विशारद

जीवनपर्यन्त अथक प्रयास के बावजूद महाभारत की केन्द्रीय रूपरेखा की तलाश नहीं कर सके। तथाकथित प्रक्षिप्त अंशों को निरन्तर छाँटते रहने पर हम उसके अमिश्रित शुद्ध रूप को नहीं पा सकते। प्याज के छिलके उतारते हुए उसके केन्द्र को नहीं ढूँढ़ा जा सकता है। उसका एक सार या बीज (कोर) नहीं है। इसके अनेक सूत्र हैं जहाँ से इसने सामग्री ग्रहण की है।'' मतिलाल इसे समग्रता में लेना चाहते हैं जिससे उपाख्यानों, आख्यानों से भी भारतीय संस्कृति के महत्त्वपूर्ण उपकरणों को खोजा जा सके।

इसके अनेक स्तर हैं— ऊँचे-नीचे, सम-विषम, उदात्त-अनुदात्त। इस वैविध्य को मानकर चलने में ही बुद्धिमत्ता है। बुद्धदेव बसु 'महाभारतेर कथा' में कहते हैं कि उन्हें इसका वर्तमान स्वरूप ही स्वीकार्य है। इसे ज्यों-का-त्यों न लेने पर हमारी क्षति होगी। अतः हमें इसके उपबृंहण को लेकर चलना आवश्यक है। हाँ, उपबृंहण की ऐतिहासिकता, अनैतिहासिकता, उपयोगिता, अनुपयोगिता पर भी विचार करना जरूरी है।

वास्तविकता तो यह है कि व्यास के यह कहने पर कि महाभारत काव्य है, पंडितों ने इसे महाकाव्य की दृष्टि से देखना प्रारम्भ किया। आनन्दवर्धन-जैसे आचार्य के मतानुसार इसमें शान्त रस है। इससे लगता है कि नौवीं शताब्दी तक इसे महाकाव्य के रूप में देखा जाता रहा। इसके रूपविधान की चर्चा उन्नीसवीं शताब्दी में शुरू हुई। पहले कहा जा चुका है कि आदिपर्व व्यास लिखित या कथित हो या न हो, पर उसका लेखक कवि है और मूर्धन्य आलोचक भी। आज साहित्य के पाठ (टेक्स्ट) पर ध्यान दिया जाता है। यदि ध्यान से देखा जाए तो पाठकेन्द्रित आलोचना का पहला आलोचक आदिपर्व का लेखक ही ठहरेगा।

लोग इस एपिक को जो महाकाव्यत्व की कसौटी पर खरा उतार देते हैं उसके पीछे अन्धश्रद्धा है। बुद्धदेव बसु तो काव्य की दृष्टि से इसे दरिद्र कहते हैं। किन्तु कुछ ऐसे स्थल हैं जो काव्यात्मक दृष्टि से अनझिप नक्षत्रों की तरह चमकते रहते हैं। ऐसे स्थल भी हैं जो काव्य-भाव के प्रति बेहद उदास हैं। जहाँ-तहाँ ऐसे छन्द हैं जिनमें छन्दशास्त्र की न्यूनतम अनिवार्यताओं का भी पालन नहीं किया गया है। कहीं एक पद का श्लोक है तो कहीं द्विपद का तो कहीं त्रिपद का। आदिपर्व का तृतीय अध्याय ठूँठ नीरस वृक्षों की तरह गद्यबद्ध है। वह एक रसहीन तथ्यांकन है। शान्तिपर्व के आरम्भ में श्लोक है। तदन्तर समग्रतः गद्य है। अनेक कथा-कहानियों, वंशावलियों, विवरण-वर्णन के जटाजूट में काव्य की गंगा उलझ गयी है। काव्यशास्त्र की दृष्टि से रामायण की विवेचना तर्कसंगत कही जा सकती है, महाभारत की नहीं।

महाभारत विचक्षण विद्वत्ता की कसौटी है—

यो विद्याश्चतुरो वेदान् साङ्गोपनिषदो द्विजः।
न चाख्यानमिदं विद्यान्नैव स स्यात् विचक्षणः॥

जो द्विज अंगों और उपनिषदों सहित चारों वेदों को जानता है, परन्तु इस महाभारत-इतिहास को नहीं जानता, वह विचक्षण विद्वान नहीं है। विचक्षण वह है जो किसी बनी-बनायी दृष्टि से नहीं, स्वयं की गहरी और सूक्ष्म दृष्टि से देख सके।

महाभारत को बार-बार 'भारत-इतिहास', 'भारत-पुराण', 'इतिहास-शिरोमणि' कहा गया है। '*पुराण संहिता पुण्य-कथा धर्मार्थसंश्रिता।*' सौति पूछते हैं कि मैं आप लोगों को क्या सुनाऊँ? धर्मार्थ से संयुक्त पुराणों की कथा या '*इतिवृत्तं नरेन्द्राणामृषीणां च महात्मनाम्*'? नरेन्द्रों और ऋषियों के इतिवृत्त आज के अर्थ में इतिहास नहीं है। महाभारत में पुराण का अर्थ पुरानी पुण्य-कथाएँ हैं और इतिहास का अर्थ राजाओं-ऋषियों की वंशावलियों और क्रिया-कलापों का वर्णन। यों इन दोनों को प्रत्येक पुराण में पाया जाता है। पुराण-इतिहास में अन्वय-व्यतिरेक-सम्बन्ध है। इतिहास-पुराण-युक्त भारत वेदों का पूरक है। इसे पाँचवाँ वेद भी कहा जाता है।

शैली की दृष्टि से भी यह पुराण कहा जा सकता है। पुराणों में आख्यायिकाएँ और आख्यायिकाएँ होती हैं। मूल कथा के कई वाचक होते हैं। जैसा कि कहा जा चुका है, महाभारत में वैशम्पायन जनमेजय से और सौति कुलपति शौनक और ऋषियों से कथा कहते हैं। बीच में संजय धृतराष्ट्र से युद्धकथा कहते हैं। संजय-धृतराष्ट्र संवाद युद्धकथा तक ही सीमित है। इसी तरह रामचरितमानस में शिव पार्वती से, काकभुशुंडी गरुड़ से और तुलसी भक्तों से रामकथा कहते हैं। इस कारण कुछ लोग मानस को भी पुराण-काव्य मानते हैं। पर महाभारत पुराण है और नहीं है।

इसे कुछ लोग विश्वकोश भी कहते हैं। विश्वकोश में दुनिया-भर के विषयों का वर्णानुक्रम से विवरण-वर्णन रहता है। वर्णानुक्रम से न सही, पर इसमें विश्वकोशीय विवरण कम नहीं है। संजय का भू-वृत्तान्त, मार्कंडेय का सृष्टि-वर्णन, विष्णुसहस्रनाम, भीष्म के शाब्दिक उपदेश आदि विश्वकोशीय ही हैं। किन्तु अधिकांश स्थलों पर तथ्य और तत्त्व आख्यानों से आवेष्टित हैं, जो हमारी रचनात्मक कल्पना को उत्तेजित करते हैं। यह विश्वकोश को अपनी विशाल काया में समाहित कर अपना बना लेता है।

यह महाग्रन्थ आख्यानों और उपाख्यानों से भरा पड़ा है। सच पूछिए तो पूरा महाभारत पीपल के पत्ते में फैली हुई नसों की तरह आख्यानों से बँध हुआ है। कोई

व्यक्ति अपनी बात आख्यानों के बिना नहीं कह पाता। ये आख्यान लोक से लिये गये हैं और जहाँ-तहाँ जड़ दिये गये हैं। महाभारत में इनकी प्रासंगिकता-अप्रासंगिकता पर विचार करना चाहिए। कभी-कभी तो इसमें ऐसी कथा का सन्निवेश किया गया है जो सारी शास्त्रीय मान्यताओं को ध्वस्त कर देती है। यहाँ पर मैं केवल एक कहानी को लेता हूँ— नेवला-कथा।

नेवला-कथा अपने आप में सामान्य कथा है। सम्भव है, यह लोक में प्रचलित रही हो। किन्तु इसे महाभारत में ऐसे स्थान पर सिचुएट किया गया है कि यह महाभारत को ही एक नया अर्थ नहीं देती, जीवन को जीने की एक सरणि देती है, दान-धर्म, यज्ञानुष्ठान के ढोंग को उलट-पलट देती है। अश्वमेध के बाद युधिष्ठिर चक्रवर्ती सम्राट् हो गये हैं। ब्राह्मणों को अभूतपूर्व दान दिया जा रहा है। पांडव अपने वैभव-ऐश्वर्य को देखकर पुलकित हैं। धर्मराज धर्मराज बन गये। किन्तु एक नेवला, जिसकी देह सोने की है, आया और अश्वमेध-भूमि में लोटने लगा। युधिष्ठिर ने उससे लोटने का कारण जानना चाहा। उसने बताया कि एक अत्यन्त निर्धन ब्राह्मण ने कई दिनों के बाद प्राप्त सत्तू को सपरिवार भूखा रहकर एक भूखे भिक्षुक को खिला दिया। भूख से तड़प-तड़पकर वे मर गये। धूल में गिरे सत्तू के जूठे कणों पर लोटने पर मेरा आधा शरीर सोने का हो गया। आपने इतना बड़ा यज्ञ किया है, अकूत दक्षिणा भी दी है, दुर्लभ भोजन कराया है, लेकिन चारों ओर लोटने पर भी मेरा बाकी आधा शरीर सोने का नहीं हुआ। अनुष्ठानों की महिमा का महल धूलिसात् हो जाता है।

यह ऐश्वर्यवान और विशाल ग्रन्थ भारतीय चिन्ता की मूल्यवान धरोहर है। आज के भूमंडलीकरण के युग में जब हमारी संस्कृति पर लगातार आक्रमण हो रहा है, महाभारत का अनवरत चिन्तन-मनन केवल रक्षाकवच का ही काम नहीं करेगा, बल्कि अपने और राष्ट्र मन के समयोचित निर्माण में रचनात्मक भूमिका अदा करेगा।

महाभारत का कृष्ण-चरित्र

राम और कृष्ण हिन्दुओं के प्राणतत्त्व हैं। वे हजारों वर्षों से उनकी पूजा-अर्चना करते रहे हैं। वे ईश्वर के अवतार हैं, परात्पर ब्रह्म हैं, भक्तवत्सल हैं। कृष्ण सोलह कला (पूर्ण) के अवतार माने जाते हैं। वैष्णवों की दो शाखाएँ हैं— 'रामभक्ति शाखा और कृष्ण भक्तिशाखा।' हरिवंश और श्रीमद्भागवत के कृष्ण के बारे में यह सच है पर महाभारत के कृष्ण उनसे भिन्न हैं। महाभारत के भिन्न-भिन्न संस्करणों के कृष्ण में भी भिन्नता पायी जाती है।

महाभारत के कृष्ण ईश्वर हैं भी और नहीं भी। वे ईश्वर होने के साथ-साथ मनुष्य के समस्त गुण-दोषों के साथ मनुष्य हैं। वे जो कुछ भी हों महाभारत के सर्वाधिक महत्त्वपूर्ण पात्र हैं। महाभारत उन्हीं की धुरी पर घूमता है। महाभारत के बहुत से पात्र उन्हें ईश्वर, सर्वशक्तिमान, ब्रह्म मानते हैं; तो ऐसे लोग भी हैं जो निकृष्ट मनुष्य के रूप में उनकी निन्दा भी करते हैं। व्यास उनके किसी रूप के पक्षधर नहीं हैं। वे एक महाकाव्याकार द्रष्टा की सर्जना हैं। रचना के भीतर से उसकी भूमिका को, क्रिया-कलापों को, उत्थान-पतन को स्वयं देखने-समझने के लिए पाठक स्वतन्त्र हैं।

राजसूय यज्ञ में भीष्म कृष्ण की स्तुतिपरक प्रशंसा में कहते हैं— ''कृष्ण सम्पूर्ण जगत में सबसे श्रेष्ठ हैं, वे ही सर्वत्र प्रतिष्ठित हैं, सन्त-महात्माओं ने इनकी पूजा की है, सभी सद्गुण कृष्ण में विद्यमान हें। ये सम्पूर्ण प्रकृति के कर्ता और सम्पूर्ण भूतों से परे हैं, अच्युत हैं, पूज्य हैं...।'' '*अव्यक्तो व्यक्त लिंगस्थो य एव भगवान प्रभु। पुरा नारायणो देव: स्वयंभू प्रपितामह:*' (ये सर्वशक्तिमान भगवान अव्यक्त होते हुए व्यक्त रूप धारण करके स्थित हैं। पूर्वकाल में कृष्ण ही नारायण रूप में स्थित थे। ये ही स्वयम्भू एवं सम्पूर्ण जगत के प्रपितामह हैं)[1] स्तुति का सिलसिला काफी लम्बा है।

उद्योगपर्व के यानसन्धिपर्व में धृतराष्ट्र कृष्ण की स्तुति में कहते हैं—

सहस्र शीर्षं पुरुषं पुराण-
मनादि मध्यान्तमनन्त कीर्तिम्।

शुक्रस्य धातारमजं च नित्ये
परे परेषां शरणं प्रपद्ये॥

अर्थात मैं सहस्र शीर्ष, पुराण पुरुष जो अनादि अनन्त, अजन्मा और नित्य है उसी परात्पर ब्रह्म की शरण लेता हूँ। युधिष्ठिर और संजय भी कृष्ण को अजेय और ईश्वर मानते हैं। अर्जुन की स्थिति उनसे भिन्न नहीं है।

कौरव दल में केवल पितामह ही हैं जो निभ्रान्त रूप से कृष्ण को परात्पर ब्रह्म मानते हैं। धृतराष्ट्र आधे-अधूरे मन से कृष्ण के ईश्वरत्व की स्तुति करता है। दुर्योधन, कर्ण, दुःशासन के मन में उसके ईश्वरत्व का सवाल ही नहीं उठता। कर्ण उसे महिमान्वित अवश्य करता है। शिशुपाल, भूरिश्रवा और दुर्योधन कृष्ण के घोर निन्दक हैं। राजसूय यज्ञ के अवसर पर जब युधिष्ठिर भीष्म के परामर्श से कृष्ण की अग्रपूजा की घोषणा करते हैं, तब शिशुपाल कहता है—

योऽयं वृष्णिकुले जातो राजानं हतवान पुरा।
जरासन्धं महात्मानमन्यायेन दुरात्मवान्॥
अयुक्तामात्मनः पूजां त्वं पुनर्वहु मन्यसे।
हविष, प्राप्य निष्यंन्दं प्राप्तिता श्वेव निर्जने॥

इस दुरात्मा ने कुछ ही दिन पहले महात्मा राजा जरासन्ध का अन्यायपूर्वक वध किया था। जैसे कुत्ता एकान्त में हविष्य (घी) लगे पत्ते को चाट कर अपने को धन्य मानता है वैसे ही तुम अयोग्य होकर भी पूजा को स्वीकार कर अपने को बहुत बड़ा मान रहे हो, स्मरण रखना चाहिए कि शिशुपाल यहाँ पर कृष्ण को दुरात्मा, अग्रपूजा के अयोग्य और कुत्ता कहता है।

भीष्म कृष्ण का ईश्वरत्व सिद्ध करने के लिए देर तक कृष्ण के अलौकिकत्व की कथा कहते रहे। इसके लिए व्यास को एक लम्बा अध्याय देना पड़ा। फिर तो शिशुपाल भीष्म पर ही टूट पड़ा, गालियों की बौछार करने लगा। भीष्म, तुम नपुंसक, अधर्माचारी, चारण, भाट, बूढ़े, पापी और घमंडी हो। अन्ततोगत्वा कृष्ण ने सुदर्शन चक्र से शिशुपाल का सिर धड़ से अलग कर दिया।

कृष्ण के संकेत से भीम ने गदायुद्ध में अन्यायपूर्वक दुर्योधन का वध ही नहीं किया, बल्कि मरते समय उसके सिर पर पैरों से ठोकर मार कर सबके सामने अपनी जघन्य वृत्ति का परिचय भी दिया। मरणान्तक पीड़ा को झेलते हुए भी वह सिर उठाकर कृष्ण से बोला—

कंस दासस्य दावाद न ते लज्जास्त्यनेन वै।
अधर्मेण गदायुद्धे यदहं विनिपातितः॥

घातयित्वा महीपालन्त जुयुद्धान्सहस्त्रशः।
जिह्मैरुपायै बहुभिर्न ते लज्जा न ते घृणा॥

कंस के दास के बेटे मैं अधर्म से गदायुद्ध में मारा गया हूँ। इस कृत्य के कारण तुम्हें लज्जा नहीं आती। धर्मयुद्ध करते हुए सहस्त्रों राजाओं को कुटिल उपायों से मरवा डाला और तुम्हें लज्जा नहीं आती। तुमने शिखंडी को आगे करके भीष्म का वध करवाया। आचार्य द्रोण को झूठ बोलकर धृष्टद्युम्न से मरवा डाला। निःशस्त्र अनशन पर बैठे भूरिश्रवा को तुम्हारी सम्मति से सात्यकि ने मारा। तुम्हारे कपट-चरण से ही कर्ण का वध हुआ। यदि तुम धर्मयुद्ध करते तो हमारी विजय होती।

व्यास के महाभारत के कृष्ण लीला पुरुषोत्तम नहीं हैं। यहाँ पर उन्हें ईश्वर मानकर उनके कृत्यों को स्वीकार करना सम्भव नहीं है। कृष्ण के ईश्वरत्व और मानवीय कौटिल्य में कोई तालमेल नहीं दिखता। महाभारत के सर्वाधिक महत्त्वपूर्ण चरित्र को लेकर पाठकों के मन में एक अनिश्चयात्मकता पैदा होती है जो अन्त तक बनी रहती है। महाभारत के समाप्त हो जाने पर भी कृष्ण का चरित्र उत्तर माँगता है और हम वह दे नहीं पाते। क्या ईश्वर के बारे में कुछ इदं-इथं कहा जा सकता है? इस अर्थ में वे ईश्वर नहीं हो सकते क्या?

कृष्ण गीता में कहते हैं—

यदा यदा हि धर्मस्य ग्लानिर्भवति भारतः।
अभ्युत्थानमधर्मस्य तदात्मनं सृजाम्यहम्॥

जब-जब धर्म की हानि होती है, अधर्म का अभ्युत्थान होता है तब-तब मैं अवतार लेता हूँ।

भीष्मपर्व में भीष्म युधिष्ठिर से कह रहे हैं—

ध्रुवस्ते विजयो राजन् यस्य मन्त्री हरिस्तव।
यतो धर्मस्ततः कृष्णो यतः कृष्णस्ततो जयः॥

हे राजन्, कृष्ण तुम्हारे मन्त्री हैं अतः तुम्हारी जय निश्चित है। जहाँ धर्म है वहाँ कृष्ण हैं, जहाँ कृष्ण हैं वहाँ जय है।

आदि पर्व में विदुर की भी घोषणा है—

यतः कृष्णः ततः सर्वे यतः कृष्णस्ततो जयः।

महाभारत युद्ध से सिद्धि है कि '*यतः कृष्णोस्ततो जयः।*' पर '*यतो धर्मस्ततो कृष्णः*' सिद्ध नहीं होता। कृष्ण का युद्धजन्य छल-छद्म इस कथन को झूठा बताता है। महाभारत में कृष्ण का प्रवेश आदिपर्व में ही हो जाता है— थोड़ी देर से होता

है— द्रौपदी स्वयंवर के समय। फिर तो वे मौसलपर्व तक छाये रहते हैं। वस्तुत: महाभारत यहीं समाप्त हो जाता है। अन्तिम दो पर्व-महाप्रास्थानिक और स्वर्गारोहण महाभारत के निष्कर्ष या फलश्रुति कहे जा सकते हैं।

आदि पर्व गत सम्भव पर्व में कृष्ण का उल्लेख मात्र आता है—

'*यस्तु नारायणो नाम देवदेव: सनातन: / तस्यांशो मानुषेष्वासीद् वासुदेव: प्रतापवान।*' पर उनका वास्तविक परिचय द्रौपदी स्वयंवर के समय मिलता है। वह भी कुछ रहस्यमय है। स्वयंवर में उनके साथ बलराम और प्रद्युम्न भी हैं। जैसा कहा गया है कि वे वहाँ पांडवों की तलाश में गये थे। उपस्थित राजन्य वर्ग द्रौपदी के अप्रतिम सौन्दर्य को निहार रहे थे तो कृष्ण निहारने वालों में अर्जुन को खोज रहे थे। वे जानते थे कि द्रुपद की प्रतिज्ञा की पूर्ति धनुर्धर अर्जुन ही कर सकते थे। इससे यह भी ज्ञात हो जाएगा कि वे लाक्षागृह से बच गये हैं। आश्चर्य है कि उन्हें बुआ और बुआ के बेटों की सुधि इतने दिनों बाद आयी। कुम्हार के घर कृष्ण-बलराम को, युधिष्ठिर आदि को, अपना नाम बताना पड़ा। कुन्ती बुआ उन्हें क्या पहचानती? उन्हें भी बताना पड़ा कि हम कृष्ण-बलराम हैं। इस लम्बे अन्तराल का क्या अर्थ है?

सम्भवत: व्यास यह सिद्ध करना चाहते हैं कि जहाँ कृष्ण हैं वहाँ जय है। इस सन्दर्भ में महाभारत के सम्पूर्ण फलक पर एक नजर डालनी पड़ेगी। कुन्ती और पांडु के जंगल में रहने के निर्णय के समय कृष्ण नहीं थे, युधिष्ठिर आदि के जन्म के समय भी उनका पता नहीं लगता। किसी प्रकार पांडुपुत्रों को हस्तिनापुर में शरण मिली। लाक्षागृह की घटनाओं के वक्त भी वे नहीं थे। किन्तु लाक्षागृह दाह की खबर थी। पांडवों के वाराणवत आने पर कृष्ण उनके सुख-दुख में सक्रिय रूप से शामिल हो जाते हैं। अपने धन और बुद्धि से उस जंगली क्षेत्र को स्वर्ग में बदल देते हैं। अग्नि से केवल एक वरदान माँगते हैं— '*प्रीति पार्थेन शाश्वतीम्।*' कृष्ण की अनुपस्थिति में पांडव भारी विपत्ति में फँसते रहते हैं चाहे युधिष्ठिर का जुआ खेलना हो या द्रौपदी का चीरहरण या पांडवों का तेरह वर्षों का वनवास। कृष्ण के देह-त्याग के बाद अर्जुन का गांडीव व्यर्थ और पराक्रम समाप्त हो जाता है। इस परिप्रेक्ष्य में देखने पर स्पष्ट हो जाता है कि कृष्ण को व्यास ने अपनी रचना में औचित्यपूर्ण ढंग से सिचुएट किया है। सारे बिखराव के बावजूद कृष्ण संरचना की सुसम्बद्धता में महत्त्वपूर्ण योग देते हैं। यह सुसम्बद्धता उनके ईश्वरत्व के बल पर नहीं मानवीय कर्म कौशल और कूटनीतिज्ञता पर प्रतिष्ठित है। कृष्ण को लाक्षागृह का ज्ञान नहीं था। चीरहरण की भी जानकारी नहीं थी। उस समय वे शाल्व से युद्ध कर रहे थे।

आदिपर्व में कृष्ण का परिचय मिलता है तो सभापर्व में उनकी सक्रिय

भागीदारी शुरू हो जाती है। युधिष्ठिर के राजसूय यज्ञ में कृष्ण छद्म से उस समय के सर्वाधिक शक्तिशाली राजा जरासन्ध का वध करा देते हैं। यह वह जरासन्ध है जिससे भयभीत होकर यदुकुल मथुरा छोड़कर द्वारिका चला गया था। इसे पराजित करना पांडवों के लिए सम्भव नहीं था। अतः कृष्ण ने छद्म का सहारा लिया। पांडवों के दूसरे शत्रु शिशुपाल का सिर सुदर्शन चक्र से काट लिया। उन्होंने सहर्ष अपनी अग्रपूजा की स्वीकृति दे दी। इसके द्वारा वे सभी राजाओं में महिमान्वित हो उठे। कृष्ण द्वारिका चले जाते हैं।

कृष्ण अनुपस्थित हैं। पांडवों पर विपत्ति आनी-ही-आनी है। युधिष्ठिर दो बार जुआ खेलते हैं और सब कुछ हार जाते हैं— धन, सम्पत्ति, राज्य के साथ भाइयों को, स्वयं को, पत्नी द्रौपदी को। तेरह वर्ष का वनवास मिलता है। पांडवों के वनगमन का समाचार सुनकर कृष्ण चेदिराज धृष्टकेतु, पांचाल राजकुमार धृष्टद्युम्न युधिष्ठिर को सान्त्वना देने के लिए काम्यकवन में गये। कृष्ण अत्यन्त क्रुद्ध हो उठे। वे बोले कि दुर्योधन, कर्ण, शकुनि और दुःशासन को मार कर धर्मराज युधिष्ठिर को पुनः चक्रवर्ती नरेश के रूप में प्रतिष्ठित करना चाहिए। अर्जुन ने उनकी स्तुति शुरू की ईश्वर के रूप में— 'हे कृष्ण! तुम अदिति के पुत्र हो, इन्द्र के छोटे भाई हो, तुम विष्णु हो। ... तुम ब्रह्म के साथ वैराज लोक में निवास करते हो।' यह पंचरात्र भागवत धर्म की छाया है। उद्योगपर्व में इसे और भी प्रभावी बना दिया गया है— '*नारायणो नरश्चैव सत्वमेकं द्विधाकृतम्।*' एक ओर ईश्वर की प्रतिष्ठा तो दूसरी ओर शाल्व युद्ध में वह खंडित हो जाता है। शाल्व युद्ध में वे एक बार स्वयं निर्जीव हो जाते हैं।

कृष्ण-चरित्र-महाभारत के कृष्ण-चरित को सुलझा पाना टेढ़ी खीर है। महाभारतोत्तर कृष्ण तो निर्विवाद रूप से ईश्वर स्वीकार कर लिए गये हैं। वे लीला करते हैं, लीला पुरुषोत्तम हैं। महाभारत का कृष्ण विसंगतियों (पैराडाक्सेस) से भरा पड़ा है। उसे इसी रूप में देखने पर व्यास के साथ न्याय हो पाएगा। अमियदेव के मतानुसार सन्धि-प्रयास के बावजूद कृष्ण स्वयं सन्धि नहीं चाहते थे। महाभारत के पाठ से ऐसा नहीं प्रतीत होता। विराट सभा में सर्वप्रथम सन्धि-प्रस्ताव कृष्ण ही प्रस्तुत करते हैं। उनका कहना ठीक है कि पांडवों ने जुए की शर्त के अनुसार तेरह वर्षों तक वनवास किया। यदि दुर्योधन आधा राज्य लौटा देता है तो युद्ध होने की बात ही नहीं उठती अन्यथा युद्ध के अतिरिक्त अन्य विकल्प नहीं है। बलराम ने भी अपने ढंग से कृष्ण का समर्थन किया। पर शिनिपुत्र सात्यकि युद्ध के पक्ष में बोलने लगे। एक तरह से बलराम का अपमान भी किया। यादव अपनी उद्दंडता के लिए प्रसिद्ध थे। यहीं से वृष्णि, भोज गणतन्त्र में पारस्परिक विरोध की झलक दिखाई पड़ने लगती है। इसका चरमोत्कर्ष सौत्तिकपर्व में होता है। सन्धि-वार्ता का

निर्देश देकर कृष्ण सदलबल द्वारिका चले गये।

रण-निमन्त्रण देने के लिए दुर्योधन और अर्जुन एक साथ द्वारिका पहुँच गये। विराट के उपप्लव नगर की सभा में ही मित्रों को अपने पक्ष में लड़ने के लिए आमन्त्रित करने की बात स्वीकार कर ली गयी थी। द्वारिका में कृष्ण सो रहे थे। बुद्धदेव बसु और अमियदेव कृष्ण की नींद को कपट निद्रा कहते हैं। किन्तु पाठ से यह प्रमाणित नहीं हो पाता। कृष्ण को सोते हुए देखकर कृष्ण के सिरहाने रत्नजड़ित सिंहासन पर बैठा। एक राजा दूसरे राजा के पास सहायतार्थ गया है। अर्जुन कृष्ण के पैताने अंजलिबद्ध खड़े थे। जागने पर कृष्ण पहले अर्जुन को देखते हैं। दुर्योधन पहले आया था। किन्तु अवस्था में छोटे होने के कारण कृष्ण ने पहले अर्जुन को अपनी बात कहने का अवसर दिया। किन्तु उन्होंने दोनों की सहायता का आश्वासन दिया। कृष्ण ने कहा कि एक ओर मेरी दस करोड़ की दुर्धर्ष नारायणी सेना है जो युद्ध के लिए उद्यत रहेगी, दूसरी ओर मैं संग्राम में अयुद्धमान और न्यस्त शस्त्र रहूँगा। चुनाव पहले अर्जुन को करना था। अर्जुन ने कृष्ण को ही सहायक चुना। अर्जुन कृष्ण की लोकोत्तर शक्ति से परिचित थे। चूँकि दुर्योधन न उन्हें ईश्वर मानता था और न अलौकिक, अतः नारायणी सेना पाकर वह प्रसन्न था। उसे विश्वास था कि भीष्म, द्रोण, कर्ण तथा अन्य सहायकों से उसकी विजय होगी। कृष्ण की निष्क्रिय सक्रियता का अर्थ रणभूमि में खुलता है। लेकिन इससे नहीं कहा जा सकता कि वे सन्धि नहीं चाहते थे। उद्योगपर्व के भगवदमान का पाठ इसे सिद्ध करने में समर्थ है। अमियदेव का डिकन्स्ट्रिक्ट पाठ कृष्ण को सन्देह के घेरे में खड़ा कर देता है।

आरम्भ में युधिष्ठिर चाहते कि कृष्ण कौरव सभा में जाएँ। वे स्वयं कृष्ण से निवेदन करते हैं। निर्धनता की निन्दा करते हैं, वे स्वयं इसके भोक्ता हैं। किन्तु युद्ध को तो वे पाप रूप कहते हैं— '*सर्वथा नृजनं युद्धं... ।*' एक ओर वे कृष्ण से कौरव-सभा में जाने के लिए कहते हैं दूसरी ओर मना भी करते हैं। एक ओर कृष्ण को परमेश्वर मानते हैं दूसरी ओर कौरव-सभा में कृष्ण के साथ किसी अनर्थ की आशंका से डरते भी हैं। वस्तुतः यही तो युधिष्ठिर हैं।

युधिष्ठिर के साथ-साथ भीम, अर्जुन और नकुल भी सन्धि के समर्थक हैं। सहदेव पंडित होकर भी सन्धि के विरुद्ध है। उसका युद्ध का समर्थन उपहासास्पद लगता है। युधिष्ठिर की वाणी में किंचित हताशा है। वे उसे युद्ध के लिए उत्तेजित करते हैं, द्रौपदी के चीरहरण की याद दिलाते हैं और कहते हैं कि आप युद्ध की तैयारी करें। भीम के शान्ति प्रस्ताव पर कृष्ण को आश्चर्य होता है और उसे क्षत्रिय-कर्म पर ही रहने की सलाह देता है। अर्जुन को भी युद्ध के लिए तैयार रहने को कहता है। द्रौपदी, कुन्ती को उनके अनुरूप आश्वस्त कर देता है, लेकिन सन्धि-

प्रयत्न से निरत नहीं होता। उसे ज्ञात है कि दुर्योधन इतना आत्मग्रस्त है कि किसी भी स्थिति में वह सन्धि नहीं करेगा, फिर भी प्रयास करना उसका धर्म है।

वह विदुर से एक सिद्धान्त-वाक्य कहता है—

पर्यस्तां पृथिवीं सर्वां साश्वां सरथ कुंजराम्।
यो मोचयेन्मृत्युपाशात् प्राप्नुयाद्धधर्ममुत्तमम्॥

अश्व, रथ तथा हाथियों के साथ ही समस्त पृथ्वी नष्ट होने को प्रस्तुत जो उसे मृत्युपाश से मुक्त करने का प्रयास करेगा वह श्रेष्ठ धर्म होगा। वे आगे कहते हैं कि असफल होने पर भी प्रयासकर्त्ता को इसका पुण्य मिलेगा। इसमें '*कर्मण्येव अधिकारस्ते मा फलेषु कदाचन्*' की पूर्व ध्वनि सुनी जा सकती है।

दुर्योधन को कृष्ण के साथ भीष्म, द्रोण, धृतराष्ट्र, परशुराम, कण्व, नारद और गान्धारी भी समझाते हैं। पर दुर्योधन के कानों पर जूँ नहीं रेंगती। वह सूच्यग्र भूमि भी देने को तैयार नहीं है। अब कृष्ण विश्वरूप-दर्शन के माध्यम से सन्धि को पटरी पर लाना चाहते हैं। विश्वरूप-दर्शन गीता में भी आया है। किन्तु उद्योगपर्व के विश्वरूप और गीता के विश्वरूप के उद्देश्य में अन्तर है। उद्योग पर्व के विश्वरूप-विराटत्व, ईश्वरत्व के माध्यम से कृष्ण दुर्योधन को डराकर अपने उद्देश्य की पूर्ति करना चाहते हैं, दूसरा विश्वरूप अर्जुन को स्वधर्म की शिक्षा देने के लिए है। कृष्ण के पास अभी एक अस्त्र बाकी है— कर्ण को पांडवों के पक्ष में लाना। कृष्ण कर्ण को भली-भाँति जानते हैं, वह मूल्यों को जीता है। बड़ा-से-बड़ा प्रलोभन भी उसे डिगा नहीं सकता था। अपनी विजय के लिए दुर्योधन को उसी का भरोसा है। यदि कर्ण उसके पक्ष में न होता तो युद्ध न होता। फिर भी कृष्ण ने उसे प्रलोभन दिया— इतने बड़े राज्य का अधिपति बनने का और चारुसर्वांगी द्रौपदी को पाने का। ये दोनों मामूली प्रलोभन नहीं हैं। इस प्रलोभन को कोई कृष्ण का नाटक कह सकता है। किन्तु अन्य प्रसंगों को देखने से स्पष्ट है कि वे शान्ति के लिए पूर्णतः प्रयत्नशील थे। किन्तु इससे व्यास कर्ण के चरित्र का एक अत्यन्त मूल्यवान पक्ष उभार देते हैं।

कुछ बंगाली विद्वानों के मतानुसार कृष्ण बहुत ईमानदारी से सन्धि-प्रस्ताव को प्रस्तुत नहीं करते। भगवद्मानपर्व में कृष्ण के ईश्वरत्व और मनुष्य का घालमेल पाठकों को किसी सुनिश्चित निष्कर्ष पर नहीं पहुँचने देता। इरावती कर्वे 'युगान्त' में लिखती हैं— ''वासुदेव होने का तात्पर्य क्या है, यह ठीक से समझ में नहीं आता। पुराणों में ऐसी कथा आती है कि कृष्ण-वासुदेव विष्णु का अवतार हैं और वह अपना अवतार-कार्य पूरा करके स्वधाम को चले गये। वासुदेव अपने जीवन भर ईश्वर के रूप में रहे।... परन्तु महाभारत को पढ़ते हुए एक आश्चर्यजनक शंका लगती है। कृष्ण को असामान्य मानव, लेकिन मानव के रूप में महाभारत में चित्रित

किया गया है।'' इस कथन में स्वयं एक अन्तर्विरोध है। कर्वे वासुदेव को स्वयं विष्णु भी कहती हैं और असाधारण मानव भी। मौसलपर्व के अन्त में कृष्ण के देह-त्याग के बाद उनके ईश्वरत्व की ही चर्चा है।

उद्योग पर्व में कृष्ण की इस घोषणा के बावजूद कि कौरव-पांडव समान रूप से मेरे सम्बन्धी हैं, वह स्पष्ट रूप से पांडवों का पक्षधर है। इसे युद्धकाल के पहले भी देखा जा सकता है। खांडववन-दाह के समय वे अग्नि से वर माँगते हैं— '*प्रीतिं पार्थेन शाश्वतीम्।*' यह अद्‌भुत वरदान है। ऐसा वरदान शायद ही किसी ने माँगा हो। इसके पहले आदिपर्व में ही कर्ण कह चुका है—

वसूनि विविधान्भोगान् राज्यमेव च केवलम्।
ना त्याज्यमस्ति कृष्णस्य पांडवार्थे कथंचन॥'

कृष्ण पांडवों के लिए धन, विविध प्रकार के भोग या राज्य को भी छोड़ सकते हैं। इसीलिए वह सलाह देता है कि कृष्ण के पांडवों की मदद के लिए आने के पहले ही उन्हें नष्ट कर देना चाहिए। पांडवों के प्रति उनकी प्रीति का कोई तर्कसंगत आधार नहीं मिलता। ऐसी स्थिति में वे तटस्थ कैसे रह सकते हैं? पांडवों के लिए उसने अनगिनत अन्याय किये हैं। युद्धकाल इसका साक्षी है।

भीष्मपर्व में भीष्म एक अपराजेय योद्धा के रूप में उभरते हैं। उसके भीषण शरप्रहार से सेना फूस की तरह जल रही है, सैनिक पलायन कर रहे हैं, भगदड़ मची हुई है। अर्जुन मृदु युद्ध कर रहे हैं। यदि वे मृदु युद्ध न करते तो भी भीष्म अप्रतिरोध्य थे। गीता के कृष्ण को क्रोध में काँपते देखकर आश्चर्य होता है। वे अश्वों की लगाम छोड़कर सुदर्शन चक्र लिये रथ से नीचे कूद भीष्म-वध के लिए वेगपूर्वक दौड़ पड़ते हैं—

क्षुरान्तमुद्यम्य भुजेन चक्रं
रथादवप्लुत्य विसृज्य वाह्नान्
सकम्पयन् मां चरणेमहात्मा
वेगेन कृष्णः प्रससार भीष्मम्।

व्यास ने यहाँ छन्द बदल दिया है। अनुष्टुप को छोड़कर उपजाति छन्द। एक ही छन्द में सारी बात नहीं कही जा सकती, न तो काव्य में, न जीवन में। कृष्ण का यह कार्य उसकी अयुद्धमानता और न्यस्तशस्त्रता दोनों का खंडन है।

आगे पुनः कहा गया है—

निगृह्यमाणस्य तदाऽऽदिदेवो
भिरां सरोषः किल आत्मयोगी

आदाय वेगेन जगाम विष्णु-
र्जिष्णुं महावात इवैकवृक्षम्॥

अर्जुन ने कृष्ण को रोकने के लिए उसका पैर पकड़ रखा है। पर कृष्ण है कि वेगपूर्वक चलता जा रहा है, अर्जुन प्रबल आँधी में लुढ़कते हुए पेड़ की तरह घिसट रहा है। भीष्म कृष्ण की विष्णुरूप में स्तुति करते हैं, दुर्योधन से भी उनकी ईश्वरीय महिमा का गुणगान करते हैं। कृष्ण को ज्ञात है कि भीष्म अजेय हैं। इसलिए अपनी कूटनीति के तहत युधिष्ठिर को सलाह देते हैं कि वह स्वयं भीष्म से उनके मारे जाने का उपाय पूछें। यहाँ पर व्यास उसके ईश्वरत्व के आगे पुन: प्रश्नचिह्न लगा देते हैं।

भूरिश्रवा-सात्यकि का द्वैतयुद्ध चल रहा था। सात्यकि लगभग पूर्णत: पराजित हो चुका था। भूरिश्रवा हाथ में खड्ग लेकर सात्यकि का सिर धड़ से अलग करने ही वाला था कि कृष्ण के उकसाने से अर्जुन ने भूरिश्रवा की भुजा काट दी। जयद्रथ-वध भी कृष्ण की माया से हुआ। द्रोण-वध के लिए कृष्ण ने जो कुछ किया वह अतिशय निन्द्य है। द्रोण युद्ध में कहर ढा रहे थे। उसका वध असम्भव-सा था। सिर्फ कृष्ण को ही यह मालूम था कि अश्वत्थामा की मृत्यु का समाचार पाकर वह न्यस्तशस्त्र हो जाएगा। मृत्यु का झूठा समाचार फैलाने का काम कृष्ण ने किया। अर्जुन को यह स्वीकार्य नहीं हुआ। अन्तत: कृष्ण ने यह कार्य धर्मराज से लिया। यह न धर्मनीति है और न राजनीति। युधिष्ठिर के मिथ्यात्व के समान ही '*यतो कृष्ण: ततो धर्म:*' भी झूठ मालूम पड़ने लगता है। कर्ण के रथ का पहिया दलदल में फँसा हुआ है। रथ से नीचे उतरकर वह पहिया निकालने का प्रयास कर रहा था। कृष्ण ने अर्जुन से कहा कि यही उचित समय है— '*दिव्यास्त्रेणैव पातयस्व महाबल।*' सारी नैतिकता को ताक पर रख अर्जुन ने कर्ण का सिर धड़ से अलग कर दिया।

दुर्योधन का वध भी कृष्ण के छल से, जिसे वे वार युक्ति या कौशल कहते हैं, हुआ। उन्होंने स्पष्ट कहा कि धर्मयुद्ध से भीम दुर्योधन को नहीं मार सकते हैं। अत: उसे अधर्म युद्ध से मारना चाहिए। अधर्म युद्ध से ही भीम ने उसकी जाँघें तोड़ दीं। मरणासन्न दुर्योधन के सिर को अपने बायें पाँव से कुचला। केवल युधिष्ठिर ने ऐसा करने से मना किया। किन्तु भीम की प्रशंसा करते रहे। इस घिनौने कार्य को किस तरह औचित्यपूर्ण ठहराया जा सकता है?

मरणासन्न दुर्योधन और कृष्ण के संवाद से तो सारी बातें दिन के प्रकाश की तरह स्पष्ट हो जाती हैं। भयंकर पीड़ा की चिन्ता न करते हुए दुर्योधन ने कृष्ण से कहा— 'कंस के दास के बेटे, मैं गदायुद्ध में अधर्म से मारा गया हूँ। तुम्हें लज्जा नहीं आती। तुमने भीमसेन को मेरी जाँघ तोड़ने की याद दिला दी, तुमने अर्जुन से जो कुछ कहा क्या उसे मैं नहीं जानता? ऋजु युद्ध करते हुए सहस्त्रों राजाओं को

कुटिल उपायों से अधर्म से मरवा दिया। पितामह भीष्म को तुमने शिखंडी को आगे करके शरशैया पर सुला दिया। अश्वत्थामा हाथी को मारकर द्रोणपुत्र अश्वत्थामा के मारे जाने की झूठी खबर फैलाकर गुरुद्रोण से हथियार रखवा लिये। नि:शस्त्र गुरु को धृष्टद्युम्न ने मार डाला। अनशन पर बैठे छिन्नबाहु भूरिश्रवा को तुम्हारी सम्मति से दुरात्मा सात्यकि ने मार डाला। महाबली कर्ण दलदल में धँसे अपने रथ का पहिया निकाल रहा था कि अर्जुन को आदेश देकर मरवा डाला। यदि तुम धर्मयुद्ध करते तो तुम्हारी विजय होती ही नहीं।'

कृष्ण ने दुर्योधन के अन्यायों का विवरण प्रस्तुत किया कि उसने पांडवों की पैतृक सम्पत्ति और राज्य हड़प लिया, भरी सभा में रजस्वला द्रौपदी का चीरहरण किया, युधिष्ठिर को छल से जुए में हराया, अभिमन्यु का अन्यायपूर्वक वध किया। दुर्योधन बोला कि हम लोग मित्रों, भाइयों सहित स्वर्ग जाएँगे और तुम लोग संकल्प नष्ट तथा शोकाकुल होकर संसार में रहोगे।

अद्‌भुत कवि हैं व्यास। कृष्ण और दुर्योधन के वक्तव्यों को लोगों ने सुना। दुर्योधन के ऊपर पवित्र सुगन्धित फूलों की वर्षा होने लगी, गन्धर्वों के वाद्ययन्त्र से संगीत फूट निकला, सिद्ध उसे साधु-साधु कहने लगे। सुरभित वायु बहने लगी, दिशाएँ निर्मल हो उठीं। भीष्म, द्रोण, भूरिश्रवा और कर्ण को अधर्म से मारा हुआ सुनकर लोग बड़ा दुखी हो गये। पांडव भी चिन्ताग्रस्त हो उठे। कृष्ण मेघ-दुन्दुभि-स्वर में बोल उठे— 'धर्मयुद्ध से आप लोग भीष्मादि पराक्रमी वीरों को नहीं मार सकते थे। दुर्योधन को कोई नहीं जीत सकता था। इसलिए मैंने इन उपायों की योजना की थी। भीष्म, द्रोण, कर्ण और भूरिश्रवा अतिरथी और महात्मा के रूप में विख्यात थे। गदाधारी दुर्योधन को धर्मयुद्ध में यमराज भी नहीं मार सकते थे। बलवान शत्रु नाना विधि उपायों और कपटनीति से मारे जाने के योग्य होते हैं। देवासुर संग्राम में देवताओं ने इसी मार्ग का अनुसरण किया है। जिस मार्ग पर महात्मा लोग चलते हैं उसी पर हम लोग चलते हैं।' कृष्ण को सुनकर पांडव और पांचाल प्रसन्न हो उठे। ध्यान रखना चाहिए कि इस कथन पर न पुष्पवृष्टि हुई और न सुगन्धित वायु बही।

यहाँ पर व्यास पुन: पाठकों को संकट में डाल देते हैं। अन्याय तो दोनों ओर से हुआ है— किसी की ओर से कम किसी की ओर से ज्यादा। यदि इसे हम सामान्य मनुष्य के स्तर पर लें तो देखेंगे कि '*शठे शाठ्यं समाचरेत*' चरितार्थ होता है। किन्तु इस जटिल एपिक में अनेक उलझी हुई आर्थिक, धार्मिक, नैतिक, सांस्कृतिक समस्याएँ हैं। व्यास ने इनका कोई हल या समाधान नहीं दिया है। पर ये हैं और मनुष्य के जीवन में सदा बनी रहेंगी। प्रत्येक पाठक को अपने-अपने ढंग से समाधान ढूँढ़ना होगा। कृष्ण का ईश्वरत्व बहुत महत्त्वपूर्ण समस्या है। यह

समस्या मिथकीय समस्या है। इसको हटा देने से कृष्ण-चरित्र को पूर्णता नहीं मिलेगी और न वह चरित्र बन पाएगा।

आगे फिर एक मिथक। दुर्योधन को मरणासन्न छोड़कर कृष्ण सहित पांडव तथा अन्य लोग अपने शिविर की ओर लौटे। कृष्ण ने अर्जुन से कहा पहले तुम अपने अक्षय तूणीर और धनुष के साथ रथ से उतरो। मैं बाद में उतरूँगा। कृष्ण के उतरते ही—

स दग्धोद्रोण कर्णाभ्यां दिव्यैरस्त्रैर्महारथः
अथा दीप्तोऽग्निना ह्याशु प्रज्वाल महीपते।

द्रोण, कर्ण के दिव्यास्त्रों से दग्धप्राय रथ भभक कर जल उठा। इस रहस्यमय दृश्य को देखकर अर्जुन चमत्कृत हो उठा। उसने कृष्ण से इसका कारण पूछा। कृष्ण का उत्तर था कि "अब मैं तेरा इष्ट पूरा कर चुका हूँ, अतः रथ को विमुक्त करता हूँ।" इसके पहले भी वे रथ से उतरते थे, पर भाव रूप से उस पर आरूढ़ रहते थे। मन से उसे भी त्याग दिया है। व्यंजना यह है कि कृष्ण जिसे त्याग दें उसकी रक्षा कैसे हो सकती है? कृष्ण का ईश्वरत्व पुनः उभर जाता है। कृष्ण ने अपने अधर्म युद्ध को जिस मानवी स्तर पर स्वीकार किया था वह उसे महत्त्वपूर्ण बनाता है। तर्क द्वारा वह उसे धर्मयुद्ध सिद्ध कर सकता था। यह उसकी मानवीय गरिमा है। पर रथ-दहन का दृश्य पाठकों को पुनः समस्या के कठघरे में खड़ा कर देता है। कृष्ण का अपना कोई इष्ट नहीं है, भक्त का है। यहाँ एक छोटी-सी बात पर ध्यान देने पर कवि की अवधानता का पता लगता है। द्रोण और कर्ण के दिव्यास्त्रों के निक्षेप की चर्चा तो है, पर भीष्म के दिव्यास्त्र का उल्लेख नहीं है। भीष्म ने युद्ध में इसका प्रयोग नहीं किया था। इससे उसके चरित्र पर प्रकाश पड़ता है।

अर्जुन के रथ का जलना प्रतीकात्मक है। वे रथ से ही नहीं बहुत कुछ से अपने को अलग कर लेते हैं। फिर भी पांडवों की सुरक्षा का ध्यान है। पांडवों को गान्धारी के शाप का डर है। इस डर को दूर करने के लिए वे कुरुक्षेत्र से हस्तिनापुर जाते हैं। वे धृतराष्ट्र-गान्धारी को आश्वस्त करते हैं। धृतराष्ट्र से सहसा कह उठते हैं—

आपृच्छे त्वां कुरुश्रेष्ठ मा च शोके मनः कृथाः।
द्रौणेः पापोऽस्त्यभिप्राय स्तेनास्मि सहसोत्थितः॥
पांडवानां वधे रात्रौ बुद्धिस्तेन प्रदर्शिता

'कुरु कुल श्रेष्ठ! अब मैं आपसे जाने की आज्ञा माँगता हूँ। आप मन में किसी प्रकार का शोक न करें। द्रोण पुत्र अश्वत्थामा ने पापपूर्ण संकल्प किया है। इसलिए मैं सहसा उठ गया हूँ। आज रात को सोते समय अश्वत्थामा ने पांडवों को मारने का विचार किया है।' धृतराष्ट्र-गान्धारी ने तुरत कहा— '*शीघ्रं गच्छ महाबाहो*

पांडवान्परिपालय।' कृष्ण पांडवों के साथ शिविर के बाहर रहने का निश्चय करते हैं। पुनः प्रश्न उठता है कि जब कृष्ण को ज्ञात था कि अश्वत्थामा ने पांडव-पक्ष का वध करने का निश्चय कर लिया है तो अन्य लोगों को शिविर के बाहर रहने का प्रबन्ध क्यों नहीं किया? मौसल पर्व में वे स्वयं निर्विकार भाव से ज्ञातिवध करते हैं, कदाचित कर्म में अकर्म करना इसी को कहते हैं।

बुद्धदेव बसु कृष्ण की साधारण मृत्यु पर मुग्ध हैं। वे लिखते हैं— "यह घटना एक आश्चर्य है— आश्चर्य से अधिक विचार है। इसका अन्तर्निहित भाव यह है कि महाभारत में कृष्ण की भूमिका सम्पूर्ण होती है। भगवद्गीता में जितनी ऊँचाई पर उठे थे यहाँ उतनी निचाई पर उतरते हैं, अवतरित होते हैं। उसने मन-ही-मन स्वीकार कर लिया कि देह धारण करने पर सभी मानवीय दुर्बलताएँ, विषाद और असहायता झेलनी पड़ती है। बिना समझे-बूझे हम सार्वभौम ईश्वर के रूप में उसकी पूजा नहीं करते। कृष्ण की यह मृत्यु मानवीय इतिहास में हीनतम मृत्यु है, पर यह भी ईश्वरत्व की व्यंजना है।..." बसु महादेय का अर्थायन तर्कसंगत नहीं प्रतीत होता। यह उतना ही रहस्यात्मक है जितना स्वयं कृष्ण का चरित्र।

कृष्ण-चरित्र का एक बीज वाक्य है— '*यतोधर्मस्ततः कृष्णो यतो कृष्णस्ततो जयः।'* किन्तु यह एक पहेली है— अनबूझ पहेली। उसका ईश्वरत्व अन्त तक चलता रहता है— मरने के समय जरा व्याध को कृष्ण चतुर्भुज कृष्ण के रूप में दिखाई पड़ते हैं। महाभारत की शाश्वतता निर्विवाद है। वह हमारे जीवन में निरन्तर होता रहता है। उसी प्रकार ईश्वरत्व और मनुष्यत्व का द्वन्द्व भी अनन्तकाल तक जारी रहेगा। नीत्शे के कहने से ईश्वर मरेगा नहीं। वह भीतर-बाहर सब जगह है। किन्तु मनुष्य के सन्दर्भ में उसे खोजते रहना पड़ेगा। कृष्ण-चरित का कोई समाधान नहीं है। उसका चरित्र यही है कि हम उसकी जटिलता में उसे निरन्तर खोजते रहें।

अर्जुन : नारायणीय प्रतिकृति

इधर अनेक सामाजिक-वैचारिक परिवर्तनों के साथ कर्ण की लोकप्रियता बढ़ी है। किन्तु जन सामान्य में अब भी अर्जुन महाभारत के सर्वाधिक लोकप्रिय पात्र हैं। उत्तर भारत में अर्जुन नाम के बहुत से लोग मिल जाएँगे। बंगाल में, दक्षिण में सव्यसाची, पार्थ नाम के लोग भी हैं। उसका नाम दिव्यधनुष गांडीव, दिव्यरथ और अक्षय तूणीर के साथ जुड़ा हुआ है। महाभारत युद्ध के पहले और महाभारत युद्ध में वह कहीं भी नहीं हारता। उसकी हार कृष्ण की मृत्यु के बाद होती है। उसके चरित्र को समझने की यही कुंजी है।

आइए, हम महाभारत के मंगल श्लोक को देखें—

'नारायणं नमस्कृत्य नराणां च नरोत्तमम्
देवीं सरस्वती चैनव जयमुदीरयेत्।'

नारायण और नर कौन हैं? व्यास उनकी वन्दना पहले करते हैं और सरस्वती की बाद में।

नारायण विष्णु हैं और कृष्ण उनके अवतार। अर्जुन नारायण के अंश से प्रादुर्भूत है। इन दोनों का उल्लेख प्रायः उत्तम में होता है— 'कृष्णार्जुनौ', 'कृष्णपार्थौ', 'वासुदेवधनञ्जयौ', 'केशवफाल्गुनाभ्याम्' इत्यादि। यही नहीं, स्पष्टतः कहा गया है— *एष नारायणः कृष्णः फाल्गुश्च नरः स्मृतः* (5.49.20)। पर कृष्ण का महाभारत में आगमन द्रौपदी स्वयंवर के समय होता है। इसके पहले के अर्जुन कृष्ण के साथ नहीं दिखाई पड़ते। कृष्ण का सादृश्य उसे स्वयंवर के बाद ही मिलता है। इसके पहले वह स्वेच्छा से क्रियाशील रहता है, यद्यपि इन क्रिया-कलापों में भी दैव की अद्‌भुत अनुकम्पा प्रतीत होती है।

उसके जन्म के समय कुन्ती को सम्बोधित करते हुए आकाशवाणी होती है— ''यह बालक कार्तवीर्य अर्जुन के समान तेजस्वी, शिव के समान पराक्रमी और इन्द्र के समान अजेय होकर तुम्हारे यश का विस्तार करेगा। यह वीरपुत्र मद्र, कुरु, सोमक, चेदि, काशी तथा करूष देशों को जीतेगा। इसके बाहुबल से खांडव-वन

में अग्नि समस्त प्राणियों के मेद का आस्वादन करके तृप्त होगी। युद्ध में शंकर को सन्तुष्ट करके पाशुपत अस्त्र प्राप्त करेगा। अपनी खोयी हुई सम्पत्ति वापस लाएगा। देव, गन्धर्व, अप्सराएँ, वैनतेय आदि उसकी प्रशंसा करने लगे...।''

अर्जुन युद्ध और प्रेम दोनों में समान रूप से दक्ष है। वह प्रतिभा-सम्पन्न तो है ही, इसके साथ गुरुभक्त और अध्यवसायी भी है। अर्जुन गुरु द्रोण की शिक्षा को शीघ्रतापूर्वक ग्रहण कर लेते थे, गुरु की सेवा-सुश्रुषा में दिनरात लगे रहते थे। गुरु का प्रिय कार्य करने के लिए बराबर तैयार रहते थे। रात को भी धनुर्विद्या का अभ्यास करते थे। यों तो तेज छात्र को गुरु यों ही मानने लगता है। यदि सेवाभाव से प्रसन्न हो जाए तो क्या कहना! रात को भी अभ्यास करते देख गुरु को विश्वास हो गया कि उसका योग्यतम शिष्य है। उसने अर्जुन को धनुर्विद्या में अद्वितीय बनाने का संकल्प किया। अर्जुन को स्वयं अद्वितीय बनने की कम आकांक्षा नहीं थी।

द्रोणाचार्य अर्जुन को अद्वितीय बनाने के लिए कुछ भी अन्याय कर सकते थे। एक दिन उन्हें बताया गया कि वन निषादराज हिरण्यधनु का पुत्र बहुत बड़ा धनुर्धर हो गया है। वह भौंकते हुए कुत्ते का मुँह बाणों से भरकर उसका भौंकना बन्द कर देता है। उनका माथा ठनका। उनसे अधिक अर्जुन को अपनी अद्वितीयता के प्रति सन्देह पैदा हो गया। उसने गुरु द्रोण से कहा कि ऐसी स्थिति में वह अद्वितीय धनुर्धर कैसे बन सकता है। यह वही एकलव्य है जिसे निषाद जान कर द्रोण ने शिक्षा देने से अस्वीकार कर दिया था। लेकिन एकलव्य द्रोण को अपना मानस गुरु मानकर वन में शस्त्राभ्यास करता रहा और अद्वितीय धनुर्धर हो गया। एक म्यान में दो तलवारें कैसे रह सकती हैं? द्रोण वन में गये और गुरुदक्षिणा के रूप में एकलव्य का अँगूठा माँग लिया। अर्जुन एक महत्त्वाकांक्षी की तरह गद्गद हो उठा— '*ततोऽर्जुनः प्रीतिमना बभूव विगतज्वरः।*' आज भी न ऐसे गुरु कम हुए हैं और न महत्त्वाकांक्षी शिष्य। अर्जुन में तो तब भी गनीमत थी। अब तो महत्त्वाकांक्षी शिष्य अपने स्वार्थ के पूर्त्यर्थ गुरु की गर्दन भी कलम कर देते हैं।

शिक्षा-सम्पन्न होने पर गुरु द्रोण ने अपने शिष्यों को परीक्षा के लिए आहूत किया। वृक्ष की एक डाल पर कृत्रिम गृद्ध बैठा दिया। शिष्यों को गृद्ध की आँख को बाण विद्ध करना था। उन्होंने सबसे पहले युधिष्ठिर को बुलाया और पूछा तुम क्या देखते हो? युधिष्ठिर ने कहा कि मैं आपको, पेड़, गृहादि को देखता हूँ। द्रोण ने युधिष्ठिर को दुत्कारते हुए कहा— तुम अनुत्तीर्ण हो, भाग जाओ। किन्तु अर्जुन ने द्रोण को उत्तर देते हुए जो कुछ कहा वह अर्जुन के चरित्र का एक केन्द्रीय बिन्दु है। वे बोले कि मैं केवल चिड़िया की आँख देखता हूँ। जब तक अपने लक्ष्य पर समग्र ध्यान केन्द्रित न होगा, सफलता प्राप्त नहीं होगी। यह एक सार्वजनीन सत्य है। जो बावन कोठों में मन दौड़ाएगा, उसका असफल होना तय है। गुरु द्रोण बेहद

प्रसन्न हुए। शिष्य की अद्वितीयता के प्रति वे आश्वस्त हो उठे।

द्रोण ने धृतराष्ट्र से पूछकर अपने शिष्यों के अस्त्र-संचालन कला के प्रदर्शन का एक आयोजन किया। इसमें दुर्योधन और भीम में भिड़न्त हो गयी। उन्हें निवारित करने के बाद द्रोण बोले— दर्शकगण अब आप लोग मेरे पुत्र के समान प्रिय, सर्वशस्त्र-विशारद अर्जुन का कौशल देखें। द्रोण ने भरी सभा में अर्जुन के प्रति अपनी विशेषप्रियता की घोषणा कर दी। अर्जुन का शस्त्र-कौशल प्रदर्शन देखकर लोग आश्चर्यचकित थे। इसी समय रंगभूमि में कर्ण का प्रवेश हुआ। उसने भी वे सारे अस्त्र-कौशल कुछ बेहतर ढंग से प्रदर्शित कर दिये, जिसे अर्जुन ने दिखाया था। वह सभा से अपरिचित था। उसका पौरुष ही उसका परिचय था। उसने अर्जुन को द्वन्द्व युद्ध के लिए ललकारा। किन्तु उसके पिता अधिरथ ने उसे गले लगा लिया। यह देखकर भीम ने उसे सूतपुत्र कहकर अपमानित किया और द्वन्द्वयुद्ध नहीं हो सका। सभा दो दलों में विभक्त हो गयी— कुछ अर्जुन के प्रशंसक बन गये तो कुछ कर्ण के। दुर्योधन ने उसे अंगदेश का राजा बनाकर सम्मानित किया। अर्जुन की अद्वियता को पुनः एक झटका लगा। दुर्योधन को सहारा मिल गया। फिर भी उसकी चिन्ता बनी रही। पांडवों को आधा राज्य देकर खांडवप्रस्थ भेज दिया गया।

अर्जुन का वास्तविक जीवन लाक्षागृह और द्रौपदी विवाह के बाद शुरू होता है। पांडवों को आधा राज्य मिल गया। कृष्ण-बलराम विवाह के उपलक्ष में उपहार लेकर आये। कृष्ण और पांडवों ने मिलकर खांडवप्रस्थ को इतना सुन्दर बना दिया कि उसका नाम इन्द्रप्रस्थ रख दिया गया। कृष्ण के द्वारिका जाते समय युधिष्ठिर और कुन्ती ने जिन शब्दों में उनके प्रति जो भक्तिभावपूर्ण आभार प्रकट किया, वह गहरे अर्थों में महाभारत में कृष्ण की महत्त्वपूर्ण भूमिका को ध्वनित करता है।

युधिष्ठिर ने कहा— *तव प्रसादात् वार्ष्णेय राज्य प्राप्तं महानघ / प्रसादादेव ते वीर शून्यं राष्ट्रं सुदुर्गमम् ।* आप ही की कृपा से मैंने राज्य प्राप्त किया है। हे वीर, आपके प्रभाव ही से दुर्गम और निर्जन प्रदेश धन-धान्य से पूर्ण हो गया है। कुन्ती का कहना था— *स्मरस्त्वैनान् महाप्राज्ञतेन जीवन्त पांडवाः ।* तुम्हारे शुभ-चिन्तन से ही पांडव जीवित हैं। राज्य तो उन्हें द्रुपद के परोक्ष दबाव से मिला। किन्तु खांडवप्रस्थ को इन्द्रप्रस्थ बनाने में कृष्ण ने विश्वकर्मा की पूरी सहायता ली थी। बाद में पांडवों की दुर्गम जिन्दगी जरूर कृष्ण की सहायता से ही सुगम बन सकी। कृष्ण निरन्तर पांडवों के शुभ चिन्तन में लगे रहे।

कृष्ण जब द्वारिका में थे, उसे एक बार नहीं, दो-दो बार वनवास झेलना पड़ा। पहली बार अकेले, दूसरी बार सपरिवार। एक रात किसी ब्राह्मण का गोधन कुछ नृशंस तस्करों ने चुरा लिया। उसकी गुहार सुनकर अर्जुन बेचैन हो उठा। आज युधिष्ठिर की बारी थी। वे शयन कक्ष में द्रौपदी के साथ थे। शस्त्र उसी घर में रखे

थे। अर्जुन ने राजा युधिष्ठिर से पूछकर शस्त्र निकाला। चोरों को खदेड़कर अर्जुन ने ब्राह्मण का गोधन तो लौटा दिया किन्तु वे एक-दूसरे संकट में फँस गये। समझौते के अनुसार यह तय हुआ था कि अपनी बारी में यदि कोई पांडव द्रौपदी के पास शयन कक्ष में है तो दूसरा पांडव वहाँ नहीं जा सकता। अगर कोई इस अनुबन्ध को तोड़ता है तो उसे बारह वर्षों का वनवास भोगना पड़ेगा। अर्जुन ने वन जाने के लिए राजा की आज्ञा माँगी। युधिष्ठिर समझाते रहे कि यदि बड़ा भाई पत्नी के साथ कक्ष में है तो वहाँ छोटे भाई के आ जाने से उसे दोष नहीं लगता पर अर्जुन अनुबन्ध पालन के तहत वन में जाने के लिए कटिबद्ध थे।

यदि अर्जुन चाहते तो युधिष्ठिर की दूसरी आज्ञा मानकर वन को न जाते। किन्तु वे प्रतिज्ञा-पालन के लिए कमर कसे हुए थे, यद्यपि वन में आंशिक रूप से प्रतिज्ञा को तोड़ने में भी उसे हिचक नहीं हुई। प्रश्न उठता है कि वन में जाने के पीछे और क्या कारण हो सकता है? जिस सर्वांग सुन्दरी को वे स्वयंवर में जीतकर लाये थे, वह सभी भाइयों की पत्नी बन गयी थी। इस दृश्यावली से वह थोड़े दिन मुक्त रहना चाह रहा हो तो कोई आश्चर्य नहीं है। स्मरण रखना चाहिए कि पाँचों पांडवों में द्रौपदी उसी को प्यार करती थी। द्रौपदी के अलावा सभी पांडवों ने एक-एक विवाह और भी कर रखा था। इस पर द्रौपदी क्या बोलती। उसने तो स्वयं पाँच व्यक्तियों से विवाह किया था। किन्तु जब अर्जुन ने सुभद्रा से विवाह किया तो वह दुखी हुई। एक छोटा-सा प्रणय-कलह भी किया।

अर्जुन का व्यक्तित्व सुन्दर था। स्त्रियाँ उसे देखकर मुग्ध हो जाती थीं। वह भी स्त्रियों को प्यार करता था। महाभारत में यदि कोई प्यार करनेवाला व्यक्ति है तो अर्जुन है। इसलिए वह प्रीतिकर लगने लगता है। लेकिन प्रीति में भी वह ठहरता नहीं। ठहरना उसका जीवन नहीं है। वह एक चिर यात्री है, कभी वन में, कभी समुद्र में, कभी पहाड़ पर, कभी अश्वमेध युद्ध में निर्द्वन्द्व चलता रहता है। वह अपनी ताकत को जानता है, पर शेखी नहीं बघारता। इस वनवास को कोई चाहे तो प्रणय-यात्रा कह सकता है।

वह गंगा द्वार तीर्थ पहुँचता है। वह गंगा में स्नान करने उतरा। नागराज कौरव्य की पुत्री उलूपी उस पर आसक्त हो उठी— '*दृष्टैव पुरुषव्याघ्र कन्दर्पेणभिमूर्च्छिता।*' कामबाण से आहत होकर मूर्च्छित हो गयी। उसे जल के भीतर से ही खींच कर नागलोक ले गयी। उलूपी ने अपना नाम बताते हुए यह भी कहा कि मैं पन्नगी (नागिन) हूँ। उलूपी ने उसके साथ सहवास का प्रस्ताव किया। अर्जुन को अनुबन्ध के अनुसार ब्रह्मचर्य धारण करते हुए बारह वर्षों तक वनवास धारण करना था। उलूपी ने ब्रह्मचर्य की अद्‌भुत व्याख्या की। उसका कहना था कि यह ब्रह्मचर्य द्रौपदी को लेकर है। वह द्रौपदी से तो दूर था ही। अतः उसे लेकर ब्रह्मचर्य का

प्रश्न ही उपहासास्पद है। उलूपी ने यह भी कहा कि यदि थोड़ा-बहुत उस प्रतिज्ञा का उल्लंघन हो जाए तो कोई हर्ज नहीं। आप मुझे प्राणदान देकर उससे बड़े धर्म का पालन करेंगे। अर्जुन को यह व्याख्या धर्मानुकूल मालूम पड़ी। उलूपी से अर्जुन ने इरावान नामक पराक्रमी पुत्र पैदा किया।

फिर वह तीर्थयात्रा पर निकल पड़ता है। बहुत से तीर्थों से गुजरते हुए वह मणिपुर पहुँचता है। मणिपुर नरेश चित्रवाहन की अपूर्व सुन्दरी पुत्री चित्रांगदा का रूप लावण्य देखकर अर्जुन ठगे-से रह गये। उन्होंने चित्रवाहन से उसका हाथ माँगा और तीन वर्षों तक मणिपुर में ही जमे रहे। चित्रांगदा से उन्होंने अद्‌भुत पराक्रमी पुत्र बभ्रुवाहन पैदा किया। अप्सरा वर्गा तथा उसकी सखियों का, जो घड़ियाल की तरह लोगों को खींच ले जाती थी, अर्जुन ने उद्धार किया।

गोकर्ण और समुद्री तट से घूमता-घामता अर्जुन प्रयाग तीर्थ पहुँचा। कृष्ण उसे द्वारिका ले आये, शानदार स्वागत किया। रैवतक पर्वत पर उसके सम्मान में समारोह आयोजित किया गया। वहाँ भी एक सुन्दर कन्या को देखकर अर्जुन कामबाण से विद्ध हो उठा— *'दृष्ट्वैव तामर्जुनस्य कन्दर्पः समजायत।'* यह देखकर कृष्ण क्रुद्ध नहीं होते, मजाक करते हैं— *'वनेचरस्य किमिदं कामेनालोडयते मनः'*, वनवासी का मन भी काम से आलोड़ित होता है? कृष्ण ने ही बताया कि वह उसकी बहन है। फिर पूछते हैं कि क्या तू इससे विवाह करेगा? कृष्ण की सहायता से अर्जुन उसका अपहरण करते हैं और इन्द्रप्रस्थ चले जाते हैं। कृष्ण इसे अर्जुन के हित में करते हैं। कृष्ण की बहन से शादी होने के बाद अर्जुन इधर-उधर ताक झाँक नहीं कर सकता था। इन्द्रलोक में वह अप्रतिम अप्सरा उर्वशी की सहवास प्रार्थना को ठुकरा देता है। विराटनगर में वह वृहन्नला के रूप में राजकुमारियों को नृत्य-संगीत की शिक्षा देता रहा— कीचक वध से बेखबर। द्रौपदी से मिलने पर वह अपना ही दुखड़ा रोने लगा। द्रौपदी कहती है—

> *'वृहन्नले किं नु तव सैरन्ध्या कार्यमद्य वै*
> *या त्वं वससि सदा कन्यापुरे सुखम्।'*

अब तुम्हें सैरन्ध्री से क्या काम है। तुम मौज-मस्ती से कन्याओं के अन्तःपुर में रहते हो। यदि लोकलाज और कृष्ण का संकोच न होता तो वह उत्तरा से भी विवाह कर सकता था। अर्जुन हर तरह से भाग्यशाली थे। इतना सुन्दर स्त्रियों का संग-साथ केवल उसी को मिला था।

सुभद्रा-हरण के बाद अर्जुन इन्द्रप्रस्थ आ गये। कृष्ण-बलराम आदि उपहार लेकर वहाँ जा पहुँचे। बलराम के साथ वृष्टिगण तो लौट गये। किन्तु कृष्ण इन्द्रप्रस्थ में अर्जुन के साथ ठहर गये। मौज-मस्ती में दिन बीतने लगा। इनकी सहायता से

अग्नि ने खांडववन का दहन किया। नगर-निर्माण के लिए अरण्य का उच्छेद किया। वृक्ष, पशु, नाग इत्यादि के शवों पर राजधानी खड़ी की गयी। इसे मानव-इतिहास का एक महत्त्वपूर्ण कदम कहा जा सकता है, आदिम अवस्था के विरुद्ध सभ्यता का आक्रमण। नयी राजधानी का निर्माण किया था खांडववासी मय ने। अर्जुन और कृष्ण ने उसे कृपा करके प्राण-भिक्षा दी थी। यह घटना भी विजयी योद्धाओं की श्रेष्ठ परम्परा के अनुरूप है। किन्तु खांडवदाह, मात्र एक सामाजिक अथवा सामाजिक कीर्ति का सूचक नहीं है। वैश्विक पृष्ठभूमि पर विचार करने पर इसमें बहुत से शाश्वत और वर्तमान अर्थ मिलेंगे।

देवता, इन्द्र अग्नि के विरुद्ध थे। उनसे लड़ने के लिए विशिष्ट शस्त्रास्त्रों की आवश्यकता थी। कृष्णार्जुन के आग्रह पर अग्नि ने अर्जुन को वरुण से माँगकर दिव्य गांडीव धनुष, अक्षय तूणीर और दिव्य रथ दिया। धनुष किसी अस्त्र-शस्त्र से टूट नहीं सकता था, तूणीर कभी रिक्त नहीं हो सकता था। वरुण ने उसे श्वेत घोड़ों से जुटा हुआ एक अजेय रथ भी दिया। कृष्ण को सुदर्शन चक्र के साथ एक कौमोद नामक गदा भी मिली। ध्यान रखना चाहिए कि यह सब वरुण द्वारा अग्नि को और अग्नि द्वारा कृष्णार्जुन को प्रदत्त किया गया। महाभारत की संरचना में इन दिव्य साधनों का अद्‌भुत महत्त्व है। सवाल उठता है कि इन्हें क्यों लाया गया? कृष्णार्जुन को वरुण और अग्नि द्वारा ये दिव्य साधन क्यों दिये गये? कौरवों ने जो कुछ प्राप्त किया था, वह स्वयं का अर्जित किया हुआ था। अर्जुन को वरदान-ही-वरदान मिला था। उसके प्रतिद्वन्द्वी कर्ण को शाप ही शाप प्राप्त हुआ था। क्या एक अर्थ में यह दैवी शक्तियों और मानवीय शक्तियों का संघर्ष तो नहीं था! यदि अर्जुन को दिव्य साधन न मिले होते तो? अस्तु खांडव वन दाह के अन्त में इन्द्र ने अन्यान्य दिव्यास्त्रों को प्राप्त होने का रास्ता बता दिया। कृष्ण ने एक ही वर माँगा— '*प्रीति पार्थेन शाश्वतीम्।*' कृष्ण अर्जुन की सफलता के सर्वाधिक महत्त्वपूर्ण साधन थे।

खांडव वन को दहन कर उस भूमि में महाभारत-युद्ध का बीज बोया गया जो मयदानव द्वारा निर्मित दिव्य राजसभा और राजसूय यज्ञ में अंकुरित हो उठा। जरासन्ध को कृष्ण ने उपाय से मरवाया क्योंकि वे जानते थे कि उससे लड़ने में दिव्यास्त्र असफल होंगे। लेकिन इन दिव्यास्त्रों के बल पर ही गोहरण प्रसंग में अर्जुन ने अकेले ही समस्त कौरव दल को— भीष्म, द्रोण, कर्ण, दुर्योधन आदि को पराजित किया। किन्तु यही अर्जुन अपने सम्पूर्ण दिव्यास्त्रों, दिव्य गांडीव और दिव्य रथ की सहायता से अठारह दिन लड़ते रहे, फिर भी विजय प्राप्त करने के लिए कृष्ण को छल-छद्म का सहायता लेनी पड़ी। पाठकों के सामने पुनः प्रश्न उठता है कि एक ओर सारे दिव्यास्त्र हैं, कथित भगवान हैं, दूसरी ओर अपने भरोसे पर लड़ने वाले लोग हैं। फिर भी पहले पक्ष को दूसरे पक्ष द्वारा मारने के लिए छल-छद्म का

सहारा क्यों लेना पड़ा? शायद इसका एक उत्तर यह हो सकता है कि युद्ध तो युद्ध है। वह बराबर अधर्म युद्ध होगा। ईश्वरत्व एक बार पुनः कटघरे में खड़ा हो जाता है। कृष्ण ने स्वयं मेघदुन्दुभि स्वर में कहा— "आप लोग ऋजु धर्मयुद्ध में भीष्मादि महापराक्रमी वीरों को नहीं मार सकते थे। दुर्योधन को यमराज भी नहीं मार सकता था। ऐसे बलवीर शत्रु कपटनीति से मारे जाने योग्य होते हैं। असुरों का वध करने के लिए देवताओं ने भी इसी नीति से काम लिया था।" '*पूर्वैरनुगतो मार्गो देवैरपिसुरघातिभिः / साद्भनुगतः पन्थाः स वैंरनुम्यते।*' पर द्रोणाचार्य वध के प्रसंग में अश्वत्थामा के मारे जाने की झूठी खबर से वह अपने को अलग रखता है और कृष्ण के संकेत के बावजूद वह गुरुवध के लिए तैयार नहीं होता, फिर भी युद्ध में उसे कृष्ण का साहाय्य निरन्तर मिलता रहता है।

महाभारत के सर्वनाशी युद्ध के अनन्तर, अठारहवें दिन के बाद पांडव हर्षोल्लासपूर्वक शिविर को लौटे। यहीं से अर्जुन का चरित्र ढलान पर उतरने लगता है। कृष्ण ने अर्जुन से कहा— "अर्जुन, तुम अपना गांडीव और दोनों अक्षय तूणीर लेकर पहले रथ से उतरो। मैं बाद में उतरूँगा।" अर्जुन ने वैसा ही किया। कृष्ण के उतरते ही रथ समग्रतः भस्मीभूत हो गया। इसका अर्थ तब खुलेगा, जब हम उसके प्रतीकार्थ में घुसेंगे। महाभारत की समाप्ति के बाद रथ का काम निश्शेष हो गया और कृष्ण का भी। जिस अग्निदेव ने उसे दिया था, उसी ने वापस ले लिया। अब उसके पास गांडीव और अक्षय तूणीर रह गये। अश्वमेध यज्ञ में अर्जुन अकेले दिग्विजय के लिए निकलते हैं। अभी तक किसी युद्ध में (किरात युद्ध छोड़कर। किरात शिव थे) अर्जुन हारे नहीं थे। किन्तु इस बार मणिपुर में अपने पुत्र बभ्रुवाहन द्वारा मारे जाते हैं। अर्जुन ने भी तो एक प्रकार से पितामह का वध ही किया था। यह उसका दैवी प्रायश्चित था। अपनी प्रिया उलूपी की संजीवनी मणि से वह पुनः जिन्दा हो सका। इसका ध्वन्यर्थ यह भी है कि यदि गुरुवध किया होता तो क्या होता?

राजसूय के बाद कृष्ण द्वारिका चले जाते हैं, फिर हस्तिनापुर नहीं आते। पांडव घटनाविहीन रक्तस्नात धरती पर 36 वर्षों तक राज्य करते रहे। कृष्ण मौसलपर्व के बाद यानी अपने कुटुम्ब के सर्वनाश के बाद— इस सर्वनाश में उनका भी हाथ था— अपनी लीला का संवरण करते हैं। लीला संवरण शब्द यदि भारी लगता है तो कह सकते हैं, वह सामान्य मनुष्य की तरह मरता है। इसके अनन्तर गांडीव तथा अक्षय तूणीर भी अपनी शक्ति खो देते हैं। इसका अभिप्राय यह है कि गांडीव और तूणीर पर भी नारायण का प्रभाव था। जब तक कृष्ण जीवित थे, दिग्विजय यात्रा में इसी धनुष से अर्जुन की विजय हुई थी। लेकिन द्वारिका से लौटते समय, इनके रहते हुए भी वृष्णियों, भोजों और अन्धकों की बहू-बेटियों को आभीर दस्युओं ने लूट लिया।

लुटेरों से अर्जुन ने युद्ध तो किया पर बुरी तरह परास्त हुए। गांडीव की प्रत्यंचा किसी प्रकार चढ़ सकी। बाणों में कोई दम नहीं, अप्रक्षय तूणीर के बाण समाप्त हो गये। दिव्यास्त्र विस्मृत हो गये। बेहद उदास थे अर्जुन। '*वभूव विमनाः पार्थो दैवमित्यनुचिन्तयन्।*' वे बोले— '*न्यवर्तत ततो राजन् नेदमस्तीति चाब्रवीत*' यह शस्त्रज्ञान आदि कुछ नित्य नहीं है। व्यास ने भी उसे काल की महिमा बतलायी। युधिष्ठिर भी बोले— '*कालः पचति भूतानि*' पर अर्जुन गांडीव और अक्षय तूणीर का शव ढोते रहे।

महाप्रस्थानिक पर्व में, मार्ग में, वही अग्नि जो खांडव दाह के समय मिला था, सामने खड़ा दिखाई पड़ा। उसने कहा— "कुरुश्रेष्ठ वीरो! मैं अग्नि हूँ। मैंने ही अर्जुन और नारायण के प्रभाव से खांडव वन को जलाया था। हे पांडव! तुम्हारे भाई अर्जुन को चाहिए कि गांडीव और अक्षय तूणीर को फेंक दे। अब अर्जुन के लिए वे किसी काम के नहीं रह गये हैं।" भाइयों के कहने पर अर्जुन ने उन्हें लोहित सागर में फेंक दिया।

अर्जुन जन्मना दैव का कृपा-पात्र है। वह देवराज इन्द्र का पुत्र है, शिव उसके प्रति दयार्द्र हैं, नारायण का अंश है। तो क्या वह 'निमित्त' मात्र है? कृष्ण ने स्वयं घोषित किया है— '*निमित्त मात्र भव सव्यसाचिन।*' कृष्ण के देहावसान पर अर्जुन व्यास से कहता है— '*प्रदहन रिपुसैन्यानि च पश्याहमच्युतम्*' (शत्रुओं की सेना को भस्म करते हुए मेरे रथ के आगे-आगे चलते थे।) प्रश्न होता है कि नारायण से आच्छादित नर अपने आप में कुछ नहीं है क्या? ऐसी स्थिति में क्या वे अर्जुन ज्यादा अच्छे नहीं लगते जो नारायण से असम्पृक्त होकर अनेक स्त्रियों से प्रेम और विवाह करते हैं। बभ्रुवाहन द्वारा उसकी मृत्यु भी स्पृहणीय लगती है। कृष्ण के बार-बार कहने पर भी भीष्म-वध नहीं करना चाहते, युद्ध करते हैं, धीरे-धीरे, मृदु युद्ध! गुरुवर के प्रसंग में कृष्ण के कहने के बावजूद वह न झूठ बोलता है न गुरुवध करता है। गांडीव और अक्षय तूणीर के शव को देर तक ढोते रहने में भी वह मानवीय लगता है।

सूतपुत्र कर्ण

यदि महाभारत को युद्ध का काव्य माना जाए यानी वीररस को तो सामान्यतः अर्जुन नायक और कर्ण प्रतिनायक कहा जाएगा। किन्तु दोनों में मूलभूत अन्तर है— चरित्र में, स्वभाव में, रणनीति में, जीवन-दर्शन में। अर्जुन वरदानों के पुष्प-माल से लदा हुआ है तो कर्ण अभिशापों के काँटों से। अर्जुन अपने लिए, अपनी अद्वितीयता के लिए, अपने परिवार के लिए जीता है तो कर्ण मूल्यों के लिए। कौरव-पांडव क्षत्रिय हैं लेकिन कर्ण क्षत्रिय होते हुए भी सूतपुत्र। वह क्षत्रिय है इसे चार व्यक्ति जानते थे— कुन्ती, भीष्म, व्यास और कृष्ण। लेकिन कोई इसका रहस्योद्‌घाटन नहीं करता। कर्ण को इस रहस्य का पता है। पर इस सम्बन्ध में वह मौन बना रहता है। उसके मरणोपरान्त कुन्ती ने उसे अपना बेटा बताया। कितना क्रूर व्यंग्य है कि माँ उसके जन्म का रहस्य तब खोलती है जब अर्जुन अपने कुटुम्बियों का श्राद्ध करते हैं। सब लोग उसे सूतपुत्र के नाम से ही सम्बोधित करते थे, अपमानित करते थे। वह चुपचाप अपमान का घूँट पीता रहा— निरन्तर उसका प्रतिकार करता रहा। कभी-कभी ऐसा भी लगता है कि वह जातिगत श्रेष्ठता को पिछड़ी जातियों की ओर से चुनौती भी देता है। जो भी हो उसकी तेजस्विता से सब लोग भली-भाँति परिचित हैं। अतः प्रत्येक व्यक्ति— भीष्म, द्रोण, भीम, सात्यकि, शल्य आदि— यथावसर उसे हततेज करने की चेष्टा करता है।

आचार्य द्रोण ने राजकुमारों की शस्त्र-परीक्षा के लिए एक शुभ मुहूर्त निश्चित किया था। इसके निमित्त नयी वधू की तरह एक रंगभूमि सजाई गयी थी। चारों ओर सशस्त्र प्रहरी थे। द्विजातियों के अतिरिक्त अन्य किसी जाति का प्रवेश वर्जित था। किन्तु कर्ण ने इस निषेध को तोड़ते हुए रंगभूमि में एक ज्वालामुखी विस्फोट की तरह प्रवेश किया। उसका रूप-रंग, कवच-कुंडल, धनुष-बाण देखकर उसे कौन रोकता? अब तक अर्जुन अपने समस्त करिश्माई शस्त्र-कौशल दिखा चुका था। द्रोण ने उसे अद्वितीय और नारायण के समान पराक्रमी बताया था।

कर्ण निर्धूम अग्निज्वाला की तरह खड़ा था। उसने द्रोण और कृप को अनादृत भाव से प्रणाम किया। अर्जुन को चुनौती देता हुआ बोला— ''पार्थ, तुमने जिन कार्यों

से दर्शकों को मन्त्र-मुग्ध कर रखा है मैं उनसे भी अधिक अद्‌भुत शस्त्र-कौशल दिखा सकता हूँ। तुम अपने पराक्रम पर गर्व मत करो।'' कर्ण का शस्त्र-कौशल अर्जुन के कौशल की अपेक्षा कुछ अधिक चमत्कारिक था। द्रोण चुप, कृप चुप, भीष्म चुप। अर्जुन से रहा नहीं गया। वह बोला— ''तुम यहाँ पर अनाहूत आये हो। मेरे द्वारा मारे जाने पर तुम्हें निन्दनीय लोक प्राप्त होगा।'' कर्ण ने उत्तर दिया— ''रंगभूमि सबकी होती है, वंश, जाति, कुल विशेष की बपौती नहीं होती। यदि साहस हो तो वाणी से नहीं बाणों से बात करो। मैं क्षणभर में तुम्हें मृत्यु के घाट पहुँचा दूँगा। मैं तुम्हें द्वन्द्वयुद्ध के लिए आहूत करता हूँ।'' यह दृश्य देख कुन्ती मूर्च्छित हो गयी।

कृपाचार्य को एक उपाय सूझा। उसने कहा कि राजकुमार अज्ञात कुलशील व्यक्ति से द्वन्द्व युद्ध नहीं करता। राजकुमार का प्रतिद्वन्द्वी राजकुमार ही हो सकता है। तुम किस राजवंश के हो, तुम्हारे पिता का क्या नाम है? कर्ण का चेहरा विवर्ण हो उठा। दुर्योधन को अर्जुन का एक जबर्दस्त प्रतिद्वन्द्वी मिल गया। उसने तुरन्त दुर्योधन को अंगदेश का राजा घोषित कर दिया। 'अंगनरेश की जय' की ध्वनि गूँज उठी। अधिरथ से रहा नहीं गया। वह कर्ण के पास जा पहुँचा। कर्ण ने उसके पैर छुए। अधिरथ 'बेटा-बेटा' कह उसे बाँहों में भर रहा था। उधर भीम चिल्लाया— ''सूतपुत्र, सूतपुत्र, तुम तो राजकुमार अर्जुन द्वारा वध के भी योग्य नहीं हो।''... ''तुम किसके पुत्र हो? 'वायु' क्या होता है?'' दुर्योधन ने व्यंग्य किया। पर 'सूतपुत्र' सकर्णी भाले की तरह कर्ण के हृदय में धँस गया था।

द्रौपदी स्वयंवर के समय 'सूतपुत्र' रूपी शब्द-बाण से उसे पुनः आहत किया गया। कर्ण अग्नि, सोम, सूर्य के समान तेजस्वी था, सुन्दर था। सौन्दर्य के प्रति उसके मन में भी आकर्षण था। द्रौपदी की अपरूप छवि के प्रति उसके मन में राग-भाव का उदय हुआ था। पांडवों की तरह कन्दर्प-बाण से विह्वल नहीं हुआ था। स्वयंवर शर्त के अनुरूप उसने धनुष की प्रत्यंचा चढ़ा दी और पाँचों बाण जोड़ दिया। लक्ष्य भेद करने ही वाला था कि द्रौपदी ने चिल्लाकर कहा— '*नाहं वरयामि सूतम्*' (मैं सूतपुत्र का वरण नहीं करूँगी।) अपमानित सकर्णी धनुष फेंककर अपनी जगह लौट गया। मौन, मर्माहत, विवर्ण। युद्ध थोड़ा और निकट आ गया।

युधिष्ठिर के राजसूय और अश्वमेध के लिए जिस तरह अर्जुन ने देश के राजाओं को परास्त किया, उसी तरह दुर्योधन के लिए अकेले कर्ण ने किया। पर इसके लिए व्यास के पास बहुत कम पृष्ठ थे। कर्ण के शौर्य और पराक्रम से सब आशंकित थे— भीष्म, द्रोण युधिष्ठिर, अर्जुन, व्यास आदि सब-के-सब। कर्ण अपनी चतुर्दिक उपेक्षा से आहत तो था पर चिन्तित नहीं। हाँ उसे ब्रह्मास्त्र चाहिए था। अर्जुन के पास था, शिव द्वारा उसे पाशुपत भी प्राप्त था। सूतपुत्र होने के कारण द्रोण उसे अपना

शिष्य बनाने के लिए कभी तैयार नहीं हुए थे। अर्जुन का सामना करने के लिए उसके पास ब्रह्मास्त्र होना चाहिए। भीष्म, द्रोण और अश्वत्थामा के पास भी ब्रह्मास्त्र थे। लेकिन न तो दुर्योधन को उन पर भरोसा था और न कर्ण को। अत: कर्ण ने परशुराम आश्रम में जाने का निश्चय किया। भीष्म, द्रोण को परशुराम से ही ब्रह्मास्त्र मिला था।

किन्तु परशुराम के आश्रम में भी ब्राह्मणेतर लोगों का प्रवेश निषिद्ध था। पता नहीं कैसे भीष्म को अपना शिष्य बना लिया था! सूतपुत्र को वे कैसे स्वीकार कर सकते थे! महाभारत के पात्रों में इतना नैतिक और आचारनिष्ठ दूसरा व्यक्ति नहीं था। किन्तु अर्जुन की अद्वितीयता को नष्ट करने के लिए उसे झूठ बोलने के अतिरिक्त उसके पास कोई विकल्प नहीं था। उसने अर्जुन-वध की प्रतिज्ञा भी कर रखी थी। परशुराम को उसने अपने को ब्राह्मण बताया। किन्तु वहाँ पर उसे एक नहीं दो-दो अभिशाप मिले।

एक दिन महेन्द्र पर्वत पर, परशुराम आश्रम में, समुद्र-स्नान के बाद लौट रहा था कि उसे गाय की चीख और व्याघ्र की गुर्राहट एक साथ सुनाई पड़ी। गो-रक्षा के लिए उसने एक शब्द-बेधी बाण चलाया पर संयोग ही था कि उससे व्याघ्र और गाय दोनों की मृत्यु हो गयी। देखता क्या है कि एक शिखा-सूत्र-धारी ब्राह्मण तमतमाया हुआ चला आ रहा था। गाय उसी की थी। उसने शाप देते हुए कहा—''नराधम, तूने मेरी होमधेनु का वध किया है। जिस तरह तेरा बाण मेरी धेनु को लील गया उसी तरह संकटकाल में तुम्हारे रथ के पहिए को धरती लील जाएगी। तुम्हारी धनुर्विद्या काम नहीं आएगी।'' वह चुपचाप आश्रम में लौट आया। वहाँ पर दूसरा अभिशाप उसके स्वागत में खड़ा था। उसे परशुराम ने ब्रह्मास्त्र दे दिया था। गुरुसेवा में और भी मनोयोग से लग गया। तप से दुर्बल परशुधर एक दिन थक कर घास पर सो गये। कर्ण ने उनका सिर अपनी जाँघ पर रख लिया। नीचे अलर्क नामक कीड़ा उसकी जाँघ काटने लगा। गुरु की नींद भंग न हो, इसलिए वह ज्यों-का-त्यों बैठा रहा, लहूलुहान हो गया। लहू के स्पर्श से गुरु की नींद टूटी। उन्होंने देखा अलर्क कर्ण की जाँघ छेद चुका था। गुरु सहसा क्रुद्ध हो उठे— ''तू सच-सच बता कि तुम्हारी जाति क्या है? ब्राह्मण जाति इतनी भयानक पीड़ा चुपचाप नहीं झेल सकती।'' कर्ण को बताना पड़ा कि वह सूतपुत्र है। उन्होंने शाप देते हुए कहा—''तू न ब्राह्मण है, न क्षत्रिय, तू अर्द्धशूद्र है। कपटाचारी, मृत्यु के निकट होने पर तुम्हें ब्रह्मास्त्र विद्या भूल जाएगी।''

दान में प्राप्त कवच उससे नहीं उठ रहा था। ऐसी स्थिति में उसने हठपूर्वक उसे एक अमोघ शक्ति दी। इसके बाद ही वह कवच उठा सका।

सन्धिवार्ता के असफल होने पर राजभवन के बाहर कृष्ण ने कर्ण को अपने रथ

पर बैठा लिया। युद्ध टालने का यह उनका अन्तिम प्रयास था। मुझे तो यह प्रयास का नाटक मालूम पड़ता है। क्या कृष्ण नहीं जानते थे कि इतना दृढ़चरित कर्ण उनका एक प्रकार का घटिया प्रलोभन स्वीकार कर लेगा? सबसे पहले वे कर्ण को सनातन वेदवाक् और धर्मशास्त्र के सूक्ष्म मर्म का ज्ञाता बताकर उसकी प्रशंसा करते हैं। वे धर्मशास्त्र के आधार पर सिद्ध करते हैं कि वह राधेय नहीं कौन्तेय है। कुन्ती ने अविवाहित अवस्था में ही कर्ण को जन्म दिया था। शास्त्रविद 'कानीन' (विवाह-पूर्व पैदा सन्तान) का पिता कन्या का पाणिग्रहण करनेवाले ही को पिता मानते हैं। इसलिए वह कौन्तेय है। यानी युधिष्ठिर का बड़ा भाई और राजा होने का अधिकारी है। कृष्ण कहते हैं कि तुम मेरे साथ चलो। तुम राजा बनोगे तथा पाँचों पांडव और उनके पुत्र तुम्हारी सेवा में संलग्न रहेंगे। राज्य का प्रलोभन देने के बाद वे द्रौपदी की ओर उसका ध्यान आकृष्ट करते हैं— '*षष्ठे च त्वां तथा काले द्रौपद्युप गमिष्यति।*' (वर्ष का छठा भाग द्रौपदी तुम्हारी सेवा में व्यतीत करेगी।) चारुसर्वांगी द्रौपदी के साथ सोने का प्रलोभन राजपाट के प्रलोभन से कम नहीं है। ये दोनों प्रलोभन आज के सन्दर्भ में कितने आधुनिक लगते हैं।

कर्ण का उत्तर कर्ण का ही हो सकता है। इसे व्यास ने थोड़े से शब्दों में मितकथन से सार्थक ढंग से अभिव्यक्त किया है— '*सर्वं चौवामि जानामि पाण्डोः पुत्रोऽस्मि धर्मतः*' अर्थात् मैं धर्मानुसार पांडु का पुत्र हूँ, यह सब जानता हूँ। कृष्ण ने उसे स्वयं शास्त्रविद कहा है। 'धर्मतः' और 'जानामि' शब्दों पर ध्यान देने से कर्ण-चरित्र के कुछ नये आयाम खुलते हैं धर्मशास्त्र के अनुसार तो वह पांडुपुत्र है। लेकिन मानवीय सम्बन्धों की दृष्टि से उसे धर्मशास्त्रीय दृष्टिकोण स्वीकार्य नहीं है। जिस माँ ने उसे अपना दूध पिलाया है, जिस पिता ने उसे गोद में खिलाया है उनके साथ उसका गहरा रागात्मक सम्बन्ध है। धर्मशास्त्र के शुष्क सिद्धान्त अमानवीय हैं। इसके मुकाबले कर्ण के वे मूल्य कितने काम्य हैं, कहने की जरूरत नहीं। 'जानामि' (जानता हूँ) एक छोटा-सा शब्द है उसे वह धीरे-से सरका देता है। जानामि में आत्मगौरव भी है और गहरा रागात्मक मानवीय मूल्य भी। यह लोकधर्मी है, शास्त्रधर्मी नहीं। सूतपुत्रत्व के बावजूद दुर्योधन ने उसे अंगदेश का राजा बनाया था। 'कृतज्ञता' को भोगवाद के कारण कर्ण जैसा व्यक्ति कैसे छोड़ सकता था!

कृष्ण का लालन-पालन यशोदा और नन्द ने किया था। पर कृष्ण को उनसे मुक्त होने में तनिक भी हिचकिचाहट नहीं हुई। वृन्दावन से जाने के बाद फिर उधर पलट कर नहीं देखा। माना कि उन्हें और बड़े काम करने थे। इसके बावजूद वे वृन्दावन को भूल नहीं सकते थे। वे अनासक्त कर्मयोगी थे, लीलापुरुषोत्तम थे।

किन्तु कर्ण का मनुष्यत्व हमें अधिक अपील करता है, डिस्टर्ब करता है। व्यास ने इस प्रसंग में कर्ण द्वारा युद्ध को एक यज्ञ रूपक के रूप में प्रस्तुत कराया है। इसमें

कौरवों के साथ अपने मारे जाने की बात भी कही है। कृष्ण के महत्त्व को प्रतिपादित करने के लिए किसी ने घुसा दिया है। यह प्रक्षिप्त है। फिर भी वह कहता है—

अपि त्वा कृष्ण पश्याम जीवन्तोऽस्मान्महारणात्।
समूतीर्णा महाबाहो वीरक्षय विनाशात।

फिर भी वीरों का क्षय करनेवाले इस महायुद्ध के पश्चात् यदि जीवित बचा तो आपसे मिलूँगा।

ऐसा अभागा था कर्ण कि उसके विरुद्ध भीष्म, द्रोण, अर्जुन, पिता देवराज इन्द्र तो थे ही, उसकी अपनी माँ कुन्ती भी थी। इन्द्र ने उसकी दानवीरता का अपने पुत्र के पक्ष में दोहन किया। दान में उसका कवच-कुंडल माँग लिया। सूर्य ने इन्द्र के कपटाचरण के सम्बन्ध को सूचित कर दिया था। कवच-कुंडल के रहते वह अवध्य था। पर अपनी दान-निष्ठा के कारण उसने मरण का वरण किया। उसने सोचा होगा कि कोई वस्तु नित्य नहीं है। वह दागदार होकर मरना नहीं चाहता था। वह दान इन्द्र को भारी पड़ रहा था। उसने एक अमोघशक्ति देकर अपना भार हल्का किया। यों चाहे देवेन्द्र हों या नरेन्द्र— कपटाचार और शोषण दोनों के जीवन का अनिवार्य अंग है।

पिता के छल के बाद माता की बारी थी। महासमर दस्तक दे रहा था। कुन्ती को ज्ञात था कि युद्ध में भीष्म ने स्पष्ट कह दिया है कि वे पांडवों का वध नहीं करेंगे। वे आधे मन से युद्ध करेंगे। आज द्रोण अर्जुन को अपने पुत्र की तरह मानते हैं। वे भी आधे-अधूरे मन से लड़ेंगे। कृष्ण की असफलता देख चुकी थी। उसे अच्छी तरह मालूम है कि केवल कर्ण ही पूरे मन से लड़ेगा। इसलिए वह कर्ण को अपने पक्ष में मिलाने का प्रयास करती है। किन्तु मन-ही-मन उसे वह 'दुर्मते' 'मोहानुवर्ती' समझती है। वस्तुतः ये दोनों शब्द उसी पर लागू होते हैं। संकटकाल में कर्ण याद आता है। मोहानुवर्ती वह स्वयं है। अपने पाँचों पांडवों की जीवन-रक्षा के लिए वह कर्ण को अपना पुत्र बताने आयी है। नैतिक दृष्टि से वह गिरावट का चरमोत्कर्ष है। वह कर्ण का पराक्रम शस्त्र-परीक्षा के समय देख चुकी थी। कर्ण के पास जाते समय भी वह सोच रही है— '*बलवांश्च विशेषतः।*' अत्यन्त बलवान है।

व्यास ने कर्ण के लिए दो विशेषणों का प्रयोग किया है 'घृणिनः' और 'सत्यसंगीन्'। घृणिनः का अर्थ दयालु है और 'सत्यसंगीन्' का सत्य का संग करने वाला। कुन्ती से अभी कर्ण की भेंट नहीं हो पायी है। यदि वह दयावान न होता तो जन्म के समय नदी में बहा देनेवाली माँ को दुत्कार देता और यदि सत्यसंगीन् न होता तो राजसत्ता और यौनाकर्षण से दुर्योधन का साथ छोड़ देता। कर्ण-चरित्र

जितना संघर्षमय, अभिशापित है उतना ही जटिल है और उतना ही पारदर्शी। इसलिए व्यास को अधिक शब्द-कौशल और प्रतीकों से काम लेना पड़ा है। वह गंगा-जल में खड़ा-खड़ा वेदपाठ कर रहा था— '*सविस्तारम्। नमः भिः।*' सबके कल्याणार्थ सविता की स्तुति में लगा हुआ था। बाहर निकलता है तो देखता है उसके उत्तरीय की छाया में एक स्त्री खड़ी थी। वह कुन्ती थी। कुन्ती को पहचानता था। वह थोड़ा मुस्कराता (उत्स्मयन्) बोला— "मैं राधा-अधिरथ का पुत्र कर्ण हूँ। आपने किस प्रयोजन (किमर्थं) से आने का कष्ट किया है। कहिए मुझे क्या करना है?" मुस्कराहट में कितनी गूढ़ व्यंजनाएँ छिपी हुई हैं। राधा-अधिरथ का पुत्र कहने में कुछ कुन्ती को चिढ़ाना भी है और मानवीय मूल्यों का प्रकाशन भी। कर्ण कुन्ती के आने का प्रयोजन जानता है। 'किमर्थं' का प्रयोग इसी निमित्त हुआ है। युद्धकाल समीप है। इस समय कुन्ती के आने का स्वार्थ उसे मालूम है। मुस्कराहट में यह भी संकेतित हो उठा है।

कर्ण अपना परिचय देते हुए कहता है— '*राधेयोऽहमरथि।*' कुन्ती शीघ्रतापूर्वक कहती है 'कौन्तेयस्त्वं न राधेयो न तवाधिरथः पिता।' कर्ण के आगे वह उन सारे प्रलोभनों को परोसती है जिन्हें कृष्ण ने दिये थे। वह कहती है कि कौरव तुम्हारा और अर्जुन का मिलाप देखें। कृष्ण-बलराम की तरह यह जोड़ी भी प्रसिद्ध हो। उसके पिता सूर्य ने भी इसका समर्थन किया। पर अपने सत्य में स्थिर रहने वाले कर्ण ने एक न सुनी। किन्तु कुन्ती से बोला— "हे क्षत्रियो, तुमने जो कुछ कहा उसमें मुझे श्रद्धा नहीं होती। तुम्हारी शास्त्रोक्ति कि माता-पिता का कहना मानना चाहिए विश्वसनीय नहीं है। शास्त्र-सत्य से बढ़कर एक आत्म-सत्य भी होता है। कर्ण आत्म-सत्य का समर्थक है। आपने (भवती) मुझे जन्म लेते ही नदी में फेंक दिया जिससे मेरी यशः कीर्ति नष्ट हो गयी। मुझे ज्ञात है कि मैं जन्मना क्षत्रिय हूँ, पर मुझे 'क्षत्रस्त्रत्क्रियाम्' क्षत्रिय-संस्कार नहीं मिले। तुमने जो मेरे साथ किया, वह शत्रु भी नहीं कर सकता। जब दया करने का समय था तब नहीं किया। अब मुझे आज्ञापालन का धर्मोपदेश दे रही हो।" थोड़े और कड़े शब्दों का प्रयोग करते हुए वह कुन्ती को 'केवल आत्महितैषिणी' कहता है।

दुर्योधन ने उसे राजा बनाया है, बड़े भाई का सम्मान दिया है, सूतपुत्रत्व से मुक्त किया है। उसी के बल-पौरुष पर युद्ध के महासागर को पार करना चाहता है। वह कृतज्ञ है। कृतज्ञता एक बड़ा मूल्य है। अपने प्राणों की आहुति देकर वह उसके ऋण से उऋण होना चाहता है। इस मूल्य के आगे राजसत्ता का सुख और द्रौपदी के साथ भोग-विलास नगण्य है। उसने किसी माँगते को निराश नहीं किया था। कुन्ती से भी कहता है— '*अर्जुनेन समं युद्धं मम यौधिष्ठरे बले?*' युधिष्ठिर की सेना में मैं केवल अर्जुन से युद्ध करूँगा। युधिष्ठिर, भीम, नकुल, सहदेव सहज ही

वध्य हैं, किन्तु उनका वध नहीं करूँगा। वह वचन देता है—

न ते जातु न शिष्यन्ति पुत्राः पंच यशस्विनी।
निरर्जुनाः सकर्णा वा सार्जुना वा हते मयी।

हे यशस्विनी, तेरे पाँच पुत्र बराबर बन रहेंगे। अर्जुन के मारे जाने पर कर्ण सहित पाँच पुत्र रहेंगे, कर्ण के मरने पर अर्जुन सहित। यदि कर्ण ने कुन्ती को यह अभयदान न दिया होता तो युधिष्ठिर भीम आदि मारे जाते। युद्धपर्व से पता लगता है कि इन्हें वध्य की स्थिति में पाकर भी कर्ण ने नहीं मारा था। धर्मयुद्ध में अर्जुन उसे कभी पराजित नहीं कर सकता था। जाते समय कुन्ती उसे आशीष देती है— '*अनामयं स्वति*' रोगरहित रहो। 'विजयीभव' तो वह कह नहीं सकती थी। पुत्र के दीर्घ जीवन की भी कामना नहीं करती।

ध्यान देने की बात है कि कर्ण कुन्ती को कहीं भी माता कहकर सम्बोधित नहीं करता। उसे 'क्षत्रिये' कहता है। इस सम्बोधन में कर्ण का सूतपुत्रत्व का दर्द भी निहित है। 'तू' न कहकर 'भवती' आप कहता है। 'केवल आत्महितैषिणी' माँ से दूरी बनाये रखता है। लेकिन दान देने में संकोच नहीं करता। लेकिन इस अयाचित दान की बात समझ के परे है। यह सच है कि युधिष्ठिर, भीम, नकुल, सहदेव उसके बल-पौरुष के आगे नगण्य हैं, किन्तु उसका उद्‌देश्य तो दुर्योधन को विजयी बनाना है। युधिष्ठिर, भीम के मारे जाने पर युद्ध का नक्शा बदल सकता था। फिर भी कर्ण के इस निर्णय में अभूतपूर्व औदात्य है।

भीष्म पितामह और द्रोण दोनों ही कर्ण के विरोधी थे, निन्दक थे। भीष्म अपनी सेना के वीरों की विशेषताएँ बता रहे थे। दुर्योधन को उसने उदार रथी कहा। उसकी दृष्टि में कोई रथी, कोई अतिरथी और कोई महारथी था। किन्तु कर्ण उन तीनों श्रेणियों में नहीं आता। उसे उसने रणकर्कश, परुष, क्रूर और नीच कहते हुए अर्धरथी कहा। उसका यह भी कहना था कि अर्जुन से युद्ध करने पर अवश्य मारा जाएगा।

कर्ण आहत सर्प की तरह क्रुद्ध होकर बोला— "गंगानन्दन तुम अद्वितीय योद्धा हो, अद्वितीय मिथ्यावादी हो। जिसने रंगभूमि में अर्जुन का मानमर्दन किया वह अर्धरथी है, जिसने महाप्रतापी जरासन्ध को हराया वह अर्धरथी है, जिसने अकेले दिग्विजय किया वह अर्धरथी है। बाल पक जाने, वित्त संग्रह करने, कन्याओं को जबरदस्ती उठा लाने से कोई महारथी नहीं होता। तुम्हारे जैसे जरद्‌गव महारथी के रहते मैं युद्ध से अलग रहूँगा।"

भीष्म पितामह का इतना बड़ा अपमान कभी नहीं हुआ था। भीष्म का श्वेत श्मश्रुओं ढँका चेहरा वैसे ही धधक उठा जैसे भस्मावृत्त अग्निपिंड। वह आग उगलने लगा— "सूतपुत्र, मैंने दुर्योधन के संकट का गुरुतर भार अपने कन्धे पर

लिया है। ऐसे समय भेद नहीं पैदा करूँगा। यदि यह संकट न होता तो जरद्गव भीष्म तुम्हारे बालकोचित उत्साह को क्षणभर में ठंडा कर देता। परशुराम भी मेरा बाल बाँका न कर सके। तू किस खेत की मूली है।''

''मिथ्यावादी भीष्म, परशुराम से तुम्हारा युद्ध कभी हुआ ही नहीं था। इसे भृगुवंशियों ने प्रचारित कर रखा है। हाँ, तुमने कुछ सामान्य राजाओं को हराकर काशिराज की कन्याओं का अपहरण अवश्य किया था। तुम कब के वीर हो! मैं तो कहूँगा कि तुम अपने पिता द्वारा प्राप्त वरदान 'इच्छामरण' का प्रयोग कर लो—युद्धारम्भ के पहले।'' वह चला गया।

भीष्म-कर्ण का एक दूसरा मिलन भी है। भीष्म शरशय्या पर पड़े-पड़े सूर्य के उत्तरायण होने की प्रतीक्षा में हैं। उन्होंने मरने के लिए यही समय चुना है। युद्ध में सम्मिलित होने के लिए एक औपचारिक आज्ञा और आशीष लेने वह भीष्म के पास पहुँचा। भीष्म आँखें मूँदे हुए थे, चेहरे पर थकान की झलक थी। कर्ण हाथ जोड़कर प्रणाम की मुद्रा में बोला— ''कुरुश्रेष्ठ पितामह, मैं सूतपुत्र राधेय कर्ण आपको सादर प्रणाम करता हूँ।'' भीष्म की आँखें खुलीं, उनमें वाष्पाकुल व्यथा भरी थी। भीष्म ने कहा— ''वत्स, मैं तुम्हारा भी पितामह हूँ, तुम राधेय नहीं कौन्तेय हो।'' कर्ण केवल एक शब्द बोला— '*जानामि।*' ''इस रहस्य को मैं, व्यास और कृष्ण जानते हैं।'' महाभारत में इतना ही है। लेकिन इसकी व्यंजना है कि तीनों ने एक साजिश के तहत इसे कर्ण को नहीं बताया। तीनों एक ही थैली के चट्टे-बट्टे हैं। कर्ण जाने ही वाला था कि भीष्म ने आशीष देते हुए कहा— '*युद्धस्व स्वर्गं कामाय।*' (स्वर्ग की कामना में युद्ध करो।) पितामह का कद बहुत छोटा हो जाता है।

द्रोण के सेनापति होने पर कर्ण युद्ध क्षेत्र में उतरा। उसे देखकर कौरवदल विजयोल्लास की कल्पना से खिल उठा। दुर्योधन के आग्रह को मानकर द्रोण ने युधिष्ठिर को वचन दे दिया कि वह युधिष्ठिर को जीवित पकड़कर युवराज को सौंप देगा। इसके लिए चक्रव्यूह की रचना की गयी। अर्जुन के अतिरिक्त अन्य कोई इस व्यूह को न भेदना जानता था और न उसके बाहर निकलना। अभिमन्यु व्यूह में घुस सकता था, उससे निकल नहीं सकता था। पर युधिष्ठिर ने उसे भीतर प्रवेश करने की आज्ञा दे दी। महाभारत के युद्ध में शामिल लोगों में अभिमन्यु सबसे कम वय का था। क्या युधिष्ठिर को इसका परिणाम नहीं मालूम था? अर्जुन संशप्तकों से लड़ रहा था। सूर्यास्त के पहले उसका लौटना कठिन लग रहा था। जयद्रथ के न मारे जाने पर अर्जुन को चिता वरण करना होता। एक ओर खन्दक दूसरी ओर खाई। युधिष्ठिर ने सोचा होगा कि कदाचित अभिमन्यु ही जयद्रथ का वध कर दे। पुत्र और पिता में अन्तर नहीं होता है। युद्ध में हर व्यक्ति अमानवीय, बर्बर और संवेदनशून्य

हो जाता है।

दुर्योधन ने सोचा कि युधिष्ठिर तो हाथ नहीं लगा लेकिन पांडवों का लाड़ला अभिमन्यु बचने न पाए। द्रोण अपने प्यारे शिष्य के पुत्र का वध नहीं करना चाहता होगा। कर्ण सेनापतियों में सबसे अधिक मानवीय था। अर्जुन के चारों भाइयों को न मारने के लिए कुन्ती को वचन दे चुका था तब उसे भी इस वीर बालक का वध समीचीन नहीं लगा होगा। वह उसकी वीरता से चकित था। सूखे जंगल में आग की लपटों की तरह वह कभी यहाँ, कभी वहाँ, कभी यहाँ-वहाँ एक साथ। कर्ण को थोड़ा विचलित देखकर द्रोण ने ठहाका लगाते हुए कहा— "जब तक इसके हाथ में धनुष है कोई इसका बालबाँका नहीं कर सकता। महाधनुष राधेय यदि शक्य हो तो धनुष की प्रत्यंचा काटो, अश्वों की वल्गाएँ तोड़ो, उसके अंगरक्षकों को नष्ट करो।" कर्ण के देखते-देखते अभिमन्यु ने दुर्योधन के सबसे प्रिय पुत्र लक्ष्मण को मार डाला, वृन्दारक और वृहद्बल को आग्नेयास्त्रों से भून दिया। किन्तु द्रोण का ठहाका लगाना, उसे अपमानित करना था; 'शक्य' शब्द से उसे गहरी चोट पहुँची। उसने अभिमन्यु का धनुष काट डाला, कृतवर्मा के एक बाण से घोड़ों के प्राण-प्रखेरू उड़ गये। तलवार को स्वयं द्रोण ने खंडित कर दिया, ढाल को कर्ण ने चिथड़े में बदल दिया। दु:शासन-पुत्र के गदा प्रहार से उसका मस्तक फूट गया। रक्त का एक फुहारा। अभिमन्यु चिरनिद्रा में सो गया।

कर्ण के युद्ध की यह विशेषता है कि कृष्ण, अर्जुन को उससे टकराने नहीं देते। अवसर मिलते ही वे अर्जुन को इनसे-उनसे लड़ने के लिए ले जाते हैं। कर्ण के पास इन्द्र की दी हुई व्यर्थ न जानेवाली शक्ति है। अर्जुन उसे नहीं झेल पाते। कृष्ण ने युक्तिपूर्वक उस शक्ति को घटोत्कच के वध में प्रक्षेपित करा दिया। फिर कर्ण-वध बेहद कठिन कर्म न था।

नकुल-सहदेव तो काठ के योद्धा थे। पर भीम को बहुत अपमानित करके कर्ण ने छोड़ दिया। कर्ण के डर से भीम हाथियों के शव में छिप गया था। उसे धनुष की नोंक से कोंचते हुए कर्ण ने कहा— "दाढ़ी-मूछरहित नपुंसक! मूर्ख! पेटू! तू शस्त्रास्त्र ज्ञान से शून्य है। युद्धभीरु, कायर, छोकरे! जहाँ कृष्णार्जुन हैं, वहीं जा।" उसने उसे पुन: धनुष से कोंच दिया और चला गया। इससे बढ़कर भीम की मौत और क्या हो सकती थी?

युधिष्ठिर को तो कर्ण ने हद से ज्यादा अपमानित किया। उद्वेलित कर्ण पांडव सेना का बेरहमी से वध कर रहा था। पांडव-दल राजभूमि से भाग रहा था। अर्जुन संशप्तकों से लड़ रहा था। यों युधिष्ठिर कर्ण से बहुत घबराते थे। जहाँ उसका विजय धनुष लहराता हुआ दिखाई पड़ता था, उसकी घिघ्घी बँध जाती थी। पता नहीं इस आग में वह क्यों कूद पड़ा! क्षण भर में युधिष्ठिर के रथ को छिन्न-भिन्न करता

हुआ। युधिष्ठिर श्रुतिकीर्ति के रथ पर चढ़कर शिविर की ओर भागे। कर्ण ने उसे दौड़ा लिया और कहा— "रुको, मैं तुम्हें मारूँगा नहीं जिन्दा छोड़ दूँगा। सात्यकि को साथ जाने की आवश्यकता नहीं है।" युधिष्ठिर शिविर में घुस गया।

युधिष्ठिर का समाचार लेने कृष्णार्जुन शिविर में पहुँच गये। युधिष्ठिर को लगा कि अर्जुन कर्ण को मार कर लौटे हैं। किन्तु जब उसे मालूम हुआ कि वे संशप्तकों के मोर्चे से आ रहे हैं तो धर्मराज आग बबूला हो गये— "वह साक्षात् महाकाल की तरह तुम्हें खोज रहा है। तुम बहाना बनाकर संशप्तकों से लड़ रहे हो। अभिमन्यु और घटोत्कच तुम्हारे कारण मारे गये। तुम्हारे गांडीव को धिक्कार है, बाहुबल को धिक्कार है, अक्षय तूणीर को धिक्कार है और धिक्कार है दिव्यरथ को!" अर्जुन ने म्यान से तलवार खींच ली। उसकी प्रतिज्ञा थी कि गांडीव के निन्दक का वध किये बिना छोड़ेगा नहीं। कृष्ण के समझाने पर कि किसी को अपमानित करना उसे मार डालने से कम नहीं है, उसने युधिष्ठिर को अपमानित किया— "द्रौपदी की शय्या पर बैठे-बैठे मेरा अपमान न करो। तू जुआड़ी है, जुआड़ी। स्वयं सब कुछ हारकर हमलोगों के भरोसे सिंहासन प्राप्त करना चाहता है। राजमुकुट तुम्हें पहनना है, मुझे नहीं, राज्य तुम्हें भोगना है मुझे नहीं।" अर्जुन के शब्द गांडीव के बाणों से कहीं अधिक भयानक थे। अर्जुन ने अपनी तलवार हवा में लहराते हुए कहा कि मैंने बड़े भाई का अपमान किया है, अब आत्महत्या करूँगा। कृष्ण ने पुनः समझाया, तुम आत्मप्रशंसा करो। आत्मप्रशंसा आत्महत्या से कम नहीं है।

कर्ण के पास कवच-कुंडल नहीं है, इन्द्रप्रदत्त शक्ति घटोत्कच-वध में चली गयी। न उसके पास दिव्यरथ है, न अक्षय तूणीर। कर्ण कर्ण है। अब कृष्ण अर्जुन का रथ द्वैरथ युद्ध के लिए कर्ण के सामने ले जाते हैं। अर्जुन को पसीना छूटने लगता है। कृष्ण ने अर्जुन को ढाढ़स दिया। अद्भुत युद्ध था। कर्ण ने अश्वसेन नाग की सहायता अस्वीकार कर दी। फिर भी अर्जुन उसे मारने में असमर्थ प्रतीत हो रहे थे। कर्ण का रथ कीचड़ में फँस गया। वह रथ से उतरकर कीचड़ से पहिया निकालने लगा। धर्मानुसार अर्जुन को उसे पहिया निकालने का समय देना चाहिए। कृष्ण ने कहा— "अर्जुन, रथारूढ़ कर्ण अजेय है।" कर्ण का हाथ पहिये पर था। उसे शिथिल देख अर्जुन ने दिव्यास्त्र से उसका सिर धड़ से अलग कर दिया। प्रश्न होता है कि व्यास ने कर्ण को इतना आत्मविश्वासी, धर्मधुरीण और अद्वितीय योद्धा के रूप में क्यों चित्रित किया? सम्भवतः व्यास का यह कथन कि '*गुह्यं ब्रह्म तदिदं ब्रवीणि, नहिं मानुषात श्रेष्ठतरं हि किञ्चित्।*' महाभारत में उससे श्रेष्ठतर कोई दूसरा मनुष्य नहीं है।

कुछ जिन्दगियाँ : बेमतलब

भीष्म पितामह : जीवन

भीष्म एक ऐसा चरित्र है जिसे महाभारत की नींव कहा जा सकता है। उसके आधार पर ही महाभारत का विशाल प्रासाद खड़ा है। किन्तु उसका जीवन अभिशापों, व्यर्थताओं, असफलताओं से घिरा हुआ है। महाभारत उनसे आच्छादित है। उसकी व्यर्थताओं को देखते हुए इरावती कर्वे ने 'युगान्त' में लिखा है— "...यह खयाल मन में बराबर बना रहता है कि मानव-जीवन की विफलता की शिक्षा हृदय पर अंकित करने के लिए ही तो कहीं महाभारत की रचना नहीं की गयी है। मानव के प्रयत्न, आकांक्षा, वैर, मैत्री, सर्दी, गर्मी के दिनों में उठने वाले बवंडर में उड़ने वाले धूल-पत्तों की तरह क्षुद्र... प्रतीत होते हैं, परन्तु उसके साथ ही जिन व्यक्तियों ने ऐसे प्रयत्न किए, आकांक्षाओं को पोषित किया, वे अविस्मरणीय भी सिद्ध होते हैं और हृदय पर सदा के लिए दर्द की एक लकीर छोड़ जाते हैं। (पर) प्रत्येक व्यक्ति पूर्ण रूप से जीता हुआ दिखाई देता है।"

भीष्म के जन्म की कहानी एक मिथक है। वे अष्ट वसुओं में से 'छू' वसु थे। वशिष्ठ की कामधेनु चुराने के फलस्वरूप मुनि ने उन्हें मृत्युलोक में जन्म लेने का शाप दिया था। वसुओं की प्रार्थना पर वशिष्ठ ने कहा कि सात वसु तो शीघ्र शाप-मुक्त हो जाएँगे, पर 'छू' (भीष्म) को शाप भोगकर यथासमय मुक्ति मिलेगी। 'छू' चोरी के मुख्य अपराधी थे। यह अपराध उसने अपनी अनिन्द्य सुन्दरी पत्नी के प्रीत्यर्थ किया था। सुन्दर पत्नियाँ स्वर्ग को नरक बनाने का काम प्रायः किया करती थीं— चाहे कैकयी हो, द्रौपदी हो या हेलेन।

क्या इसी के प्रायश्चित में अनजाने भीष्म ने विवाह नहीं किया? पर इसके पीछे पिता शान्तनु के काम-राग की कामना निहित है। मातृ-पितृ-भक्ति हमारी सांस्कृतिक परम्परा का अनिवार्य अंग है, यद्यपि यह बहुत कुछ विकृत हो उठा है। राम को पिता की प्रतिज्ञा के पालन के लिए वन जाना पड़ा। राम के इस निर्णय का अयोध्यावासियों ने तीव्र प्रतिवाद किया था। कौशल्या का कहना था कि कैकेयी की माँग अत्यन्त निकृष्ट है। उसका पालन करना अधर्म है। सुमन्त ने कैकेयी के मुँह

पर उसे पतिघातिनी और कुलघ्नी कहा था। सड़कों पर लोग चीख रहे थे— ''कामातुर राजा को धिक्कार है।'' लक्ष्मण ने तो यहाँ तक कहा कि मैं इस धर्म से घृणा करता हूँ। भीष्म-प्रतिज्ञा के समय ऐसा कुछ नहीं हुआ। भीष्म के पिता पिछले जन्म में स्वर्ग-सभा में गंगा का आँचल उड़ता देखकर कामासक्त हो गये थे। गंगा भी उसके सौन्दर्य पर मुग्ध थीं। गंगा ने शान्तनु से विवाह किया। किन्तु उसकी कुछ शर्तें थीं। गंगा चाहे जो कुछ भी करे, शान्तनु को कोई आपत्ति नहीं होगी। '*कामातुराणां न भयं न लज्जा।*' उधर शापग्रस्त वसुओं की प्रार्थना पर गंगा ने उनकी माँ बनना स्वीकार कर लिया था। बच्चा पैदा होते ही गंगा उसे नदी में फेंक आती थी। लेकिन कामातुर शान्तनु— एक चुप-हजार चुप। इस तरह एक-एक करके सात पुत्रों को गंगा में फेंक दिया गया। आठवाँ पुत्र पैदा होने पर शान्तनु के मन में सन्तान-प्रेम जगा। वे बोले— '*मुचघ्नि सुमहत् पापं सम्प्राप्तं ते सुगर्हितम्।*' पुत्रघातिनी! तुझे पुत्रहत्या का अत्यन्त गर्हित पाप लगा है। इस बालक को मत मारो। गंगा ने शान्तनु को शापग्रस्त वसुओं की कहानी सुनाई। चूँकि राजा ने शर्त तोड़ दी थी, अतः पुत्र के साथ यथासमय उपस्थित होने की बात कहकर गंगा पुत्र सहित अन्तर्धान हो गयी। कई वर्षों बाद गंगा जब बेटे को राजा को सौंपने आयी, तब तक वह शस्त्र-शास्त्र में अद्‌भुत निपुणता प्राप्त कर चुका था। गंगा पुनः चली गयी। शान्तनु बेहद उदास हो गया। वह शिकार खेल कर अपना मन बहलाने लगा।

चार वर्ष बीत गये। एक दिन वह शिकार पर गया हुआ था। उसने नदी में धर्मार्थ नाव चलाती हुई देवांगना-सी सुन्दर मल्लाह की एक कन्या देखी। महाराज उस पर मुग्ध होकर उसके शिकार हो गये। वह कन्या के पिता दाशराज के पास गया। कन्या का हाथ माँगा। दाशराज ने एक शर्त रख दी कि यदि कन्या के पुत्र को राज-सिंहासन दिया जाए तो मैं इसका विवाह आप जैसे श्रेष्ठ वर से कर दूँ। शान्तनु पहले ही भीष्म या देवव्रत को युवराज बना चुका था। यद्यपि शान्तनु कामाग्नि से जल रहा था, फिर भी दाशराज की शर्त नहीं मान सका। निषाद-कन्या की याद लिये हुए हस्तिनापुर लौट आया। वह बहुत उदास रहने लगा। वह मौन रहता था, उसकी कान्ति मलिन हो उठी थी और शरीर दुर्बल।

पिता की यह दशा देखकर युवराज से नहीं रहा गया। उसने शान्तनु से उदासी का कारण जानना चाहा। उसने कहा कि मैं विवाह नहीं करना चाहता। पर वंश-लोप के डर से पुनः पत्नी की कामना हुई। '*अनपत्यतैक पुत्रत्व मित्याहु धर्मवादिनः।*' (चक्षुरेकं च पुत्रश्च अस्ति नास्ति च भारत। चक्षुनाशे तनोनाशः पुत्रनाशो कुलक्षयम्।) धर्मवादियों का कहना है कि एक पुत्र का होना सन्तानहीनता के तुल्य है। हे भारत! एक आँख अथवा एक पुत्र यदि है तो वह नहीं के बराबर

है। राजा के दुख का कारण जानकर '*देवव्रतो महाबुद्धः प्रज्ञया चान्वचिन्तयत*' महा-बुद्धिमान देवव्रत ने अपनी बुद्धि से उस पर विचार किया। व्यास ने देवव्रत को 'महाबुद्धि' कहा है। इतना बुद्धिमान व्यक्ति राजा के कथन की व्यंजना को कैसे नहीं पकड़ता! राजा के सारथी से वास्तविकता का पता लगाकर वह सीधे दाशराज के पास पहुँचा और उसकी कन्या को पिता के लिए माँगा। दाशराज ने देवव्रत के सामने भी वही शर्त रखी कि उसकी कन्या के गर्भ से पैदा पुत्र ही राजा हो। देवव्रत को यह शर्त स्वीकार करने में देर नहीं लगी। दाशराज बोला— "अगर आपकी सन्तानों को यह स्वीकार्य न हो तो?"

देवव्रत ने हाथ उठाकर कहा— "निषादराज, मेरी बात सुनें। जो ऋषि, देवता एवं अन्तरिक्ष के प्राणी हों वे भी सुनें। आज से मैं अखंड ब्रह्मचर्य का पालन करूँगा।" इसे सुनकर अन्तरिक्ष से अप्सरा, देवता और ऋषिगण पुष्प-वर्षा करने लगे और बोल उठे कि इस भीषण प्रतिज्ञा करने वाले राजकुमार का नाम भीष्म होगा। भीष्म दाशराज की कन्या सत्यवती को लेकर हस्तिनापुर आये। शान्तनु उससे विवाह करके सुखपूर्वक रहने लगे। इस असाधारण त्याग के लिए पिता ने उसे इच्छामृत्यु का वरदान दिया। इसका अर्थ यह भी हुआ कि जब तक तुम चाहो सांसारिक प्रपंच में फँसे रहो और जब चाहो तब मुक्त हो जाओ। किन्तु ऐसा हुआ नहीं। वे मरे तो अपनी इच्छा से ही, पर आठ दिनों तक शर-शय्या की पीड़ा को झेलते हुए।

आखिर भीष्मचरित के माध्यम से व्यास कहना क्या चाहते हैं? क्या कृष्णचरित की तरह यह भी अनबूझ पहेली नहीं है? प्रायः देवभूमि के लोग अभिशापित होने पर मृत्युलोक में जन्म लेते हैं। क्या मृत्युलोक अभिशापित लोक है? यह देवलोक की तरह नित्य यौवन और विलास का लोक नहीं है। यह कर्मलोक है, अभिशाप में वरदान है। नित्य विलास भी कोई जिन्दगी है? पिता की कामेच्छा के लिए इस भीषण प्रतिज्ञा का हश्र क्या हुआ— कुरु वंश का विनाश। शान्तनु ने देवव्रत को युवराज बना रखा था। वह झूठ सिद्ध हुआ। इस ओर न शान्तनु ने ध्यान दिया, न भीष्म ने।

सत्यवती के गर्भ से शान्तनु ने दो पुत्र पैदा किये— चित्रांगद और विचित्रवीर्य। भीष्म ने सत्यवती की आज्ञा से चित्रांगद को राजा बनाया। किन्तु एक गन्धर्व से युद्ध करते समय वह मारा गया। तदुपरान्त विचित्रवीर्य राजा हुए। उसके युवा होने पर भीष्म को उसके विवाह की चिन्ता हुई। युवा विचित्रवीर्य स्वयं स्वयंवर में जा सकता था। प्रश्न होता है कि उसे स्वयंवर में क्यों नहीं भेजा गया? वह यदि वीर था तो कन्याहरण का क्षत्रियोचित कार्य स्वयं कर सकता था। स्वयंवर में युद्ध का भी खतरा लगा रहता है। सम्भव है कि इस खतरे से उसे बचाने के लिए भीष्म ने काशीराज की कन्याओं के स्वयंवर में स्वयं जाने का निश्चय किया। उसे कुरुकुल

की वंश-परम्परा भी चलानी थी। व्यास भी विचित्र कवि थे। जहाँ पर वैशम्पायन कन्या-अपहरण को क्षत्रियों के लिए बहुत सम्मानजनक कहते हैं, वहीं ठीक उसके पहले आठ प्रकार के विवाहों का भी उल्लेख करते हैं। उसमें अपहृत कन्या-विवाह को राक्षस-विवाह ठहराया गया है। किन्तु धर्मवादी विद्वान क्षत्रियों के लिए उचित ठहराते हैं क्योंकि क्षत्रिय राजा होता है।

काशिराज के स्वयंवर में वे अकेले जा पहुँचे। बल, पौरुष, पराक्रम में वे अद्वितीय थे। इसलिए अकेले जाना आश्चर्यजनक नहीं था। वे बूढ़े हो चुके थे। सुन्दरी कन्याओं ने उसे देखा और उद्विग्न होकर कुछ दूर हट गयीं। स्वयंवर में उपस्थित युवा राजा भीष्म का मजाक उड़ाने लगे— "भीष्म वृद्ध हो चले हैं, शरीर में झुर्रियाँ पड़ गयी हैं, बाल सफेद हो चुके हैं। लोक में अखंड ब्रह्मचारी के रूप में प्रसिद्ध हैं। यहाँ पर क्यों आये हैं? बड़े निर्लज्ज मालूम पड़ते हैं।" भीष्म बेहद कुपित हो उठे। बेटे-नाती-पोतों के लिए बूढ़ों को अपमान सहना पड़ता है। अब तो अपमान का ग्राफ बढ़ता जा रहा है।

भीष्म काशिराज की तीनों कन्याओं— अम्बा, अम्बिका और अम्बालिका को भेड़-बकरियों की तरह अपहृत कर लाये। रथ में बैठे-बैठे तीनों ने क्या सोचा होगा, इसे व्यास ने अनकहा छोड़ दिया है। अपहृता कन्याओं का विवाह करने का चलन था। बूढ़े के साथ विवाह की कल्पना से वे कितनी आशंकाग्रस्त और भयभीत हुई होंगी! किन्तु अम्बा को छोड़कर शेष दो कन्याओं का विवाह विचित्रवीर्य से हो गया और वे सुखी हुई होंगी। किन्तु अम्बा शाल्व की वाग्दत्ता थी। उसने विवाह करने से अस्वीकार कर दिया। ब्राह्मणों से परामर्श के बाद भीष्म ने उसे शाल्व के पास जाने के लिए कह दिया। शाल्व को घर्षिता स्त्री से विवाह करना मान्य नहीं हुआ। वह भीष्म के पास लौटकर बोली कि चूँकि तूने मेरा अपहरण किया है, इसलिए तुम्हीं को मुझसे विवाह करना होगा, पर दृढ़प्रतिज्ञ नैष्ठिक ब्रह्मचारी को यह मंजूर नहीं हुआ। अपमानित अम्बा ने अग्नि में जलकर आत्महत्या कर ली। पर शिखंडी के रूप में पुनर्जन्म लेकर उसने भीष्म से बदला चुकाया। महाधनुर्धर, अद्वितीय पराक्रमी भीष्म की मृत्यु का कारण एक निवीर्य व्यक्ति बना। भीष्म को इस विडम्बना से भी गुजरना पड़ा।

उधर जिन कन्याओं का विवाह भीष्म ने विचित्रवीर्य से कराया था, वह उनमें कामासक्त होकर राजयक्ष्मा का शिकार हो गया। जिस कुल-तन्तु को बचाने का प्रयास भीष्म कर रहे थे, वह फिर टूट गया। अब सत्यवती के पुत्र के सिंहासन पर बैठने के सपने का पटाक्षेप हो गया था। सत्यवती ने भीष्म से निवेदन किया और आज्ञा दी कि तुम सिंहासन पर बैठो तथा विचित्रवीर्य की युवा पत्नियों से पुत्र उत्पन्न करो, जिससे कुरु वंश की परम्परा लुप्त न हो जाए। यह आपद्धर्म है। किन्तु भीष्म

ने कहा— ''पृथ्वी अपनी गन्ध छोड़ दे, जल अपने रस का परित्याग कर दे, तेज रूप का, वायु स्पर्श का परित्याग कर दे, पर मैं अपनी प्रतिज्ञा से विचलित नहीं हो सकता।'' ध्यातव्य है कि कृष्ण ने कौरवों के महारथियों को मरवाने के लिए छल-छद्म के आपद्धर्म का प्रयोग किया था। किन्तु भीष्म की प्रतिज्ञा, भीष्म की प्रतिज्ञा थी। महाप्राज्ञ भीष्म ने कुल-परम्परा की रक्षा के लिए एक उपाय खोज लिया। वह उपाय है नियोग। इस सम्बन्ध में उन्होंने पुरोहितों से भी सलाह ली थी। उन्होंने कहा कि किसी गुणवान ब्राह्मण को बुलाओ जो विचित्रवीर्य की पत्नियों के गर्भ से सन्तान उत्पन्न कर सके।

सत्यवती को व्यास याद आये। उसने सलज्ज भाव से व्यास के जन्म की कहानी बतायी। वह कुँवारी थी। धर्मार्थ नदी में नाव चलाती थी। एक दिन धर्मज्ञों में श्रेष्ठ बुद्धिमान महर्षि पराशर यमुना नदी पार करने के लिए उसकी नाव पर आये। उसे देखकर वे कामासक्त हो गये। अपना परिचय दिया। उसने कहा कि वह निषाद की पुत्री है। पराशर ने दुर्लभ वर देने का आश्वासन दिया। उसके शरीर से मछली की गन्ध निकलती थी। पर '*कामातुराणां न भयं न लज्जा।*' उसके न चाहते हुए भी महर्षि ने उसकी दुर्गन्ध को सुगन्ध में बदल दिया। उनके प्रभाव से द्वीप में घना कुहरा पैदा हो गया। पराशर के सहवास से व्यास पैदा हुए। उसका रंग काला था। द्वीप में पैदा होने के कारण वह द्वैपायन कहलाया— कृष्ण द्वैपायन। वेदों का विस्तार करने के कारण व्यास नाम से विख्यात हुआ। वह पुनः कुँवारी हो गयी। व्यास पिता के साथ चले गये। किन्तु यह आश्वासन दे गये कि तुम जब कभी स्मरण करोगी, मैं उपस्थित मिलूँगा। अब आप जैसा कहें। ध्यान देने की बात है कि व्यास किसी का चरित्र-चित्रण करते समय उसे बख्शते नहीं, चाहे वह स्वयं उसका पिता ही क्यों न हो। 'धर्मज्ञों में श्रेष्ठ बुद्धिमान महर्षि' उसके पिता हैं। लेकिन किसी कन्या की इच्छा के विरुद्ध उससे सहवास करते हैं। व्यास द्वारा प्रदत्त अपने पिता के विशेषणों का अर्थ क्या लगाया जाए?

भीष्म अपने समय के श्रेष्ठ धर्म-व्याख्याता थे। उन्होंने सत्यवती के प्रस्ताव पर अपनी मुहर लगा दी। इससे ब्राह्मणों के तत्कालीन वर्चस्व का पता लगता है। सत्यवती ने रानियों को नियोग के लिए राजी कर लिया। पूरे महाभारत में कृष्ण ही एक ऐसे व्यक्ति हैं, जिसमें सौन्दर्य-बोध प्रतीत होता है। भीष्म शास्त्र के पंडित हैं, लोक के नहीं। उसका जीवन पूर्णतः नीरस और शुष्क था। अन्यथा काले-कलूटे, जटा-जूटधारी व्यास को नियोग के लिए न नियुक्त करते। बड़ी रानी अम्बिका शय्या पर लेटे-लेटे मन-ही-मन (*सचिन्तयत तदा भीष्ममन्याश्च कुरु पुङ्गवान्।*) भीष्म या अन्य किसी पुरुश्रेष्ठ के आने की प्रतीक्षा करने लगी। लेकिन सत्यवती ने रानी से कहा था कि '*कौसल्ये देवरस्ते सोऽद्य त्वानुप्रेक्षति*', तुम्हारे एक देवर हैं जो आज

तुम्हारे पास आएँगे। लेकिन न तो भीष्म देवर थे और न व्यास। दोनों विचित्रवीर्य के बड़े भाई थे। सत्यवती ने इस प्रकार का असत्य भाषण क्यों किया? भीष्म की दृष्टि में यह शास्त्रसम्मत न था। सत्यव्रत ज्येष्ठ के साथ नियोग करना उसे स्वीकृत न होता। किन्तु व्यास का कुत्सित रूप देखकर रानी ने आँखें बन्द कर लीं। इससे जो पुत्र पैदा हुआ वह अन्धा था। दूसरी रानी अम्बालिका थी, नियोगी का वीभत्स रूप देखकर कान्तिहीन और पीली पड़ गयी। उससे पैदा पुत्र पांडु रंग का था। सत्यवती ने अम्बिका से पुनः दूसरा पुत्र पैदा करने के लिए कहा। किन्तु गन्धाते हुए नियोगी का स्मरण करके रानी ने अपने स्थान पर दासी को भेज दिया। उससे विदुर पैदा हुए।

उनके युवा होने पर भीष्म को उनके विवाह की चिन्ता हुई। उन्हें तीन योग्य कन्याओं का पता था— गान्धारराज सुबल की कन्या गान्धारी, कुन्तिभोज की कन्या कुन्ती और भद्रराज की कन्या माद्री। उन्होंने अन्धे धृतराष्ट्र के विवाह के लिए सुबल से गान्धारी को माँगा। वह गान्धारराज सुबल के पास स्वयं नहीं गया। एक दूत के हाथ सन्देश भेजा। सुबल को मालूम था कि धृतराष्ट्र अन्धे हैं। गान्धारी को भी इसका पता था। सुबल चिन्ताग्रस्त तो अवश्य हुए, किन्तु भीष्म का बल-पराक्रम सबको ज्ञात था। अतः उसने अपने बेटे शकुनि के साथ गान्धारी को हस्तिनापुर भेज दिया। स्त्री को प्रतिवाद का कोई हक नहीं था। पति को अन्धा जानकर गान्धारी ने अपनी आँखों पर पट्टी बाँध ली। यद्यपि कुन्ती ने स्वयंवर में पांडु का वरण किया था पर उसके पीछे भी भीष्म के पराक्रम की धमक रही होगी। विदुर से सलाह करते समय भीष्म ने कुन्ती का नामोल्लेख किया था। लेकिन एक विवाह कराकर भीष्म का मन नहीं भरा। 'पृथा' नाम से सम्भावना बनती है कि कुन्ती कुछ स्थूलकाय रही होगी। ऐसी स्थिति में भीष्म ने एक कम अवस्था की पहाड़ी कन्या खोजी—माद्री। उसे खरीदकर ले आये, पांडु से विवाह कर दिया। वह राजा क्या जिसके पास सिर्फ एक पत्नी हो!

धृतराष्ट्र अन्धे थे। इसलिए राजा नहीं हो सकते थे। पांडु का राजतिलक किया गया। राजा होते ही उन्होंने बहुत से राजाओं को जीतकर उन्हें करद बनाया। उसके लाये हुए धन-धान्य से धृतराष्ट्र ने अश्वमेध यज्ञ किया। जो कोई हस्तिनापुर का राजा हो, व्यास उसे असाधारण वीर, दानी और कुरु-कीर्ति-कथा का विस्तारक कहते हैं। यह पौराणिक शैली है। अर्थापन की गाड़ी वहाँ फँसती है, जहाँ पांडु कुन्ती-माद्री सहित वन में रहने चले जाते हैं। वन में रहने का कोई कारण नहीं बताया गया है। केवल इतना ही कहा गया है कि राज-सुख छोड़कर वे कुन्ती-माद्री की प्रेरणा से हिमगिरि के पास शाल वनों में शिकार खेलते रहते थे। कुन्ती-माद्री ने जंगल में जाने की प्रेरणा क्यों दी? उन्हें सहसा वन से प्रेम क्यों हो गया? आगे

चलकर पांडु की स्त्री-संसर्ग की अक्षमता को शाप से जोड़ दिया गया है।

पांडु-धृतराष्ट्र के बेटों के झगड़ों में वे कहीं भी हस्तक्षेप नहीं करते। पर उन्हें शस्त्रास्त्र की शिक्षा देने के लिए द्रोण जैसे गुरु की नियुक्ति कर देते हैं। लाक्षागृह दाह के अनन्तर बहुत दिनों तक उन्हें पांडवों का पता नहीं लगता। किन्तु द्रौपदी के विवाह के बाद जब उन्हें पता चलता है कि पांडव जीवित हैं तब वे धृतराष्ट्र को समझाकर पांडवों को आधा राज्य दिलवा देते हैं। लेकिन इसके पीछे भीष्म का जोर उतना काम नहीं कर रहा था, जितना पांचालों और वृष्णियों का पांडवों के साथ रक्त सम्बन्ध।

जब तक वह बेटों-नातियों का पालन-पोषण करता था, तब तक सब ठीक था। लेकिन जब कभी उन्होंने अपनी सलाह लादनी चाही, उनका घोर अपमान हुआ। संयुक्त परिवार में आज भी ऐसा होता है। राजसूय यज्ञ में अग्रपूजा के लिए युधिष्ठिर ने उनसे पूछा। भीष्म ने बल, प्रताप, तेज में अद्वितीय कहते हुए कृष्ण को अग्रपूजा के योग्य ठहराया। भीष्म पितामह उस सभा में सर्वाधिक वयोवृद्ध तो थे ही, किसी से कम विद्यावृद्ध, पराक्रमवृद्ध नहीं थे। युधिष्ठिर ने स्वयं भीष्म का नाम अग्रपूजा के लिए क्यों नहीं सुझाया? वे भीष्म की मनोवृत्ति से परिचित थे। कभी-कभी युधिष्ठिर भी राजनीतिक सूझ-बूझ से काम ले लेते थे। भीष्म नहीं सुझाते हैं जो युधिष्ठिर को अभीष्ट था। कृष्ण और चाहे जो रहे हों, किन्तु इतना निर्विवाद है कि वे पांडवों के भूत, वर्तमान और भविष्य थे। किन्तु कृष्ण के नाम पर चेदिराज शिशुपाल भड़क उठा— भीष्म, युधिष्ठिर और कृष्ण को बुरी तरह लताड़ता है— खास तौर पर भीष्म और कृष्ण को। वह कहता है— ''कौरव्य, वृष्णिवंशी कृष्ण राजोचित पूजा का अधिकारी नहीं है। तुम लोग बालक हो, तुम्हें धर्म का पता नहीं है। भीष्म बहुत बूढ़े हो गये हैं, उनकी स्मरण शक्ति जवाब दे चुकी है, सूझ-समझ की दृष्टि से भी वह अल्पदर्शी हैं। और भीष्म किसी का प्रिय करने के लिए मुँह देखी करने लगते हैं। कृष्ण से बड़ा-बूढ़ा तो उसका पिता वसुदेव है, उसकी पूजा क्यों नहीं की? यदि कृष्ण आचार्य है तो बड़े-बूढ़े आचार्य द्रोणाचार्य की ओर दृष्टि क्यों नहीं गयी? यदि कृष्ण अध्वर्यु है तो सबसे अध्वर्यु वेदव्यास हैं। पुरुष शिरोमणि और अपनी इच्छा से मृत्यु का वरण वाले भीष्म को क्यों भूल गये? अश्वत्थामा, दुर्योधन, कृप, भीष्मक, रुक्मी, एकलव्य, शल्य, कर्ण को छोड़ तुमने कृष्ण की पूजा कैसे कर डाली? कृष्ण न ऋत्विज है, न आचार्य, न राजा, फिर तुमने उसकी पूजा क्यों कर डाली?''

''और माधव! जैसे कुत्ता थोड़े से गिरे हुए हविष्य को चाट ले और अपने को धन्य मानने लगे, उसी तरह तुम इस पूजा को पाकर अपने को बड़ा मान रहे हो?''

भीष्म ने जो उत्तर शिशुपाल को दिया, वह कई पृष्ठ घेरे हुए है। वे मध्यकालीन

भक्तों की भूमिका में दिखाई पड़ते हैं। वे कृष्ण को विष्णु का अवतार कहते हैं। अतः वह उन्हें गुरु, ऋत्विज, आचार्य के रूप में देखते हैं। कृष्ण को ईश्वर का अवतार मान लेने पर तो कोई प्रश्न ही नहीं उठता। पर शिशुपाल का कथन लौकिक स्तर पर सर्वथा तर्कसम्मत और विचारणीय है। इस घटना से कौरवों-पांडवों के बीच की खाई थोड़ी और चौड़ी हो गयी और भीष्म का व्यक्तित्व सन्दिग्ध हो उठा।

जुआ खेलते समय भीष्म कुछ नहीं बोले। या तो इसे शास्त्रविहित समझकर चुप थे या दुर्योधन को अप्रसन्न करना ठीक नहीं समझते थे। कृष्ण होते तो जुआ न होता क्योंकि वे शास्त्र और परम्परा को यथावसर तोड़ना जानते थे। चीर-हरण के समय भी वे किसी तरह का हस्तक्षेप नहीं कर सके। इसमें कोई आश्चर्य नहीं है। उन्होंने द्रौपदी के प्रश्न का जो उत्तर दिया वह शास्त्रविहित और परम्परानुरूप था— "हे सौभाग्यवती, धर्म की गति सूक्ष्म है। एक ओर तो यह सिद्धान्त है कि जो स्वयं अधन और अवश है, वह पराये धन को दाँव पर नहीं रख सकता। दूसरी ओर यह बात है कि स्त्रियाँ अपने स्वामी के स्वत्व में होती हैं। इस बारीक बात में मेरी बुद्धि काम नहीं करती। युधिष्ठिर सारी पृथ्वी को छोड़कर भी सत्य को न छोड़ेंगे। वह कह चुके हैं कि मैं जीत लिया गया, इसलिए मैं तुम्हारे प्रश्न की विवेचना नहीं कर पाता। शकुनि ने युधिष्ठिर को द्यूत में जीता। जब स्वयं युधिष्ठिर ही उसमें छल-कपट नहीं देखते, तब मैं तुम्हारे प्रश्न का क्या उत्तर दूँ? धर्म की सूक्ष्मता की दुहाई देकर 'महाप्राज्ञवादिन' ने जो कुछ कहा, वह धर्मसम्मत नहीं प्रतीत होता। जिस पहले सिद्धान्त का उल्लेख भीष्म ने किया है, वह क्यों सच नहीं है? भीष्म सत्य कहने का साहस नहीं जुटा पाये। '*यत्र नार्यस्तु पूज्यन्ते रमन्ते तत्र देवताः*' की बात विस्मृत हो गयी। मन-ही-मन क्या पितामह महसूस नहीं करते रहे होंगे कि उनके लिए अब कुरु-कुल की रक्षा करना असम्भव न सही, कठिन है। फिर भी वे अपने ढंग से प्रयास करते रहे। अज्ञातवास के अन्त में गोग्रहण पर्व में अर्जुन को भय दिखाकर वह दुर्योधन से सन्धि करने के लिए कहते हैं, किन्तु दुर्योधन ने साफ कह दिया— '*नाहं राज्यं प्रदस्यामि पाण्डवानां पितामह।*' यों गोग्रहण पर्व की योजना इसलिए की गयी है कि कौरवों को ज्ञात हो जाए कि पांडवों ने अपनी प्रतिज्ञा पूरी कर ली और विराट को भी पांडवों की वास्तविकता का पता लग जाए। किन्तु इस युद्ध में अकेले अर्जुन का कौरव महारथियों को पराजित करना अविश्वसनीय है। अठारह दिनों के युद्ध में अर्जुन को नाकों चने चबाने पड़े। सारे कौरव महारथी छल-छद्म से मारे गये।

दुर्योधन ने युद्ध में भीष्म को प्रथम सेनापति बनाया। बिना कुछ ननुनच किये पितामह ने इसे स्वीकार कर लिया। लेकिन युद्ध टालने का प्रयास करते रहे। सबसे पहले बड़ी चतुराई से उसने कर्ण को ही रणभूमि से हटा दिया। दुर्योधन के पूछने

पर भीष्म अपने पक्ष के रथियों, महारथियों, प्रतिरथियों का परिचय देने लेगे। उन्होंने किसी को रथी, किसी को प्रतिरथी और किसी को महारथी कहा, किन्तु कर्ण को अर्द्धरथी बतलाया। कर्ण जैसे चोटी के धनुर्धर को जिसने मगधराज जरासन्ध को हराया था, अर्द्धरथी कहना झूठ भी था और घोर अपमानजनक भी। उसने उत्तर में कहा— ''तुम मुझसे ईर्ष्या करते हो, केवल बाल पक जाने से, अधिक अवस्था होने से कोई महारथी नहीं हो जाता। काल प्रेरित मन्द बुद्धि भीष्म! तुम्हारी आयु समाप्त हो चुकी है। तुम अत्यन्त बूढ़े हो। तुम्हारी बात सुनने योग्य नहीं है। तुम फूट डाल रहे हो।'' फिर वह दुर्योधन से बोला— ''इस बूढ़े के जीते जी मैं युद्ध नहीं करूँगा।'' इस पर भीष्म बेहद लाल-पीले हो गये— ''यदि पारस्परिक भेद का खतरा न होता तो कर्ण! तुम अब तक जीते न रहते।''

यदि ध्यान से देखा जाए तो कर्ण की बात बुद्धिसंगत थी। वह कहता है कि सभी राजा समान श्रेणी के हैं। युद्ध के सन्दर्भ में रथियों-अतिरथियों का श्रेणी विभाजन अपने लोगों में फूट डालना है। एक बार फूट पड़ जाने से पुनः मेल करना कठिन होता है। दुर्योधन को फूट डालने वाले व्यक्ति को त्याग देना चाहिए। युद्ध के समय राजाओं की वीरता को श्रेणियों में बाँटना न तो समयोचित था और न बुद्धिसंगत।

दस दिन तक भीष्म के सेनापतित्व में कौरव सेना लड़ती रही। भीष्म को पांडवों को मारना तो था नहीं, वह मृदु युद्ध करता रहा। इस सम्बन्ध में उसे दुर्योधन द्वारा अपमानित भी होना पड़ा। किन्तु वह उसे पी गया। राजा दुर्योधन को कुछ कहने का साहस नहीं हुआ। पर कुरु-कुल की रक्षा के प्रति वह युद्धभूमि में भी सचेत रहा, बीच-बीच में दुर्योधन से सन्धि के लिए भी कहता था। इस तरह वह युद्ध को मन से लड़ा नहीं, घसीटता रहा... घसीटता रहा। युद्ध-पर्वों में भीष्मपर्व का युद्ध-वर्णन सबसे अधिक कमजोर, नीरस और उबाऊ है।

शरशय्या पर पड़े भीष्म से कर्ण मिलने आता है। भीष्म आँखें बन्द किये हुए पड़े हैं। उस समय सब लोग चले गये थे। शरों की शय्या थी और भीष्म थे। वे अकेले थे, न कोई सहायक था, न सेवक; केवल पहरुए थे। बाणों की चुभन से पीड़ा हो रही थी। इसे अकेले भीष्म को ही भोगना था। इस सूनेपन में कर्ण की आवाज गूँजती है— ''कुरु वृद्ध! मैं राधापुत्र कर्ण हूँ, वही कर्ण जो आपकी दृष्टि में गड़ता रहता था।'' भीष्म ने आँखें खोलीं, पहरेदारों को हटाकर उसे पुत्र की भाँति बाँहों में भर लिया और कहा— ''तुम राधा के नहीं, कुन्ती के पुत्र हो। मुझे यह नारद से, कृष्ण-द्वैपायन से ज्ञात हुआ था। तुम अस्त्र विद्या में कृष्ण और अर्जुन के समान हो। कुल में फूट पड़ने के डर से मैं तुम्हें तेजोहत करता रहा।'' उसने कहा कि आपके कहने से मैं अपने भाइयों से नहीं मिल सकता और न दुर्योधन के प्रति

कृतघ्न हो सकता हूँ। युद्ध टाला नहीं जा सकता। भीष्म का आशीर्वाद तो कुरुकुल के गौरव के अनुरूप नहीं था। उन्होंने कहा— ''धनंजय के हाथों मारे जाकर क्षात्र धर्म-पालन से प्राप्त होने वाला लोक तुम्हें उपलब्ध होगा।'' आशीर्वाद देने में भी अभिशाप छिपा हुआ है। प्रश्न उठता है कि जब भीष्म को मालूम था कि कर्ण कुन्ती का पुत्र है तो इसे पहले ही क्यों नहीं बताया? कुरुकुल को विनाश के कगार पर ठेलने का काम क्या स्वयं भीष्म ने नहीं किया? जिस बिन्दु पर कर्ण खड़ा था, उससे वापस लौटना सम्भव नहीं था। भीष्म इसे भी जानते थे। फिर उसे भाइयों से मिलने की सलाह क्यों देते हैं? उसके जन्म को वे 'धर्मलोप' से हुआ मानते हैं। 'धर्मलोप' शब्द उन्हीं का है। तो क्या पांडवों का जन्म धर्मसम्मत था? जिस कुल की रक्षा के लिए भीष्म ने अपना जीवन व्यर्थता के आच्छादन से ढँक लिया था, उसकी रक्षा हो सकी? कुरुकुल का पूरा विनाश देखने के बाद ही उन्होंने मृत्यु का वरण किया। अन्ततः वे एक निराशाजनक परिणति पर पहुँचते हैं। कहते हैं— '*दैवं पुरुषकारेण न शक्यमतिवर्तितुम्।*' प्रारब्ध को कोई पुरुषार्थ नहीं टाल सकता।

इस तरह के चरित्र को प्रायोजित करने का व्यास का क्या प्रयोजन था? व्यास का प्रयोजन हम नहीं जान सकते। पर इस एपिक में उसे कहाँ, कैसे और क्यों गुम्फित किया गया है, उसकी भूमि को तो पकड़ सकते हैं। एक अगृहस्थ व्यक्ति परिवार का पूरा दायित्व पूरी अकड़ के साथ नहीं निभा सकता। भीष्म पराक्रमी बताये गये हैं। किन्तु उसमें इतना साहस नहीं था कि अंगद की तरह कहीं अपना पाँव रोप सके। बेटे-नातियों की देखभाल के अतिरिक्त किसी अन्य व्यापक योजना के अभाव में भी जिन्दगियाँ बेमतलब हो जाती हैं।

महाभारत का नायक

महाभारत के नायक के बारे में भिन्न-भिन्न लोगों के मत भिन्न-भिन्न हैं। कोई कृष्ण को नायक मानता है तो कोई अर्जुन को, कोई कर्ण को मानता है तो कोई दुर्योधन को। किन्तु इनमें से कोई भी महापुरुष आदि से लेकर अन्त तक महाभारत में नहीं रहता। राजशेखर बसु, बुद्धदेव बसु, विद्यानिवास मिश्र युधिष्ठिर को महाभारत का नायक मानते हैं। पर युधिष्ठिर धीरोदत्त, धीरोदात्त, धीरललित और धीर प्रशान्त नायक की कोटियों में से एक भी नहीं है। महाभारत परम्परागत महाकाव्य नहीं है। अत: उसमें शास्त्र-निर्धारित नायक को नहीं खोजा जा सकता, खोजना भी नहीं चाहिए। वह एपिक है, विचित्र तरह का एपिक। इसलिए उसका नायक भी विचित्र ही होना चाहिए। लेकिन यह तो खोजना ही पड़ेगा कि किन विशेषताओं के कारण उसे नायक माना जाए, जबकि उसमें नायकत्व का कोई गुण नहीं दिखाई देता।

वाल्मीकीय रामायण के आरम्भ में ही वाल्मीकि नायक खोजते हैं। वे नारद से पूछते हैं— '*कोन्वस्मिन्सांप्रतं लोके गुणवान्कश्च वीर्यवान।*'

भगवन! इस समय संसार में गुणवान, शूरवीर, धर्मज्ञ, कृतज्ञ, सत्यवादी और दृढ़प्रतिज्ञ कौन है? सदाचार से युक्त, सब प्राणियों का हित करनेवाला, विद्वान, सामर्थ्यवान और प्रियदर्शन कौन है? धैर्ययुक्त, काम-क्रोधादि शत्रुओं का विजेता, कान्तियुक्त, ईर्ष्या-निन्दा न करनेवाला तथा युद्ध में क्रुद्ध होने पर देवताओं को भी भयभीत करनेवाला कौन है?... इस तरह चार श्लोकों में यह पृच्छा की गयी है। नारद ने बताया कि ये सब गुण रामचन्द्र में हैं। रामचन्द्र को ही वाल्मीकि ने नायक बनाया। वे मर्यादा-पुरुषोत्तम कहे जाते हैं। यद्यपि मर्यादाओं का पूरा निर्वाह उनसे भी नहीं हो पाया है। महाभारत के पात्र तो मर्यादाहीन हैं, वे रह-रहकर मर्यादाएँ तोड़ते रहते हैं। अभिमन्यु की प्रत्यंचा काटने की बात छोड़ दें तो कर्ण जैसा बेदाग चरित्र दोनों एपिक में एक भी नहीं मिलेगा। युधिष्ठिर तो महाभारत के सबसे अधिक निर्बल, ढुलमुल, पराश्रित, सिंहासनाकांक्षी, द्यूतप्रेमी और न जाने क्या-क्या हैं? फिर उसे नायक क्यों माना जाए? नायक माननेवालों में बुद्धदेव के अतिरिक्त किसी ने विस्तृत विवेचना नहीं की है। बुद्धदेव की विवेचना बहुत सन्तोषप्रद नहीं है। उसका

नाम धर्मराज भी है। उसके क्रिया-कलापों को देखते हुए शंका होती है कि क्या इस नाम के पीछे कोई व्यंग्य तो नहीं छिपा है, जो युद्ध में स्थिर नहीं है, उसका नाम युधिष्ठिर! लोग बच्चों का नाम अर्जुन, भीम, सहदेव तो रखते हैं पर युधिष्ठिर और नकुल नहीं रखते। कौरवों के पक्ष से लड़नेवाले कर्ण का नाम अब रखा जाने लगा है। कृष्ण नाम के लोग जहाँ-तहाँ सर्वत्र मिल जाएँगे। युधिष्ठिर पर शायद के.एम. मुंशी ने भी कोई उपन्यास नहीं लिखा है।

'होनहार बिरवान के होत चीकने पात' का कोई लक्षण युधिष्ठिर में नहीं मिलता। भीम, अर्जुन, दुर्योधन, कर्ण के बाल्यकाल में भी अद्‌भुत ऊर्जा थी। शास्त्रास्त्र की उन्हें प्रारम्भिक शिक्षा प्रदान करने के बाद द्रोण ने उनकी परीक्षा का आयोजन किया। पेड़ के अग्रभाग पर एक कृत्रिम गीध पक्षी रख दिया गया। परीक्षार्थी राजकुमारों को बाण से उसका सिर काट गिराना था। आचार्य ने पहले युधिष्ठिर को बुलाया और कहा— "राजपुत्र, तुम पेड़ पर बैठे गीध को देख रहे हो? उसका सिर काटने के पहले मुझे यह बताओ कि तुम और क्या देख रहे हो?" युधिष्ठिर तपाक से बोले— "मैं आपको, पेड़ को, भाइयों को, गीध को सबको देख रहा हूँ।" आचार्य अप्रीतिकर भाव से बोल उठे— '*नैतच्छक्य त्वयावेद्धुं लक्ष्यमित्वेव कुत्सयन।*' तुम इसे नहीं बेध सकते, हट जाओ।

युधिष्ठिर को युवराज बनाते समय वैशम्पायन उसके गुणों का उल्लेख करते हैं— "धृतराष्ट्र ने पांडुपुत्र युधिष्ठिर को धृति, स्थिरता, सहिष्णुता, दयालुता, सरलता तथा अविचल सौहार्द आदि गुणों के कारण युवराज बना दिया।" पर वारणावत जाने पर इसी युधिष्ठिर के चरित्र का एक दूसरा पहलू भी खुलता है। लाक्षागृह में पांडवों को जला डालने की योजना का पता उसे था। विदुर ने अग्निकांड से निकल भागने के लिए गुप्तरूप से एक सुरंग खोदवा दी थी। पुरोचन (लाक्षागृह का निर्माता) आश्वस्त हो गया कि पांडव नि:शंक होकर रह रहे हैं। उपयुक्त समय जानकर युधिष्ठिर ने पांडवों को सलाह दी कि अब लाक्षागृह में आग लगाकर भाग निकलना चाहिए। किन्तु इसी के साथ उन्होंने यह भी सुझाया कि निकल भागने और आग लगाने के पहले इस घर में छः प्राणियों को रख देना चाहिए। छः निरीह भीलों (पाँच पुरुष, एक स्त्री) को लाक्षागृह में सुला देने का कार्य कुन्ती ने किया। इस मार्मिक विषय को लेकर महाश्वेता देवी ने एक महत्त्वपूर्ण कहानी लिखी है, जिसका अँग्रेजी अनुवाद उपलब्ध है।

व्यास चाहते तो इस सम्बन्ध में चुप रहते। किन्तु व्यास किसी की भी, चाहे वह कोई भी क्यों न हो, दुर्बलताओं को बख्शते नहीं। इसलिए तो कृष्ण ने गीता में अपने को मुनियों में व्यास कहा है। लगता है युधिष्ठिर उतने भोले नहीं हैं। वे अपने हानि-लाभ के प्रति सतर्क हैं। इन छः भीलों के जल जाने से दुर्योधन ने पक्के

तौर पर समझ लिया कि पांडव इस दुनिया में नहीं रहे पर एक दिन उनके जिन्दा रहने का प्रमाण मिल जाता है।

द्रौपदी से वैवाहिक सम्बन्ध होने पर पांडवों को पांचाल नरेश द्रुपद के रूप में एक शक्तिशाली सहायक प्राप्त हो जाता है। धृतराष्ट्र उन्हें हस्तिनापुर बुलाकर आधा राज्य देकर इन्द्रप्रस्थ भेज देते हैं। युधिष्ठिर राजा हो जाते हैं। उनसे राजसूय यज्ञ करने के लिए कहा जाता है। राज्याभिषेक करते समय व्यास ने ही उन्हें राजसूय यज्ञ करने के लिए कहा था। यह यज्ञ महाभारत-कथा की नीव का पहला पत्थर है। महाभारत के लिए यह जितना विघटनात्मक है उतना ही कथा के लिए रचनात्मक है। नारद मुनि भी इसके पक्ष में परामर्श देते हैं। वे स्वर्ग से उसके पिता का एक सन्देश भी लाये हैं कि युधिष्ठिर राजसूय यज्ञ करें। इस युद्ध के पूर्व दिग्विजय की जरूरत है और उसके लिए युद्ध अनिवार्य है। युद्ध में युधिष्ठिर की कोई रुचि नहीं है। नारद मुनि का सन्देश पाकर वे चिन्ताग्रस्त हो उठे— '*चिन्तयन राजसूयेष्टिं न लेये शर्म भारत।*' राजसूय के बारे में सोचते हुए उसे शान्ति नहीं मिली। पर दुविधाग्रस्त राजा फिर सोचने लगा कि इससे उत्तमलोक की प्राप्ति होती है और हरिश्चन्द्र की तरह तेज मिलता है। उसका मन पुन: 'राजसूय' में लग गया।

किन्तु राजसूय यज्ञ को क्रियारूप में परिणत करने के लिए वे स्वयं निर्णय लेने में अक्षम थे। वे कोई भी काम दस-पाँच आदिमियों से पूछे बिना नहीं करते थे। भाइयों ने कहा था कि आप राजसूय यज्ञ करने में समर्थ हैं। पर उन्हें पूरा भरोसा नहीं था। आखिरकार कृष्ण को द्वारिका से बुलाना पड़ा। वे कृष्ण को सर्वज्ञ, सर्वशक्तिमान और ईश्वर का अवतार समझते थे। कृष्ण ने उन्हें राजसूय यज्ञ करने की सलाह तो दे दी पर इसके लिए महाप्रतापी मगध सम्राट जरासन्ध का वध करना जरूरी बताया। जरासन्ध के डर से बहुत से राजा दूसरी जगहों पर भाग गये थे। शिशुपाल, रुक्मी, भीष्मक, एकलव्य, पुंड्र, भगदत्त आदि सब दिग्गज वीर उसके साथ हैं। कृष्ण ने यह भी कहा कि सत्रह बार युद्ध करने के बाद हम लोगों को मथुरा छोड़कर द्वारिका जाना पड़ा। पर उसका वध किया जा सकता है। युधिष्ठिर बेहद भयभीत हो उठे और कहा कि मेरे लिए मन और इन्द्रियों का संयम ही उत्तम है। मैं तो उसके भय से शंकित रहता हूँ। उसके सामने मैं अपने को बलवान नहीं मान सकता। वे उदास हो गये।

किन्तु कृष्ण से 'न' नहीं कह सके। भीम-अर्जुन आदि के समझाने पर वे किसी प्रकार यज्ञ के लिए तैयार हुए। कृष्ण ने छल-छद्म से जरासन्ध को मरवा डाला। दिग्विजय के लिए युधिष्ठिर को छोड़कर अन्य चारों भाई चारों दिशाओं में गये। उन्हीं की सहायता से चक्रवर्ती सम्राट बने। लगता है उन्हें इन सब बातों से लेना-देना नहीं है। कृष्ण के कहने पर उसने मुश्किल से राजसूय की दीक्षा ली। उसका अपार

धन-वैभव देखकर दुर्योधन की नींद हराम हो गयी।

विदुर ने धृतराष्ट्र की ओर से युधिष्ठिर को जुआ का निमन्त्रण दिया। प्रकारान्तर से उसका दोष भी बता दिया। युधिष्ठिर स्वयं इसके दोष से अवगत थे। वे विदुर से कहते हैं— "मुझे द्यूत में कलह दिखाई पड़ता है। जान-बूझकर इसके लिए कौन तैयार होगा?" लेकिन वह तैयार हो जाता है। वह फिर पूछता है कि वहाँ कौन-कौन से द्यूत खिलाड़ी है? विदुर ने अक्ष-विद्या में उस्ताद शकुनि के साथ विविंशति, चित्रसेन आदि का नाम बता दिया। युधिष्ठिर भयभीत हो उठते हैं। पर '*धात्रा तु दिष्टस्यवशे किलेदं / सर्वं जगत् तिष्ठति न स्वतंत्रम्*' (विधाता का रचा हुआ यह सम्पूर्ण जगत दैव के अधीन है) कहते हुए वे जुआ खेलने हस्तिनापुर चल पड़े।

युधिष्ठिर जैसे भोले-भाले व्यक्ति को जुआड़ी के रूप में देखकर थोड़ा विस्मय होता है। पहली बार ही वह अपना धन-धान्य, राजपाट, भाई और अपने को भी हार जाता है। स्वयं को हारने के बाद वह अपनी पत्नी को भी दाँव पर लगा देता है और हार जाता है। गान्धारी-धृतराष्ट्र की कृपा से उसे पुनः राजपाट लौटा दिया जाता है। किन्तु इन्द्रप्रस्थ पहुँचने के पूर्व ही उसे पुनः जुआ के लिए आमन्त्रित किया गया। बिना सोचे-बिचारे वह आता है और पुनः सब कुछ हार जाता है। शर्त के अनुसार उसे बारह वर्षों का वनवास और एक वर्ष का अज्ञातवास मिलता है। इसके अतिरिक्त उसे कौरव और उसके अपने भाई भीम भी अपमानित करते हैं। वह एक चुप, हजार चुप।

इस जुए के बारे में बुद्धदेव बसु की एक विचित्र टिप्पणी है— "हमारे विचार से जुए से उसका पतन नहीं होता, केवल सांसारिक अर्थ में होता है, चारित्रिक अर्थ में नहीं। उसकी नैतिकता टूटी नहीं बल्कि वह और भी उन्मीलित तथा विकसित हुई, पूर्णता को प्राप्त हुई। उसका वनवास और तदुपरान्त युद्ध का मूल कारण हुआ है। यह कहना अत्युक्तिपूर्ण नहीं है कि उसके मन के किसी कोने में, अवचेतन की गहराई में यह प्रवृत्ति छिपी हुई थी— यानी मुक्ति की कामना-भयनिर्मित इन्द्रपुरी से मुक्ति, वैभव और आडम्बर से मुक्ति, श्वासावरोधक धन-बाहुल्य से मुक्ति, राजनीतिक षड्यन्त्रों के तहत जरासन्ध, शिशुपाल-वध से मुक्ति। युधिष्ठिर युद्ध के पहले जीने के लिए थोड़ा विश्राम चाहते हैं।" यह बुद्धदेव की अपनी कल्पना है। जुआ खेलना उसका व्यसन था। विराटनगर के कंक ने राजा के मनबहलाव के लिए जुआ के खेल को ही चुना। हस्तिनापुर में द्यूतोपरान्त वनपर्व में उसे इसके लिए बार-बार अपमानित किया गया। विराट नगर में राजा ने उसे कौड़ियाँ खींचकर मारा और वह लहूलुहान हो गया। फिर भी जुआ बन्द नहीं हुआ। क्या इसे उसकी नैतिकता का उन्मीलन और विकास कहेंगे?

पांडवों में युधिष्ठिर अव्यवस्थित चरित्र का व्यक्ति था। अतः उसका प्रसाद भी

भयंकर था— '*अव्यवस्थित चित्तानाम् प्रसादोमि भयंकर:।*' महाभारत युद्ध का एक बहुत बड़ा कारण अव्यवस्थित चित्त भी था— चाहे वह युधिष्ठिर का हो या धृतराष्ट्र का। जुआ तो निमित्त मात्र था।

अपनी इसी चित्रवृत्ति के कारण वह कभी रागोन्मुख होता था तो कभी विरागोन्मुख। मूलत: वह विरागमूलक था। पर परिस्थितियों के कारण राजपाट में न चाहते हुए उसमें उलझता रहता था। वह इतना निर्णयभीरु था कि परिस्थितियों को झटक पाना उसके बूते के परे था। वनपर्व में भी यह उलझन है। जुआ के बारे में वह तरह-तरह के बयान देता है। द्रौपदी के यह पूछने पर कि आपकी धर्मनिष्ठ बुद्धि जुए के व्यसन में कैसे फँस गयी, युधिष्ठिर ने कोई उत्तर नहीं दिया। पर भीम के वाग्बाणों से आहत होकर उन्होंने कहा— ''मैंने दुर्योधन का राज्यहरण करने के लिए जुआ खेला। शकुनि के प्रति क्रोधित हो जाने पर हार गया।'' यह सब बहाना है। अपना ही राज्य उसके गले की फँसड़ी था। वह दूसरे का राज्यहरण की कामना क्यों करता? वह भी द्यूत के माध्यम से। खेल खेलने में भी वह फिसड्डी था। व्यास इतिहास के साथ-साथ महाकाव्य भी लिख रहे थे, तथ्य-संग्रह उसका उद्देश्य नहीं था। यह युधिष्ठिर का चरित्र-चित्रण है। भीम और कठोर होते हैं— ''हम बलवान हैं, किन्तु आपके दोष के कारण दुर्दशा भोग रहे हैं।'' युधिष्ठिर को मानना पड़ता है कि उसमें अक्ष-विद्या की क्षमता नहीं थी। द्यूत-क्रीड़ा उसे बीच-बीच में बेचैन करती रहती है। यह अपराध-बोध है। इस बोध से कुछ परिवर्तन की अपेक्षा की जा सकती है।

लगता है वनवास युधिष्ठिर की धर्मवृत्ति को प्रगाढ़ बनने में सहायता करता है। यहाँ धर्म किसी दार्शनिक अर्थ में नहीं प्रयुक्त किया जा रहा है। धर्म का अर्थ है ऋषियों के आश्रम में जाना, उनसे भिन्न-भिन्न पौराणिक कथाएँ सुनना। वास्तविक श्रोता युधिष्ठिर ही हैं, द्रौपदी तथा अन्य चारों भाई चुपचाप युधिष्ठिर के साथ बैठे हैं, शायद सुनते भी न रहे हों। यह भी हो सकता है कि वे ऊबते और ऊँघते भी रहे हों। ऋषि लोग केवल युधिष्ठिर को ही सम्बोधन करते हैं। कथा के प्रति केवल युधिष्ठिर ही जिज्ञासु हैं। कुछ कथाएँ युधिष्ठिर के वर्तमान जीवन से सन्दर्भित हैं और कुछ नहीं हैं। वनवास के प्रथम छह वर्षों तक अर्जुन देवताओं से अस्त्र-संग्रह करते रहे, भीम को यात्रा में लड़ने-भिड़ने का कुछ काम मिला करता था। द्रौपदी अतीत की याद और वर्तमान की दुर्गति में रहती है। युधिष्ठिर एक आश्रम से दूसरे आश्रम, एक तीर्थ से दूसरे तीर्थ और एक वन से दूसरे वन में जाते रहते हैं। तीर्थों का एक समय बहुत महत्त्व था। देश-दर्शन की दृष्टि से तथा परलोकवाद की दृष्टि से। लोक में इसका महत्त्व कम नहीं हुआ है। पर बुद्धिजीवी वर्ग की इसमें आस्था नहीं है। भाषा के निर्गुणभक्तों ने इसकी खिल्ली उड़ाई है।

वनपर्व में अजगरपर्व और आरणेयपर्व में युधिष्ठिर के विचित्र चरित्र के कुछ ऐसे पक्ष उजागर होते हैं जो आश्चर्यजनक ढंग से आधुनिक हैं और वे युधिष्ठिर की महत्ता को रेखांकित करते हैं।

विशाखयूप नामक वन में एक अजगर ने अपनी कुंडली में भीम को जकड़ लिया। उसने युधिष्ठिर से कहा कि यदि तुम मेरे प्रश्नों का उत्तर दे दोगे तो मैं तुम्हारे भाई को मुक्त कर दूँगा। नागराज ब्राह्मण, शूद्र, जाति-पाँति के बारे में हिला देनेवाला प्रश्न पूछते हैं। युधिष्ठिर के उत्तर बेहद क्रान्तिकारी हैं— "हे नागदेव! मनुष्यों में जाति कहाँ है? कौन-सी वह जाति है जिसमें वर्णसंकर न हुआ हो? वर्णों की आपसी मिलावट के कारण जाति की ठीक-ठीक पहचान उठाना व्यर्थ है। सब लोग सब प्रकार की स्त्रियों से पुत्रोत्पत्ति कर रहे हैं, इसलिए जो तत्त्वदर्शी हैं, उनके मत में शील ही मुख्य है। जन्म के बाद वर्णों में जातकर्म संस्कार किये भी जाएँ, पर अगर किसी में चरित्र नहीं है तो मैं उसे वर्णसंकर की हालत में पड़ा हुआ समझूँगा।"

आरणेयपर्व में यक्षप्रश्न की कथा है। इसमें प्रश्नों को बूझना पड़ता है। यह वैदिक ब्रह्मोद्य चर्चाओं का ही एक रूप है। पांडव द्वैतवन में बैठे थे। एक ब्राह्मण की अरणी किसी मृग के सींग में अटक गयी। वह भागा। युधिष्ठिर के संग चारों भाई अस्त्र लेकर उसके पीछे दौड़े। वह लापता। भीम ने कहा कि चीरहरण के प्रसंग में यदि दु:शासन को मार डाला होता तो यह दिन न देखना पड़ता। कुछ इसी तरह की बातें अर्जुन, सहदेव और नकुल ने भी कीं। युधिष्ठिर की वाणी में आक्रोश नहीं था। सब लोग भूख-प्यास से व्याकुल होकर एक न्यग्रोध वृक्ष की छाया में बैठे हुए थे। युधिष्ठिर ने नकुल से कहा कि एक पेड़ पर चढ़कर देखो कि कहीं कोई तालाब है। सब प्यास से विकल हैं। पास में ही एक तालाब था। युधिष्ठिर की आज्ञा से नकुल पानी लाने गया। वह ज्यों ही पानी के लिए झुका अन्तरिक्ष में स्वर उभरा— "हे तात! पहले मेरे प्रश्नों का उत्तर दो तब पानी पियो।" इस आवाज को अनसुनी करके उसने पानी पिया और बेहोश हो गया। वही हाल युधिष्ठिर के अन्य भाइयों का हुआ। अब युधिष्ठिर की बारी थी। वे भी जल पीने के लिए तालाब के पास गये तो एक बगुले ने मनुष्य की वाणी में कहा— "पहले मेरे प्रश्नों का उत्तर दो, बाद में जल पियो।" युधिष्ठिर ने समझ लिया कि यह कोई बड़ा देवता है। वह यक्ष था।

वे देखते क्या हैं कि एक महाकाय, पर्वतोपम, ताड़ के सामान ऊँचा, जलती हुई आग की तरह तेजस्वी, दुर्धर्ष यक्ष पेड़ के ऊपर बैठा है। यक्ष-युधिष्ठिर में देर तक संवाद होता रहता है। अधिकांश प्रश्न और उत्तर सामान्य हैं, साधारण हैं। कहीं वेदों और यज्ञों का समर्थन है तो कहीं गतानुगतिक माता-पिता और ब्राह्मण-माहात्म्य

का। पर बीच-बीच में शास्त्र-धर्म से हटकर लोक-धर्म का भी संकेत मिलता है। प्रश्नोत्तरी का केन्द्रीय श्लोक है—

अहन्यहनि भूतानि गच्छन्तीह यमालयम्।
शेषाः स्थावरमिच्छन्ति किमाश्चर्यमतः परम्॥
तर्कोऽप्रतिष्ठः श्रुतयो विभिन्ना
नैको ऋषिर्यस्य मत प्रमाणम्।
धर्मस्य तत्त्वं निहितं गुह्यायां
महाजनो येन गतः स पन्थाः॥

संसार में रात-दिन प्राणी यमलोक में जा रहे हैं और जो शेष हैं, वे सर्वदा जीते रहने की आकांक्षा रखते हैं। इससे बढ़कर आश्चर्य क्या होगा? तर्क कहीं प्रतिष्ठित नहीं है। एक भी ऋषि नहीं है जिसका प्रमाण माना जाए। धर्म का तत्त्व गुह्य है, गूढ़ है। अतः जिस मार्ग से श्रेष्ठ लोग जाते हैं वही वरेण्य है।

वनवास में अनेक ऋषियों-मुनियों से उसका सम्पर्क हुआ। पर वह किसी को प्रमाण मानने को तैयार नहीं है। श्रुतियों में भी मतैक्य नहीं है। वह यह भी कहता है कि तर्क द्वारा किसी सत्य को प्रमाणित नहीं किया जा सकता। एक व्यक्ति अपने तर्क से जिस सत्य को प्रमाणित करता है, दूसरा व्यक्ति उसी सत्य को अपने तर्क से अप्रमाणित कर देता है। तब कौन-सा तर्क माना जाए? आज तर्क (रीजन) के विरुद्ध एक अभियान ही चल गया है। वह यह भी नहीं कहता कि यही धर्म है। वह तो अतिशय गूढ़ है। सेमेटिक धर्मों (मजहबों) में यह लचीलापन नहीं है। वहाँ पर क़ुरआन और हदीस की आलोचना नहीं की जा सकती। मुल्ला-काजियों के कथन से भिन्न आयतों का अर्थापन भी खतरे से कम नहीं है। पैगम्बर के विरुद्ध कुछ कहने पर कोई रुश्दी हो जाएगा! कमोबेश ईसाइयत की स्थिति इससे भिन्न नहीं है। इसमें कोई सन्देह नहीं कि हिन्दू जैसा सहिष्णु कोई अन्य धर्म नहीं है। बौद्ध-जैन-सिक्ख अपनी अलग पहचान रखते हुए बृहत्तर हिन्दू धर्म ही हैं।

जिस मार्ग से महाजन गया हो, वही पन्थ है। यह कथन स्वयं युधिष्ठिर की उपर्युक्त मान्यताओं के विरुद्ध पड़ता है। महाजन एक नहीं अनेक हैं। किस महाजन के मार्ग का अनुसरण किया जाए? सम्भवतः सारे सन्दर्भों को देखते हुए इसका अर्थ यह लिया जा सकता है कि महाजन स्व-विवेक से अपना मार्ग निर्धारित करता है। स्व-विवेक युधिष्ठिर में कम ही दिखाई पड़ता था। आगे भी उसमें कम भटकाव नहीं है। पर यक्ष-प्रश्न से प्रतीत होता है कि वह इस दिशा में थोड़ा-बहुत उन्मुख हो चुका है। स्व-विवेक हवा में नहीं होता। बाह्य परिस्थितियाँ, आज की शब्दावली में ऐतिहासिक परिस्थितियाँ भी जिम्मेदार होती हैं।

उद्योगपर्व में युधिष्ठिर के कथन से स्व-विवेक की पुष्टि होती है। युधिष्ठिर संजय को उत्तर देते हुए कहते हैं— '*यत्राधर्मो धर्मरूपाणि धत्ते / ...*' कहीं तो अधर्म ही धर्म का रूप धारण कर लेता है, कहीं पूर्णतया धर्म ही अधर्म दिखाई देता है तथा कहीं धर्म अपने वास्तविक रूप को ही धारण किये रहता है। विद्वान व्यक्ति अपनी बुद्धि से विचार करके उसके असली रूप को देख और समझ लेते हैं।

संजययान पर्व में संजय धृतराष्ट्र का शान्ति सन्देश लेकर युधिष्ठिर के पास जाता है। वह जो कुछ युधिष्ठिर से कहता है उससे ज्ञात होता है कि उसे युधिष्ठिर की मूल प्रवृत्ति का पता है। वह कहता है— "पांडुनन्दन! आपकी प्रत्येक चेष्टा धर्मानुरूप होती है। इसीलिए आप विख्यात हैं, यह देखने में भी आ रहा है। अजातशत्रो, यदि कौरव युद्ध किये बिना आपका दाय न दें तो भी अन्धक और वृष्णिवंशियों के राज्य में भिक्षाटन से जीवन-निर्वाह कर लें। आपके लिए यही श्रेयस्कर है। युद्ध करके राज्य लेना अच्छा नहीं है। आप युद्ध रूपी पाप न कीजिए। आपको परलोक में विश्वास है। उसके लिए आपने महान पुण्यकर्म किया है। यदि आपको युद्ध ही करना है तो इतने दिनों तक वनवास क्यों भोगते रहे? युद्ध आपकी अपनी बुद्धि के विरुद्ध है। यदि आप मन्त्रियों के कहने से युद्ध करना चाहते हैं तो अच्छा हो उन्हीं को सब कुछ सौंपकर वानप्रस्थ ले लीजिए। देवयान मार्ग से भ्रष्ट न होइए।" संजय धृतराष्ट्र का दूत था। अतः इसे कोई कूटनीतिक चाल समझ सकता है। युधिष्ठिर की मूलभूत प्रवृत्ति जानकर ही इस प्रकार की बातें की जा सकती थीं।

यह मूलभूत प्रवृत्ति थी, सामान्य प्रवृत्ति तो टेढ़ी-मेढ़ी थी। उनके सन्दर्भों में युधिष्ठिर स्वयं एक अनबूझ पहेली बन जाते हैं। ईश्वरत्व-मनुष्यत्व के बावजूद कृष्ण की एक स्पष्ट पद्धति है। वे द्वन्द्वातीत हैं। धृतराष्ट्र तो अपने लिजलिजेपन के लिए विख्यात है। दुर्योधन और कर्ण दो ही ऐसे पात्र हैं जो अपने सुनिर्धारित मार्ग से टस-से-मस नहीं होते। अर्जुन-भीम भी ऐसे ही हैं।

युधिष्ठिर की जिस छवि का वर्णन संजय ने किया है वह युद्धपर्व में खंडित होकर धूलिसात हो जाती है। युधिष्ठिर को और किसी काम के लिए लोग जानें या न जानें पर उसका मिथ्यात्व लोगों की जबान पर है— "अश्वत्थामा मृतो नरो वा कुंजरो।" यह अर्धसत्य नहीं है, पूरा-का-पूरा झूठ है। युधिष्ठिर को खूब मालूम है कि अश्वत्थामा नामक हाथी मरा है, न कि द्रोण का पुत्र अश्वत्थामा। यह झूठ कृष्ण के कहने पर बोला गया। कृष्ण ने बाजा बजवाकर ऐसा माहौल खड़ा किया कि द्रोण को केवल 'नरो' सुनाई पड़ा। स्मरण रखना चाहिए कि अर्जुन ने कृष्ण के कहने पर भी झूठ बोलने से अस्वीकार कर दिया था। युधिष्ठिर इस तरह गुरु ऋण अदा कर देते हैं।

ह्रद (तालाब) में छिपे दुर्योधन को बाहर निकालने के लिए जिस कर्कशवाणी

का प्रयोग युधिष्ठिर करते हैं वह उनके लायक नहीं, यद्यपि भू-लुंठित दुर्योधन के सिर पर ठोकरें मारना उन्हें अच्छा नहीं लगा। यहाँ पर उसके दोनों पहलुओं को उजागर करता है। कर्ण के मरने पर उसका उल्लास अनुचित नहीं मालूम पड़ता। कर्ण के डर से वह वनवास के दिनों में सो नहीं पाता था। पर शल्य के साथ युधिष्ठिर का युद्ध एक प्रहसन लगता है।

तदुपरान्त वह कृष्ण, भीम, अर्जुन आदि के साथ शरशय्या पर पड़े पितामह के पास शिक्षा-ग्रहण करने जाता है। शान्तिपर्व उबाऊ उपदेशों से भरा पड़ा है। भीष्म अन्य उपदेशों के साथ गार्हस्थ की महिमा का बखान करते हैं। इस गृहस्थी में जो उसे मिला वह किसी दूसरे को न मिले तो अच्छा हो। कृष्ण का अपना आत्म-विवरण भी कम रोचक नहीं है। आज के भारतीय वृद्धों के जीवन से सन्दर्भित किया जा सकता है। वे कहते हैं— "मैं कहने के लिए ऐश्वर्य का भोक्ता हूँ, किन्तु मुझे अपने ज्ञातिजनों का दास्य करना पड़ता है (*दास्यमैश्वर्यवादेत ज्ञातीनां वै करोम्यहम्*)। मैं अपने अधिकारों का अर्धभोक्ता हूँ, अर्थात आधा अधिकार मुझमें है आधा आहुक में। अपने ज्ञातिजन के कड़ुवे वचन को मैं क्षमा करता हूँ। उनके कटु वचन मुझे नित्य जलाते हैं। संकर्षण को अपने बल का अभिमान है, गद को अपनी सुकुमारता का। प्रद्युम्न को अपने रूप का गर्व है, इसलिए मैं असहाय रह जाता हूँ और भी अन्धक-वृष्णियों के दूसरे नेता अपने-अपने उत्थान में लगे रहते हैं। जिसका वे साथ नहीं देते वह कहीं का नहीं रहता। जिसका साथ देते हैं उसके लिए भी मुश्किल है। इधर कुआँ, उधर खाई। इन दोनों के बीच मैं किसी को नहीं चुन पाता। आहुक या अक्रूर जिसके विपक्ष में हों उसके लिए उससे अधिक दुख की बात क्या हो सकती है और जिसके पक्ष में हों उसके लिए भी उससे अधिक दुख क्या होगा? मेरी हालत दो जुआरियों की एक माँ की तरह है जो एक की जय मनाती है और दूसरे की हार भी नहीं चाहती। अपने स्वजनों और निजी हित के संघर्ष में जो मेरे हित में हो उसे कहिए।" आगे चलकर श्राद्ध के लिए पैसा माँगने पर बूढ़े धृतराष्ट्र का भीम द्वारा अपमान भी उसने देखा था।

युद्ध के बाद वह छत्तीस वर्षों तक राज्य करता रहा। किन्तु इन छत्तीस वर्षों का कोई ब्यौरा नहीं है। शायद युधिष्ठिर को दुर्योधन का वचन याद था कि तुम हड्डियों पर राज्य करो। इतने बड़े ध्वंस के बाद राजा पुनर्निर्माण की कोई बात नहीं सोचता। कहीं कोई उल्लास नहीं है— छत्तीस वर्षों तक युधिष्ठिर वीरानगी झेलते रहे। कृष्ण जीवित थे इसलिए वह भी जीवित थे। कृष्ण के परलोक जाने के बाद घोर अन्धकार दिखाई पड़ने लगा। मौसलपर्व के बाद पांडव स्वयं श्रीहीन हो उठे। युधिष्ठिर ने कहा— "चलना चाहिए।" बिना कुछ पूछे सब चल पड़े हिमालय की ओर।

कौरवों की ओर से शल्य के सेनापति चुने जाने पर युधिष्ठिर ने कृष्ण से कहा कि आप हमारे नेता हैं, मार्गदर्शक हैं। इस सन्दर्भ में यथोचित निर्देश दें। कृष्ण ने

कहा कि मेरे विचार से भीष्म, द्रोण, कर्ण जैसे पराक्रमी और शूर-वीर थे वैसे ही मद्रराज शल्य भी हैं या उनसे कुछ अधिक हैं। शिखंडी, अर्जुन, भीमसेन, सात्यकि, धृष्टद्युम्न से भी शल्य युद्ध में अधिक बलशाली हैं। मैं अभी तक सोच नहीं पाया हूँ कि उनसे कौन लड़े? हे पुरुष-व्याघ्र! उससे युद्ध करने के योग्य मैं आप ही को पाता हूँ। आप शल्य को वैसे ही मारें जैसे इन्द्र ने शम्बर को मारा था। अन्ततः एक शक्ति, जिसे विश्वकर्मा ने शिव के लिए बनाया था, निक्षेपित कर उसने शल्य का वध कर डाला।

कृष्ण ने भीष्म, कर्ण से अधिक बलवान मद्रराज शल्य को मारने के लिए कौन्तेय वीरों में से सबसे कमजोर व्यक्ति युधिष्ठिर को चुना? क्या वे युधिष्ठिर का मानसिक उपचार तो नहीं कर रहे थे? एक महारथी को मार कर युधिष्ठिर प्रसन्न थे। मामा को, जो अर्जुन-कर्ण-युद्ध में युधिष्ठिर के कहने से कर्ण को निरन्तर हततेज करता रहा, मारने पर दुख नहीं हुआ। व्यास ने एक अत्यन्त कुशल कथा-संयोजन के लिए युधिष्ठिर को बचा रखा था। अर्जुन संशप्तकों से लड़ रहा था। उसने भीष्म, कर्ण जैसे अद्वितीय वीरों को मारा था। भीम ने गदायुद्ध में दुर्योधन का वध किया था। युधिष्ठिर यदि एक भी महारथी को न मारते तो उसके नायकत्व में कमी आ जाती और महाभारत का विन्यास क्षतिग्रस्त हो उठता।

युद्धोपरान्त युधिष्ठिर का निर्वेद पुनर्जीवित हो उठा। वह राजकाज सँभालने को तैयार नहीं था। सबसे अधिक दुख उसे यह जानकर हुआ कि कर्ण उसका बड़ा भाई था। जिस कर्ण के डर से वे वनवास के तेरह वर्षों में ठीक से सो नहीं सके थे उसी कर्ण के शौर्य, पराक्रम, दान, चरित्र को याद करते हुए वे दुखाभिभूत हो उठे। उसी सहोदर भाई को उसने मरवा डाला। ऊपर से ज्ञातिवध का पाप उसे बुरी तरह भयता रहा। सिंहासनारूढ़ होने के स्थान पर उसने संन्यास लेने और वन में जाने की घोषणा की। अर्जुन से उसने कहा— "त्रैलोक्य का राज्य भी मुझे प्रसन्न नहीं कर सकता। हमने बन्धु-बाधवों के वध का पाप किया है। जैसे कुत्ते मांस के लिए झगड़ते हैं वैसे ही हमने राज्य के लिए किया है। हे अर्जुन! अब मैं तुम लोगों से विदा लेकर वन में चला जाऊँगा। हर्ष-विषाद, निन्दा-स्तुति को समान समझूँगा। चलता रहूँगा, किसी से मार्ग नहीं पूछूँगा। क्षुधा-निवारण के लिए भिक्षाटन करूँगा...।" अर्जुन के लाख समझाने पर भी वे संन्यास का राग अलापते रहे।

भीम ने तो उसे समझाते-समझाते अपनी शैली के अनुरूप आत्मनिन्दा शुरू कर दी— "निन्द्य हम हैं कि एक अल्पबुद्धि पुरुष को बड़ा भाई समझकर उसके पीछे-पीछे चलते रहे, एक कायर भाई की आज्ञा मानते रहे।" नकुल, सहदेव और द्रौपदी उसे समझाकर हार गये। अन्ततः कृष्ण के समझाने से वह राज्य-भार ग्रहण करने की स्वीकृति दे देता है।

दुर्योधन : प्रतिनायक

रामायण की तरह महाभारत आदर्शों का काव्य नहीं है, इसमें मर्यादा पुरुषोत्तम का चित्रण नहीं है। यों तो आदर्शों का पूरा निर्वाह रामायण में भी नहीं हुआ है, पर महाभारत इहलौकिक मनुष्य की दुर्बलताओं का महाकाव्य है। इसमें धर्मोपदेश भरा पड़ा है, पर धर्माचरण बहुत विरल है। यह मनुष्य के छल-छद्म, अहंकार, ईर्ष्या-द्वेष, मिथ्यावादन और अनेक अन्तर्विरोधों से भरा पड़ा है। यद्यपि दुर्योधन को खल नायक के रूप में चित्रित किया गया है पर उसे खलनायक बनाने में परिस्थितियों का और पांडवों का दायित्व कम नहीं है। महाभारत के पाठकों पर उसके खल-नायकत्व की छाप पत्थर की लकीर की तरह खिंची हुई है। किन्तु परिस्थितियों की छानबीन करने पर छाप उतनी गहरी नहीं रह जाती। उसके धनपक्ष भी उभरते हैं।

व्यास ने पांडवों की वीरता को काफी बढ़ा-चढ़ा कर लिखा है। उन्होंने दिग्विजय द्वारा पुरुखों की नष्ट कीर्ति-कथा को पुनः जीवित किया। राजाओं को करद बनाया। ढेर सारा धन लेकर आये। उसे भीष्म आदि को सौंप दिया। हस्तिनापुर में उनकी दो रानियाँ— कुन्ती और माद्री— कुछ दिनों तक राजभवन में रहीं। पांडु के दिग्विजय के अनन्तर वे उन्हीं के साथ वन में चली गयीं। यह घटना कुछ रहस्यमय लगती है। वन में जाने के पीछे प्रेरणा इन्हीं दोनों रानियों की थी— '*सम्प्रयुक्तस्तु कुन्त्या च माद्रया च भरतर्षभ / जिततन्द्रीस्तदा पाण्डुर्बभूव वनगोचरः।*' राजमहल का सुख और वैभव छोड़कर वे वन में क्यों चले गये? इसके पीछे रानियों की प्रेरणा और भी विचित्र लगती है। कुछ दिनों तक वे राजसुख जरूर भोग सकी थीं। इसका उल्लेख आश्रमवासिक पर्व में हुआ है— सम्पूर्ण महाभारत में केवल एक बार— '*भुक्तं राज्यफलं पुत्रा भर्तुर्मे विपुलं पुरा।*' यज्ञ में विधिपूर्वक सोमपान भी करती रही हैं। यह कथन प्रश्न को और भी ज्वलन्त बना देता है। इतने विशाल राज्य का सुख और सोमरस-पान का आनन्द छोड़कर उसने पांडु को वन में जाने की प्रेरणा क्यों दी? उसके साथ माद्री सहित क्यों चली गयी?

पांडु में पुत्रोत्पादन की क्षमता नहीं थी क्या? ऋषि-शाप की घटना तो वन में जाने के बाद घटती है। दूसरों द्वारा पुत्रोत्पादन का अवकाश हस्तिनापुर में नहीं था।

जंगल में किसे पता चलता है? सभी को मालूम है कि कुन्ती और माद्री ने वन में दूसरों के द्वारा पुत्रों को जन्म दिया। हस्तिनापुर में धृतराष्ट्र राजकाज देखते रहे। विदुर उनके प्रभारी थे। पाँचों पांडव पांडु की मृत्यु के बाद हस्तिनापुर लौटे। बालक्रीड़ा के समय भीम अपने शारीरिक बल के कारण दुर्योधन को काफी तंग करते थे—कभी पानी में डुबा देते थे, कभी पेड़ हिलाकर दुर्योधन को नीचे गिरा देते थे। दुर्योधन भी प्रतिक्रिया में भीम को नष्ट करने के लिए तरह-तरह का उपाय किया करता था। एक बार तो उसे विष देकर गंगा में फेंक दिया गया था। किन्तु दुर्योधन के दुर्भाग्य से बच निकला। स्पष्टत: दोनों में ईर्ष्या, द्वेष और प्रतिस्पर्धा का भाव पैदा हो गया।

धीरे-धीरे पांडवों का प्रभाव बढ़ता गया। अर्जुन ने द्रुपद को हराकर आधा राज्य लेकर गुरुदक्षिणा के रूप में द्रोण को दे दिया। उसी के हाथ अत्यन्त पराक्रमी सौवीर नरेश मारा गया। भीम और अर्जुन ने पूर्व और दक्षिण के राजाओं को जीतकर अपने राज्य की श्रीवृद्धि की। स्मरण रखना चाहिए कि इसके पहले ही धृतराष्ट्र ने युधिष्ठिर को युवराज पद पर अभिषिक्त कर दिया था। इससे धृतराष्ट्र और दुर्योधन चिन्ताग्रस्त हो उठे। दुर्योधन को आभास हो गया कि पांडवों की वीरता और भीम की उद्दंडता के चलते उसका भविष्य अन्धकारमय है। अत: धृतराष्ट्र को समझा-बुझाकर मेला देखने के बहाने पांडवों को वाराणवत भेज दिया।

महाभारत के दुर्योधन का चरित्र पूर्णत: पारदर्शी है। दुर्योधन ने कहीं कहा है—'*जानामि धर्मं न च मे प्रवृत्ति:, जानाम्यधर्मं न च मे निवृत्ति: ।*' क्या अधिकांश लोग ऐसे ही नहीं हैं? क्या आजकल सारी दुनिया अधर्मग्रस्त नहीं है? साध्य के लिए कोई किसी साधन वर्जित नहीं रह गया है। इसीलिए महात्मा गाँधी ने साध्य की अपेक्षा साधन की शुद्धता पर अधिक जोर दिया है जो यूटोपिया बनकर रह गया है। इसमें सन्देह नहीं कि युधिष्ठिर के राजा होने पर कौरवों की स्थिति बेहद दयनीय हो जाती। अत: उसने पांडवों को वाराणवत के लाक्षागृह में जला डालने का निश्चय किया।

पांडवों को वाराणवत जाने के लिए तैयार करने में भी छल-प्रपंच करना पड़ा। दुर्योधन उसके अनुजों के धृतराष्ट्र से धन लेकर अमात्यों से प्रचार करा दिया कि वाराणवत बड़ा मनोरम है। शिवपूजा के लिए जो मेला लगता है वह तो अद्वितीय है। प्रचार की तकनीक का आविष्कार बहुत पहले हो गया था। आज तो यह अपने विभिन्न रूपों में विकास की ऊँचाइयाँ छू रहा है। मिथ्याचार के लिए इसका खूब प्रयोग किया जा रहा है। लोकतन्त्र में चुनाव जीतने के लिए यह कारगर हथियार सिद्ध हुआ है। पांडव मेला देखने के लिए प्रस्तुत हो गये। उधर लाक्षागृह उनके स्वागत की प्रतीक्षा कर रहा था। विदुर ने युधिष्ठिर को लाक्षागृह का रहस्य बता दिया

था। लाक्षागृह के निर्माण की भनक कर्ण और शकुनि को नहीं थी। किन्तु विदुर को पता था। विदुर ने उस घर में गुप्त रूप से एक सुरंग बनवा रखी थी। आग लगने पर पांडव उसी सुरंग से बाहर निकल आये। दुर्योधन के इस जघन्य कार्य को पांडव कैसे भूल सकते थे! किन्तु यह दुर्घटना पांडवों के लिए वरदान सिद्ध हुई।

पांडव इस जंगल से उस जंगल में भटकते रहे। इस भटकाव में वे द्रौपदी स्वयंवर में जा पहुँचे। अर्जुन ने मत्स्य भेदकर द्रौपदी को जीत लिया। पाँचों पांडवों से उसका विवाह हो गया। पांचाल नरेश द्रुपद का शक्तिशाली शासक था। पांडवों को एक शक्तिशाली राजा का आश्रय मिल गया। कौरवों ने मान रखा था कि पांडव लाक्षागृह में जल मरे। किन्तु जब उन्हें ज्ञात हुआ कि वे सकुशल जीवित हैं और पांचाल नरेश के पास रह रहे हैं तो उन्हें गहरी चिन्ता ने घेर लिया। शकुनि और कर्ण ने दुर्योधन को सलाह दी कि यही समय है जब द्रुपद पर चढ़ाई करके पांडवों को विनष्ट कर देना चाहिए। किन्तु भीष्म, द्रोण और विदुर की सलाह मानकर धृतराष्ट्र ने पांडवों को हस्तिनापुर बुलवा लिया। भविष्य के झगड़े से बचने के लिए उन्हें आधा राज्य देकर खांडवप्रस्थ भेज दिया।

धृतराष्ट्र ने कहा— "खांडवप्रस्थ पुरु, नहुष, ययाति आदि हमारे पूर्व पुरुखों की राजधानी रही है। उसे फिर से बसाने, सँवारने का काम तुम लोग अपने हाथों में लो।" खांडवप्रस्थ एक विशाल और बीहड़ जंगल था। उसके भीतर आर्येतर जातियाँ रहती थीं। नागराज तक्षक का कुटुम्ब इसी में रहता था। मय दानव जैसा उच्चकोटि का शिल्पी यहीं का निवासी था। पक्षि-कुल पर अपने नाम रखने वाले लोग भी यहाँ रहते थे। शार्गी नामक पक्षिकुल की एक स्त्री ने एक ब्राह्मण से विवाह किया था। रामचन्द्र की सेना के बन्दर-भालू भी आदमी ही थे, जानवर नहीं। तक्षक के अलावा ऐरावत, कर्केटक आदि भिन्न-भिन्न नागकुलों के प्रमुख थे। कृष्ण ने जिस नाग को वृन्दावन से भगा दिया था वह यमुना के किनारे के कालीदह नामक स्थल में रहता था। नागों और आर्यों में गहरी शत्रुता थी। कौरवों ने पांडवों को नागकुल के पास भेज दिया। सम्भव है दुर्योधन-धृतराष्ट्र ने सोचा हो कि पांडव नागों से लड़ते-भिड़ते कमजोर हो जाएँगे। पिता-पुत्र की यह उक्ति भी काम न आयी। पांडवों ने नागों को क्रूरतापूर्वक मार डाला और खांडव वन को जलाकर राख कर दिया। वह संकट भी पांडवों के लिए वरदान सिद्ध हुआ। अग्नि देवता से उन्हें दुर्लभ युद्ध-सामग्री मिली— अर्जुन को दिव्यरथ, गांडीव धनुष और अक्षय तूणीर और कृष्ण को सुदर्शन चक्र। महासमर में इनकी उपादेयता सर्वविदित है।

खांडव-दहन के समय मयदानव को, जो वन में ही रहता था, अर्जुन ने अभयदान दे दिया था। इसके बदले में वह कुछ करना चाहता था। कृष्ण के कहने

पर उसने एक सभा* का निर्माण किया जिसे मयसभा कहा जाता है। यह सभा अद्वितीय थी— इन्द्रादि की सभा भी ऐसी सुन्दर और ऐश्वर्यपूर्ण नहीं थी। इस सभा का निर्माण पता नहीं किस ग्रह-नक्षत्र में हुआ था कि पांडवों के लिए अमंगलकारी सिद्ध हुई। युधिष्ठिर ने राजसूय यज्ञ किया। पांडवों ने दिग्विजय करके अनेक राजाओं से धन वसूल किया। युधिष्ठिर भी सम्राट बन गये। अपने धन, वैभव और ऐश्वर्य से पांडवों में अभिमान उत्पन्न हुआ। यज्ञ में कौरव भी निमन्त्रित किये गये। राजाओं द्वारा लाये गये उपहारों को ग्रहण करने का कार्य दुर्योधन को सौंपा गया। अपने वैभव के प्रदर्शन के लिए ही यह कार्यभार जानबूझ कर दुर्योधन को दिया गया। दुर्योधन का ईर्ष्यादग्ध होना स्वाभाविक था।

महासभा के पत्थरों की तराश इस प्रकार से की गयी थी कि जहाँ पानी दिखता था वहाँ सूखी जमीन थी और जहाँ सूखी जमीन दिखती थी वहाँ पानी का आभास होता था। इस तरह की रंगाभासी सभा का निर्माण आर्येतर जातियों द्वारा ही हो सकता था; जो आर्यों की अपेक्षा बेहतर कलाविद थे। इसे देखते समय दुर्योधन को भारी भ्रम होता था। वह कपड़ा उठा लेता था। जहाँ पानी होता था वहाँ उसे सूखी जमीन का भ्रम होता था। वह कपड़े सहित भीग जाता था। उसकी दुर्दशा देखकर पांडव और द्रौपदी खिलखिलाकर हँस पड़े। दुर्योधन का इससे बड़ा अपमान क्या हो सकता था! वह अपमान महासमर की नींव का पत्थर बना। हँसनेवाले पांडवों में युधिष्ठिर नहीं थे। कम-से-कम अर्जुन से ऐसे क्रूर मजाक की अपेक्षा नहीं की जाती थी। मेहमान को घर बुलाकर भद्दे तरीके से अपमानित करना भद्र लोगों की कल्पना के बाहर है। पांडव तो पांडव उनके रक्षकों तक से भी अपमानित होना पड़ा।

हस्तिनापुर लौटकर उसने शकुनि मामा से सारी कहानी बतायी। आत्मग्लानि से पीड़ित होकर उसने कहा— "मैं अग्नि में प्रवेश कर जाऊँगा, विष खा लूँगा, जल में डूब मरूँगा, अब जीवित नहीं रह सकूँगा।" शकुनि ने युधिष्ठिर से जुआ खेलने का उपाय सुझाया। धृतराष्ट्र के बुलाने पर, जुआ की निन्दा करते हुए भी युधिष्ठिर हस्तिनापुर पहुँचे। शकुनि ने उन्हें जुआ में हरा दिया। धर्मराज जुआ में

---

* वैदिक काल से ही सभा और समिति दो महत्त्वपूर्ण राजनीतिक संस्थाएँ थीं। सभा राजा की परिषद जैसी संस्था थी और समिति समस्त जन की प्रतिनिधि संस्था थी। वैदिक काल में समिति दोनों में अधिक महत्त्वपूर्ण थी। कालान्तर में जब जनता की राजनीतिक चेतना कुछ फीकी पड़ी तो समिति का महत्त्व उतना ही घट गया और सभा क्रमशः अधिक महत्त्वपूर्ण होती गयी। ... सभा का दूसरा अर्थ वह भवन या शाला थी जिसमें उस संस्था की बैठक होती थी।

—वासुदेवशरण अग्रवाल, 'भारत सावित्री', भाग 1, पृ. 140

अपने को तो हारे ही, भाइयों और द्रौपदी को दाँव लगाकर हार गये। द्रौपदी को सभा में घसीट लाया गया। दु:शासन उसे नंगा करने का प्रयास करने लगा। गान्धारी और धृतराष्ट्र ने उसे बचाया। फिर द्रौपदी के कारण ही सबको दासता से मुक्त करके इन्द्रप्रस्थ रवाना कर दिया। वे इन्द्रप्रस्थ पहुँचे भी नहीं थे कि धर्मराज को जुआ के लिए पुन: आमन्त्रित किया। युधिष्ठिर लौट आये। इस बार की शर्त यह थी कि हारने वाला बारह वर्षों तक वनवास करेगा और एक वर्ष तक अज्ञातवास। सकुशल लौट आने पर उसको आधा राज्य दे दिया जाएगा। युधिष्ठिर पुन: हारे और द्रौपदी सहित अपने भाइयों के साथ वन में चले गये। दुर्योधन तो निजी तौर पर अपमानित हुआ था किन्तु उसने पांडवों के पूरे परिवार को बुरी तरह अपमानित किया। किसी की पत्नी को उसकी आँखों के सामने नंगा करने के प्रयास से बढ़कर और क्या अपमान होगा! इस कौटुम्बिक अपमान को पांडव कभी नहीं भूले। दुर्योधन ने तेरह वर्षों तक राज्य करने के लिए बहुत कुछ निश्चित कर लिया।

शकुनि और कर्ण ने ठीक कहा था— "दुर्योधन! द्वैतवन में चलो। पांडव वहीं डेरा डाले हुए हैं। बहुत दुखी हैं। शत्रु को कष्ट में देखकर जो सुख मिलता है, वह पुत्र, धन या राज्य-लाभ से नहीं मिलता। तुम्हारी सुवासिनी स्त्रियों को देखकर कृष्ण का मन टूक-टूक हो जाएगा।" घोषयात्रा के बहाने धृतराष्ट्र ने दुर्योधन को द्वैतवन में जाने की आज्ञा दे दी। द्वैतवन में अपने राजकीय घोषों के साथ गायें चरने के लिए रुकी हुई थीं। पास में एक सरोवर था। युधिष्ठिर का आवास भी तीन-चार कोस की दूरी पर था। दुर्योधन ने अपने सेवकों से सरोवर के पास शिविर लगाने के लिए कहा। उसी समय चित्रसेन गन्धर्व भी सपरिवार वन-विहार के लिए सरोवर के पास डेरा डाले हुए था। उसके सेवकों ने दुर्योधन के सेवकों को मार भगाया, चित्रसेन-दुर्योधन में ठन गयी।

कर्ण को आगे करके कौरवों ने गन्धर्वों से युद्ध आरम्भ किया। कर्ण बहुत देर तक गन्धर्वों को क्षत-विक्षत कर लड़ता रहा। गन्धर्वों ने माया युद्ध के आधार पर उसका रथ ध्वस्त कर दिया। वह विकर्ण के रथ पर बैठकर बाहर चला गया। दुर्योधन भी लड़ता रहा। किन्तु थोड़ी देर के बाद वह रथहीन हो गया। गन्धर्वों ने उसके साथ कुछ अन्य कौरवों को बन्दी बना लिया, उनकी स्त्रियों का अपहरण कर लिया। दुर्योधन के मन्त्री रोते-बिलखते युधिष्ठिर की शरण में गये। युधिष्ठिर के कहने पर भीम-अर्जुन ने दुर्योधन आदि को मुक्त कराने के लिए गन्धर्वों से युद्ध किया। गन्धर्व हारे। चित्रसेन ने अर्जुन और अर्जुन ने चित्रसेन को पहचान लिया। इसी चित्रसेन से अर्जुन ने स्वर्गलोक में संगीत-नृत्य की शिक्षा ली थी। युधिष्ठिर की कृपा से वे मुक्त हो गये।

हस्तिनापुर लौटते समय दुर्योधन एक स्थान पर विश्राम के लिए ठहरा। कर्ण

उससे कहने लगा कि गान्धारी-नन्दन! तुम जीवित हो, यह हम लोगों का सौभाग्य है। तुम लोगों ने चित्रसेन को पराजित कर अकरणीय कार्य किया है। मैं तो भाग गया था। दुर्योधन आत्मग्लानि से और भी लज्जित हो उठा। उसने उदासी भरे स्वर में पूरी कहानी बता दी। अब उसने प्रयोपवेशन (आमरण अनशन) करके मरने का निश्चय किया। कर्ण और शकुनि के समझाने पर उसने अपना इरादा बदल दिया। कृतज्ञता जैसे मानवीय मूल्य से उसका कोई मतलब नहीं था।

हस्तिनापुर में भीष्म पितामह से उसकी भेंट हुई। पितामह ने उसे समझाया— "मैंने तो पहले ही जाने से मना किया था। धर्मज्ञ पांडवों ने तुम्हें संकट से छुड़ा लिया, फिर भी तुम्हें लज्जा नहीं आती? परम पराक्रमी सूतपुत्र भाग निकला। मेरा विश्वास है कि धनुर्वेद, शौर्य और धर्माचरण में सूतपुत्र पांडवों का चौथाई भी नहीं है। अतः तुम्हारे हित में है कि पांडवों से सन्धि कर लो।" दुर्योधन ने कुछ उत्तर नहीं दिया। ठठाकर हँसा और शकुनि के साथ उठकर चला गया। भीष्म का इससे बड़ा अपमान और क्या हो सकता था? वह उठकर चला गया। दुर्योधन फिर वहीं लौट गया और भविष्य के बारे में मित्रों से परामर्श करने लगा। कर्ण भीष्म द्वारा की गयी उसकी निन्दा से आहत था। उसने दिग्विजय करने की इच्छा व्यक्त की। राजा दुर्योधन ने सहर्ष आज्ञा दे दी। कर्ण सारे राजाओं को जीत कर प्रचुर धन लेकर लौटा। इसके बाद दुर्योधन ने वैष्णव यज्ञ किया। राजाओं को अमन्त्रित किया गया। युधिष्ठिर को भी बुलाया गया था पर वनवास की अवधि न बीतने के कारण वे नहीं आये। यज्ञ के पूर्व ही कर्ण ने अर्जुन-वध की प्रतिज्ञा कर डाली। धृतराष्ट्र परम प्रसन्न हो उठे। जब यह खबर युधिष्ठिर को मिली तो वे अत्यधिक चिन्ताग्रस्त हो उठे। यों भी वे कर्ण से बहुत भयभीत रहा करते थे। दुर्योधन के इन क्रियाकलापों से महासमर के बादल कुछ और घने हो गये।

पांडवों के वनवास के बारह वर्ष बीत गये। तेरहवाँ वर्ष यानी पांडवों के अज्ञातवास का वर्ष शुरू हो गया। दुर्योधन के गुप्तचर पांडवों को खोजते रहे, पर पांडव कहाँ मिलते! गुप्तचरों ने सूचना दी कि नगर-ग्राम, पर्वत-वन, गुफा-गह्वर आदि खोज डालने पर भी पांडवों का पता नहीं लगा। इसी बीच सूचना मिली कि विराट के महाबली सेनापति कीचक को शस्त्रास्त्र के बिना ही किसी ने मार डाला। दुर्योधन को काटो तो खून नहीं। उसने अनुमान लगाया कि हो न हो वध भीम ने किया हो। उसने राजसभा में कहा— "मेरा ख्याल है पांडव विराटनगर में कहीं

---

1. प्राचीनकाल से यह प्रथा थी कि प्रतिवर्ष गायों का स्मरण या गणना होती थी। गौ और ग्वाले जिस वन में पड़ाव डालते थे उसे घोष कहा जाता था। जब गायें एक वन में चर चुकतीं तब वे दूसरे वन में चली जाती थीं। ...जैन-साहित्य के अनुसार दस सहस्र गायों की संख्या को व्रज कहा जाता था।

—वासुदेवशरण अग्रवाल, 'भारत सावित्री', पृ. 303

छिपे हुए हैं। विराट हमारा मित्र नहीं है। अतः मत्स्य देश पर आक्रमण कर देना चाहिए। यदि पांडवों का पता लग गया तो उन्हें पुनः तेरह वर्ष का वनवास झेलना पड़ेगा। यदि न लगा तो हम विराट का गोधन छीन लेंगे। हमारे दोनों हाथ में लड्डू है।'' वहीं त्रिगर्तराज सुशर्मा भी बैठा था। कीचक ने त्रिगर्त को बहुत परेशान कर रखा था। विराट का गोधन छीनने के लिए तय हुआ कि दक्षिण से सुशर्मा आक्रमण करे और उत्तर से कौरव। युद्ध में सुशर्मा ने विराट को बन्दी बना लिया। तेरह वर्ष बीत चुके थे। छद्मवेशी पांडव भी विराट की ओर से युद्ध में शामिल हो गये। भीम ने विराट को मुक्त करा लिया। जीत का समाचार राजधानी में पहुँचने के पहले ही कौरवों ने उत्तर से विराट पर आक्रमण कर दिया और साठ हजार गायें लेकर चल पड़े। अर्जुन को छोड़कर शेष भाई त्रिगर्तों से लड़ रहे थे।

इस सन्दर्भ में विराट के बेटे उत्तर का बृहन्नला (अर्जुन) के नेतृत्त्व में युद्ध करने का वर्णन बेहद रोचक है। इसे लेकर कोई सहृदय लेखक बहुत अच्छा प्रहसन लिख सकता है। कौरवों द्वारा गो-हरण की खबर जब विराट के छोटे बेटे को दी गयी तब वह अन्तःपुर की स्त्रियों के बीच बैठा हुआ था। अभी विराट नगर में वापस नहीं आये थे। उत्तर स्त्रियों के बीच डींग हाँक रहा था कि अगर मुझे कोई अच्छा सारथी मिल जाए तो कौरवों का नामोनिशान मिटा दूँ। मैं सव्यसाची से कम नहीं हूँ। सैरन्ध्री (द्रौपदी) वहीं पर थी। उसने बताया कि नर्तक वृहन्नला अर्जुन का सारथी था। उससे कह कर आप देखें। किन्तु उत्तर ने स्वयं कहने से अस्वीकार कर दिया। हो सकता है वह न लड़ने का बहाना खोज रहा हो या राजकुमार होकर अपने नर्तक से आग्रह करना हेठी समझता हो। वह यह भी सोच सकता है कि नपुंसक भला अर्जुन का सारथी कैसे हो सकता है। कौरव-गायों को हाँके ले जा रहे थे। सैरन्ध्री को एक उपाय सूझा। वह दौड़ी-दौड़ी उत्तर की छोटी बहन उत्तरा के पास गयी। वह सुन्दर थी, अवयस्क थी। नृत्य सीखते समय अर्जुन से घुलमिल गयी थी। गहरा सखीत्व स्थापित हो गया था। उत्तर ने स्वयं उत्तरा से वृहन्नला को तैयार करने का आग्रह किया था।

व्यास उत्तरा के नखशिख का पूरा रस लेते हुए वर्णन करते हैं। कुछ विशेषणों को ही देखिए— '*हस्तिहस्तोपम संहितोरुः*' (सटी हुई जाँघें हाथी के सूँड के समान थीं) चारुदन्ती (सुन्दर दाँतों वाली) सुमध्यमा, अनिंद्य सुन्दरी, अतलयक्ष्मा (टेढ़ी-मेढ़ी बरौनियों वाली) इत्यादि। सौन्दर्य का प्रभाव अर्जुन पर पड़ा। वह सौन्दर्य प्रेमी था। यदि लोक का डर न होता तो वह उत्तरा से विवाह भी कर सकता था। अर्जुन तैयार हो गया। किन्तु उत्तर तैयार होकर भी तैयार नहीं था। युद्ध में कौरवों की विशाल सेना देखकर उसने अर्जुन से कहा— '*प्रतियोद्धुं न शक्ष्यापि कुरुसैन्यमनन्तकम्।*' कुरु सैनिकों से युद्ध करने में मैं समर्थ नहीं हूँ। ऐसा कहकर

अभिमान और दर्प को दरकिनार कर धनुष-बाण रथ में ही छोड़कर रथ से कूद पड़ा और भाग खड़ा हुआ। स्त्रीवेशधारी अर्जुन ने दौड़कर उसके केश पकड़ लिये और रथ पर ले आये। अर्जुन का कहना था कि तुम घोड़ों की बागडोर सँभालो, युद्ध मैं करूँगा। मैं ही अर्जुन हूँ। तुम शमी वृक्ष पर टँगे शस्त्रास्त्र उतार लाओ। घनघोर युद्ध हुआ। अकेले अर्जुन ने कौरवों को भगा दिया, गोधन लेकर लौट आये। उधर कौरवों ने देवदत्त शंख की दिगन्त व्यापी ध्वनि और गांडीव की टंकार से अर्जुन को पहचान लिया। भीष्म ने बताया कि पांडवों के अज्ञातवास की अवधि बीत चुकी है। विराट की राजधानी में पांडवों का भव्य स्वागत हुआ। चूँकि अज्ञातवास की अवधि बीत चुकी थी इसलिए पांडव राजधानी के निकट उपप्लव्य नगर में रहने लगे। यहीं पर उत्तरा और अभिमन्यु का विवाह हुआ।

उपप्लव्य नगर में पांडवों के तीनों सम्बन्धी—द्रुपद, विराट और कृष्ण युद्ध-विमर्श के लिए एकत्र हुए। कृष्ण की सलाह से सन्धि की पहल की गयी। गोहरण के सन्दर्भ में विराट की ओर से लड़ते हुए अकेले अर्जुन समस्त कौरव सेनापतियों और दुर्योधन की विशाल सेना को हरा चुके थे, वह भी एक ही दिन में। दुर्योधन इसे अपनी आँखों से देख चुका था, यद्यपि यह पूरा विवरण अविश्वसनीय लगता है, कपोलकल्पित है। यदि ऐसा होता तो महाभारत का युद्ध अठारह दिन क्यों चलता? दुर्योधन को अर्जुन का कोई भय नहीं था क्योंकि कर्ण जैसा अद्वितीय सेनानायक उसके साथ था। सन्धि के प्रस्ताव को भी उसने रद्दी की टोकरी में फेंक दिया। कृष्ण के समझाने पर उसने कहा कि हे केशव! बिना युद्ध के सुई की नोक बराबर भूमि भी नहीं दूँगा। अब युद्ध के अतिरिक्त कोई विकल्प नहीं बचा।

युद्ध में दुर्योधन की ओर से लड़ने वाले केवल तीन व्यक्ति थे— कर्ण, दुःशासन और शकुनि। महारथी केवल कर्ण था। दुर्योधन उसी के भरोसे लड़ रहा था। भीष्म-द्रोण आधे-अधूरे मन से लड़ रहे थे— द्रोण से अधिक भीष्म। उन्होंने तरकीब से कर्ण को दस दिन तक युद्ध में शामिल नहीं होने दिया। भीष्मपर्व में भीष्म के मृदु युद्ध से ऊब कर दुर्योधन ने उनसे कहा कि यदि आप पांडवों को नहीं मार सकते हैं तो कर्ण को युद्ध करने के लिए कहें। भीष्म ने सोमकों-पांचालों को मारने की बात तो कही लेकिन कर्ण के बारे में चुप्पी लिये रहे।

कर्ण के मारे जाने पर एक प्रकार से युद्ध समाप्त हो गया। युधिष्ठिर को नींद आयी, दुर्योधन परकटे पक्षी की तरह धरती पर गिर पड़ा। किन्तु युद्ध चलता रहा। कृपाचार्य ने दुर्योधन को पांडवों से सन्धि करने की सलाह दी। दुर्योधन एवं कृपाचार्य को जो उत्तर देता है वह एक वीर, युद्धधर्मी और बुद्धिमान का उत्तर है, अर्जुन की तरह '*न च दैन्यं न पलायनम्।*' सारी पृथ्वी का राज्य भोगने के बाद वह सन्धि करके पांडवों की भिक्षा का पात्र नहीं होना चाहता, सूर्य के समान प्रकाशित होकर दास

की भाँति युधिष्ठिर के पीछे-पीछे नहीं चल सकता। उसने स्पष्ट कहा— "मैं शूरवीरों के मार्ग से जाने के लिए कृत संकल्प हूँ, सन्धि करने का कोई प्रश्न ही नहीं है।"

शल्य के मरते-मरते कौरव सेना का नाश हो चुका था, कुछ लोग भाग गये। दुर्योधन एकदम अकेला था— लहूलुहान, थका हुआ। वह एक सरोवर में छिप गया। पांडवों के ललकारने पर वह बाहर निकला। युधिष्ठिर ने कहा— "प्रजानाथ सुयोधन तुम तो अपने को शूरवीर घोषित करते रहे। वह दर्प और अभिमान कहाँ चला गया।" दुर्योधन बोला— "मैं थका हूँ, कुछ देर विश्राम करने के लिए सरोवर में आ गया था। यों मेरे सभी भाई मारे जा चुके हैं, दुनिया के श्रेष्ठ वीरों का भी संहार हो गया है। विधवा स्त्री के समान इस श्रीहीन पृथ्वी का उपभोग करने का कोई उत्साह नहीं है। इसे तुम्हीं भोगो। मैं मृगचर्म धारण करके वन में चला जाऊँगा। युद्ध से भी पीछे नहीं हटूँगा।" युधिष्ठिर ने उसके क्षत्रियधर्म की प्रशंसा की और कहा— "पाँचों पांडुपुत्रों में से तुम किसी एक को चुन लो। उससे गदा-युद्ध करो। यदि तुमने उसका वध कर दिया तो राज्य तुम्हारा और यदि स्वयं मारे गये तो तुम्हें स्वर्ग मिलेगा।" स्पष्ट है कि युधिष्ठिर का निर्णय दुर्बुद्धिपूर्ण था, बचकाना था। अगर भीम को छोड़कर किसी अन्य पांडव को चुन लेता तो क्या होता।

कृष्ण ने ठीक ही कहा था— "तुमने फिर जुआ खेलना आरम्भ कर दिया है यह शकुनि के जुए से कहीं अधिक भयानक है। न्यायपूर्ण युद्ध में उसे भीम भी नहीं मार सकता, अन्य लोगों की क्या बिसात है? क्या विधाता ने तुम लोगों को अनन्त काल तक वनवास करने और भीख माँगने के लिए ही पैदा किया है?" दुर्योधन मनस्वी था। उसने न्यायबुद्धि से भीम को ही चुना क्योंकि उससे लड़ने योग्य वही था। यों युद्ध में अभिमन्यु-वध के अतिरिक्त उसने कहीं भी अन्याय का सहारा नहीं लिया है। कृष्ण के संकेत पर अर्जुन ने अपनी बायीं जाँघ ठोंकी। इशारा पाते ही युद्ध-नियमों की धज्जियाँ उड़ाते हुए भीम ने उसकी जाँघ पर प्रहार किया। कुरुराज शालवृक्ष की तरह धराशायी हो गया। क्रूरकर्मा भीम अपने बायें पैर से उसके सिर पर ठोकर मारने लगे। इस कर्म पर की गयी युधिष्ठिर, कृष्ण, अर्जुन की टिप्पणियाँ इनके अपने चरित्र पर भी प्रकाश डालती हैं। इस कर्म पर युधिष्ठिर अत्यन्त दुखी हो गये, अर्जुन चुप थे। पर कृष्ण से उनके ईश्वरत्व ने इसे अधर्म नहीं कहा। सवाल यह उठता कि तब अधर्म क्या होता है? इसके उपरान्त कृष्ण उसे दुर्वचन-पापी, नराधम आदि कहने लगे।

इसके प्रत्युत्तर में उसने और कड़े दुर्वचनों का प्रयोग किया— "ओ कंस के दास के बेटे! मैं गदा-युद्ध में अधर्म से मारा गया हूँ, इस कुकृत्य के लिए तुम्हें लज्जा नहीं आती? शिखंडी को आगे रखकर तुमने भीष्म का वध कराया, '*अश्वत्थामा मृतो*

नरो वा कुंजरो' कह न्यस्त शस्त्र द्रोण को मरवा डाला, आमरण अनशन पर बैठे छिन्नहस्त भूरिश्रवा को सात्यकि ने तुम्हारे कहने पर मार डाला, कीचड़ में अपने रथ का पहिया निकालते समय अर्जुन से कर्ण का वध करवा दिया। भीम ने मेरे सिर पर बायाँ पाँव रखा था। इसका क्या खेद। मरणोपरान्त तो इस शरीर पर कौवे, कंक और गृद्ध भी पाँव रखेंगे।'' इसके बदले में कृष्ण ने दुर्योधन के कुकृत्यों का बयान किया। व्यास ने दोनों पक्षों को एक साथ रखकर बता दिया है कि पापी दोनों हैं— कोई कम कोई अधिक।

दुर्योधन के आरोपों को सुनकर उसके ऊपर सुगन्धित पुष्पों की वर्षा होने लगी, गन्धर्वगण और अप्सराएँ उसके सुयश के मनोहर गीत गाने लगे। सिद्धगण साधु साधु कह उठे। सुगन्धित हवा बहने लगी, दिशाएँ प्रकाशित हो गयी, आकाश वैदूर्य मणि के समान चमक उठा। भीष्म, द्रोण, कर्ण, भूरिश्रवा को अधर्मपूर्वक मारा गया ऐसा सुनकर सब लोग शोकमग्न हो गये। दुर्योधन की स्तुति सुनकर पांडव चिन्ताग्रस्त और दीनचित्त हो उठे।

प्रश्न उठता है कि जब दुर्योधन इतना अन्यायी था तो उसके आरोपों को सुनकर सब लोग उसकी स्तुति क्यों करने लगे? इस तरह के प्रश्न पाठकों के मन में उठते रहते हैं। कृष्ण उसका जो उत्तर देते हैं उससे दुर्योधन के आरोप स्वतः सिद्ध हो जाते हैं और कृष्ण के चरित्र पर दाग के चित्र उभरने लगते हैं। लाक्षागृह का आयोजन करनेवाला दुर्योधन युद्ध में छद्म का आश्रय क्यों नहीं लेता? गदा-युद्ध में वह भीम को छोड़कर किसी अन्य पांडव को चुन सकता था? लेकिन उसने युद्ध नीति के अनुसार भीम को ही चुना। किसी अन्य पांडव को गदा-युद्ध में आसानी से हरा सकता था और सारे राज्य को सरलतापूर्वक हस्तगत कर सकता था। युद्ध के पहले उसने अन्याय जरूर किये थे लेकिन युद्ध में उसे छल-छद्म करते हुए नहीं पाया जाता। ऐसा क्यों?

धर्मपुत्र विदुर

पांडु, धृतराष्ट्र और विदुर पितृपक्ष से भाई थे। दोनों के पिता व्यास थे। उन्होंने इन्हें नियोग द्वारा पैदा किया था। पर पांडु, धृतराष्ट्र की माताएँ क्षत्रिय थीं, विचित्रवीर्य की रानियाँ थीं। विदुर की माँ, अम्बिका की दासी थी। अतः वे क्षत्रिय नहीं माने गये। उन्हें सूत भी कहा गया है, शूद्र भी। ऐसा लगता है शूद्रों में कई जातियाँ थीं, उनमें से सूत भी एक जाति थी। यह क्षत्रियों से थोड़ा ही नीचे थी। इसीलिए क्षत्रियों में इन्हें आदर की दृष्टि से देखा जाता था। अधिरथ सूत था, मल्वणक पुत्र उग्रश्रवा सूत ही था। उसने नैमिषारण्य में ऋषियों को महाभारत कथा सुनाई थी। पर अपने सारे पौरुष, पराक्रम, शील के बावजूद सूत-पुत्र कहा जाना उसे बराबर सालता रहा। स्वधर्म की चाहे जो व्याख्या महाभारत में की गयी हो, है वह जातिधर्म ही। उस पंक में फँसकर गुण के आधार पर कोई उससे निकल नहीं सकता। विदुर का गुण तो पंडित का था, किन्तु रहा वह सूत ही। ध्यान से पढ़ने पर इसकी झलक दिखाई पड़ जाती है। कुछ लोग लम्बे लेखों में पुरुष सूक्त, अथर्ववेद आदि से कुछ श्लोक उद्धृत कर सिद्ध करने का प्रयास करते हैं कि हिन्दूधर्म में जाति प्रथा थी ही नहीं। मनुस्मृति ब्राह्मण-प्रशंसा और शूद्र-निन्दा से भरी हुई है। जाति के बन्धनों में जकड़ा हुआ समाज सिसकियाँ भर रहा है। दलित आन्दोलन इसी की देन है।

विदुर अपनी इसी हीनता के कारण खुलकर अपनी बात भी नहीं कर पाते। उनके वास्तविक भाई, मित्र, धृतराष्ट्र ही हैं। उनसे समय-समय झगड़ भी लेते हैं। धृतराष्ट्र को भी विदुर के बिना चैन नहीं। यह अर्जुन की मैत्री से भिन्न स्तर पर है। कृष्णार्जुन की मैत्री का रहस्य जानना कठिन है। वह नर-नारायण की मैत्री है, भागवत-भक्त की मैत्री है, गुरु-शिष्य की मैत्री है। इस आधार पर बहुत कुछ आधारित है या अँग्रेजी शब्द का प्रयोग करूँ तो 'इसोटिक' है। विदुर-धृतराष्ट्र का धरातल इहलौकिक है, प्रज्ञात्मक या व्यावहारिक है।

विदुर को जगह-जगह महाप्राज्ञ कहा गया है। महाप्राज्ञ का अभिप्राय है जीवन और समाज के हित में विचार करना। इसके विचार क्षेत्र में मोक्ष नहीं आता है। यों धृतराष्ट्र को भी महाप्राज्ञ सम्बोधित किया गया है। इस शब्द का प्रयोग विदुर ने

धृतराष्ट्र के लिए किया है। वह शायद इसलिए कि धृतराष्ट्र अपने बारे में सोचते समय समाज के बारे में भी सोचें। पंडित, प्रज्ञावान और प्राज्ञ समानार्थी है। कृष्ण ने गीता में अर्जुन से कहा है— '*अशोच्यानन्वशोचस्त्वं प्रज्ञावादांश्च भाष से*'। तू शोक न करने योग्य मनुष्यों के लिए शोक करता है और प्रज्ञावादियों (पंडितों) की तरह ज्ञान छाँटता है। थोड़ी-बहुत कमियों के बावजूद विदुर प्रज्ञावादी थे।

किन्तु विदुर उतने तटस्थ नहीं थे जितने भीष्म और द्रोण थे। वे पांडवों की रक्षा करते थे। वाराणवत के लाक्षागृह के विषय में यदि विदुर ने युधिष्ठिर को सावधान न किया होता तो पांडव जल मरते। युधिष्ठिर को सावधान करते समय उन्होंने सांकेतिक भाषा का प्रयोग किया है। इस सांकेतिक भाषा को महाभारत में 'म्लेच्छ' भाषा कहा गया है। इस भाषा का ज्ञान विदुर को था और युधिष्ठिर को। सम्भव है विदुर ने ही युधिष्ठिर को इस भाषा का ज्ञान दिया हो। यह भाषा केवल युधिष्ठिर को क्यों सिखाई गयी? यही नहीं लाक्षागृह के भीतर एक सुरंग खोदने के लिए गुप्त रूप से उसने एक खनक भी भेज दिया था।

सन्धि-वार्ता के सिलसिले में थका होने के कारण संजय युधिष्ठिर का सन्देश न कह सका, विश्राम के लिए चला गया। लगता है संजय ने ऐसा जान बूझकर किया। धृतराष्ट्र उद्विग्न हो उठे। उसने अपनी मनोव्यथा शान्त करने के लिए विदुर को बुलाया।

दुर्योधन राजसूय में इन्द्रप्रस्थ का वैभव देखकर चमत्कृत हो उठा था। उसने अपने पिताश्री से युधिष्ठिर को जुआ खेलने के लिए बुलवाने के लिए कहा। धृतराष्ट्र ने इस काम के लिए विदुर से कहा। विदुर की जगह और किसी को भेजा जा सकता था। किन्तु वह जानता था कि राजा युधिष्ठिर से विदुर का नैकट्य था। विदुर जाना नहीं चाहते थे। वे बड़े अनमने भाव से इन्द्रप्रस्थ रवाना हुए। वहाँ पर द्विजातियों ने उनका स्वागत किया। इससे लगता है कि सूतों और द्विजातियों में अधिक भेद नहीं था। इन्द्रप्रस्थ में वे राजा युधिष्ठिर से मिले। राजा ने धृतराष्ट्र के कुशल-क्षेम के बारे में पूछा। कुशल-क्षेम पूछते समय उन्होंने यह भी जानना चाहा कि धृतराष्ट्र के पुत्र उनके अनुकूल चलते हैं न! स्पष्ट है कि पिता-पुत्र के बीच आनुकूल्य के प्रति युधिष्ठिर को कहीं-न-कहीं सन्देह था। छोटे-मोटे प्रश्नों में ही व्यास भविष्य को संकेतित करते चलते हैं। इस प्रकार के संकेतों से महाभारत भरा पड़ा है। महाभारत की अर्थवत्ता की खोज इन संकेतों में निहित है।

विदुर ने एक सच्चे राजदूत की तरह राजा की प्रशंसा करते हुए यह भी कहा— '*प्रीतो राजन पुत्रगणैर्विनीति।*' वे विनीत पुत्रों से प्रसन्न रहते हैं। इसे उलटबाँसी कहा जाए या मन्त्री का कर्तव्य। फिर राजा का द्यूतक्रीड़ा के लिए बुलावे का सन्देश दिया। युधिष्ठिर ने द्यूत की निन्दा करते हुए इसे कलहकारक बताया। आपकी क्या राय है?

हम आपके अनुगत हैं। विदुर बोले कि द्यूत को अनर्थमूलक जानकर मैंने उसके निवारण का यत्न किया। पर उन्होंने मुझे तुम्हारे पास भेज दिया है। तुम्हें जो कल्याणकर जान पड़े, वह करो। उन्होंने शकुनि जैसे बेजोड़ द्यूतदक्ष की बात भी बतायी। उसे दुर्योधन की ओर से खेलना था। शकुनि का उल्लेख करके उसने जुआ के 144 परिणामों को संकेतित कर दिया। लेकिन कोई स्पष्ट सलाह नहीं दी।

युधिष्ठिर अपने भाइयों के साथ जुआ खेलने निकल पड़े। भाइयों ने भी उन्हें नहीं समझाया। वे उनके पीछे-पीछे चलने लगे। अपने निजी विवेक को ताक पर रखकर उन्होंने सारा दायित्व दैव के भरोसे छोड़ दिया।

द्यूत क्रीड़ा चल रही थी। युधिष्ठिर शकुनि के साथ खेल रहे थे। विदुर जानते थे कि युधिष्ठिर को हारना-ही-हारना है। उसने धृतराष्ट्र को पुनः समझाना आरम्भ किया, दुर्योधन की भरपूर निन्दा की। उन्होंने कहा कि अपने जन्म के समय दुर्योधन गीदड़ की तरह बोल रहा था। वह कुरुकुल का विनाशक है। पांडवों— महारथी पांडवों— के साथ वैर करके वह पतन के गर्त में डूब जाएगा। इसका परित्याग कर दीजिए। आप आज्ञा दें तो सव्यसाची अर्जुन इसे बन्दी बना सकते हैं। यह कौवा है, पांडव मोर। इस वैर से आपका सत्यानाश हो जाएगा। आपको सेना, मन्त्री सहित यमलोक जाना पड़ेगा।

दुर्योधन ने उतने ही कड़े शब्दों में प्रतिवाद किया। विदुर! तुम गोद में बैठे साँप के समान हो, स्वामीद्रोही हो, पापी हो। तुम कटुभाषी हो। निर्लज्ज हो। जो मन में आता है, बक जाते हो। जगन्नियन्ता सबका स्वामी है— ''यथा नियुक्तोऽस्मि तथा भवामि।'' विदुर भी कहीं रुकने वाले नहीं थे। बोले— ''राजन, तुम चिकनी-चुपड़ी बातें सुनना चाहते हो। अतः स्त्रियों, मूर्खों, पंगुओं से सलाह लिया करो।'' स्त्रियों की मूर्खता पर विदुर के विचार किसी अन्य से भिन्न नहीं हैं।

आखिरकार जुए में युधिष्ठिर सब कुछ हार गये— राजपाट, धन-दौलत, मणिमाणिक्य। इसके बाद दाँव पर भाइयों को लगाया और हार गये, अपने को लगाया और हार गये। सबसे बाद द्रौपदी को लगाया और हार गये। दुर्योधन चिल्ला उठा— ''उस दासी को पकड़ लाओ, वह मेरे घर में झाड़ू लगावे।'' विदुर जैसा महाप्राज्ञ इसे सह नहीं सका। वे आगबबूला हो उठे। उन्होंने कहा— ''हे मूर्ख दुर्योधन! तू कालपाश में बँध हुआ है। तू एक साधारण मृग होकर व्याघ्रों को क्रुद्ध कर रहा है। द्रौपदी कभी दासी नहीं हो सकती। स्वयं अपने को हारकर युधिष्ठिर को द्रौपदी को दाँव पर लगाने का कोई अधिकार नहीं था। अतः द्रौपदी दासी नहीं है। तुम्हारे जैसे कुत्ते ही इस प्रकार भौंका करते हैं।'' चीर-हरण के समय कुछ ऐसा ही उद्‌गार विकर्ण के मुख से निकला था। विदुर ने सभा में उपस्थित राजाओं को इस अन्याय के विरुद्ध उकसाने का प्रयास किया। पर कोई टस-से-मस नहीं हुआ।

पांडवों के वनगमन के समय उन्होंने कुन्ती को अपने घर रख लिया। एक बार धृतराष्ट्र ने नाराज होकर उनको चले जाने के लिए कहा। वे सीधे वन में युधिष्ठिर के यहाँ चले गये। बाद में धृतराष्ट्र ने उन्हें फिर वापस बुला लिया। इसके बाद विदुर की आवाज कहीं नहीं सुनाई पड़ती। अन्त में वे आश्रमवासिक पर्व में दिखाई पड़ते हैं। विदुर के इन आत्मसंघर्षों को लेकर प्रश्न खड़ा होता है कि वे कौन थे, युधिष्ठिर और कुन्ती से उनका क्या सम्बन्ध था! इरावती कर्वे ने अपनी पुस्तक 'युगान्त' में इस पर विस्तार से विचार किया है।

कर्वे अन्तरराष्ट्रीय ख्याति की नृतत्त्वशास्त्रवेत्ता रही हैं। उन्होंने महाभारत से ही प्रमाण एकत्र करके सिद्ध करने का प्रयास किया है कि धर्मराज युधिष्ठिर यम (धर्म) के पुत्र थे। यद्यपि उनके प्रमाण इतने अकाट्य नहीं मालूम पड़ते कि निश्चयात्मक रूप से स्वीकृत कर लिए जाएँ, फिर भी वे विचार्य हैं। ऊपर के दिये हुए विवरणों से इतना तो स्पष्ट है कि वे पांडवों के भ्राता और पक्षधर हैं। जब तक पांडवों की स्थिति कमजोर थी तब तक वे संयमपूर्वक बोलते थे। किन्तु द्रौपदी के विवाह के बाद पांचाल उनका सहायक हो गया। तब से वे खुलेआम उनकी पक्षधरता करते दिखाई पड़ते हैं। द्रौपदी को दासी कहने पर उन्होंने दुर्योधन को कुत्ता तक कह डाला। दुर्योधन को इतनी कड़ुवाहट के साथ और किसी ने नहीं पुकारा था। स्त्री का अपमान उन्हें सहन नहीं हुआ। इतना ही नहीं वह पांडवों की पत्नी भी थी। द्रौपदी ने 'भर्ता' केवल युधिष्ठिर को कहा है। चीर-हरण के प्रसंग में सारे धर्मधुरीण चुप थे। केवल विदुर ने ही निर्भीक भाव से इसे अनैतिक कहा— बुलन्द आवाज में कहा। अतः पांडवों की पक्षधरता तो स्वतः सिद्ध है।

महाभारत के आदिपर्व 107-18 में लिखा है—

एतेव स्वपराधेन शापात् तस्य महात्मनः।
धर्मो विदुर रूपेण शूद्रयोनावजायत॥

राजन, इसी अपराध के कारण महात्मा मांडव्य के शाप के कारण शूद्रयोनि में साक्षात धर्म का जन्म हुआ।

मांडव्य तपस्यारत ब्राह्मण थे। लड़कपन में उनसे एक छोटा-सा अपराध हो गया था। उन्होंने एक फतिंगे की पूँछ में सींक घुसेड़ दी थी। यम-विधान से तपस्यारत होने पर भी एक बहाने से उसे शूली पर चढ़ा दिया गया था। शूली देने वाले राजा को जब पता लगा कि मांडव्य निरपराध हैं तो उन्हें शूली से उतार दिया था। मांडव्य सीधे यमराज के पास पहुँचे और उन्हें शाप दे दिया कि तुम शूद्र योनि में जन्म लो। इस कथा में दो बातें और भी निहित हैं। मांडव्य ने बताया कि सम्पूर्ण प्राणि जगत की हत्या के मुकाबले एक ब्राह्मण की हत्या बड़ा अपराध है। शूद्र

निकृष्ट जाति है। इस तरह के अन्तर्निहित विधान प्राय: कथाओं में लुके-छिपे रहते हैं। बहरहाल इससे प्रमाणित है कि विदुर धर्मराज के शापित विग्रह हैं। कहानी के अन्त में उन्हें धर्मशास्त्र-अर्थशास्त्र में कुशल, दीर्घदर्शी, शान्तिप्रिय और कुरुओं का हितैषी कहा गया है। यहीं पर शंका होती है कि विदुर रूपी धर्मराज ही तो धर्मराज युधिष्ठिर के पिता नहीं थे?

कौरवों के पिता धृतराष्ट्र थे, पर पांडवों के पिता कौन थे? इसे व्यास ने क्यों छिपाया है? अपने जन्म की कथा, जो छिपा लेने लायक थी, नहीं छिपायी है। द्रौपदी द्रुपद की तथाकथित पुत्री थी, वह अग्निकुंड से पैदा हुई थी। इस तरह पूरा पांडु-कुल रहस्यात्मक और प्रतीकात्मक हो गया है। इस प्रश्न से उलझा जा सकता है। कठिनाई यह है कि युधिष्ठिर को छोड़कर, अन्य किसी पांडव के बारे में कोई ऐसा चिह्न (ट्रेस) नहीं मिलता कि उनके जन्म का पता लग सके। सम्भव है कि पांडवों के गुण-धर्म के आधार पर उनके पिताओं के नाम परिकल्पित कर लिये गये हों। जैसे, अर्जुन इन्द्रपुत्र हैं— पिता की तरह स्वच्छन्द, अप्रतिम पराक्रमी और अजेय। पर इन्द्र स्वयं एक कल्पित देवता है। इन्द्र नामधारी कोई भी हो उसे मनुष्य होना चाहिए। सात वर्षों तक पांडु दोनों पत्नियों के साथ हस्तिनापुर में रहे। किन्तु दोनों से कोई सन्तान नहीं हुई। अनुमान लगाया जा सकता है कि पांडु में पुत्रोत्पादन की शक्ति नहीं थी। सम्भव है कि इसी को छिपाने के लिए वह शिकार के बहाने वन में चला गया हो। पांडु की आज्ञा से कुन्ती-माद्री ने अन्य लोगों से सम्पर्क कर पुत्रोत्पन्न किया। वे लोग जंगल में पैदा हुए। इससे कुछ दिनों तक भ्रम बना रहा कि वे पांडु-पुत्र हैं। बाद में तो इसकी असलियत का पता दुर्योधन को हो गया।

यक्ष प्रश्न में यक्ष ने एकाधिक बार युधिष्ठिर को पुत्र और युधिष्ठिर ने यक्ष को पिता कहा है। वनपर्व के लगभग अन्त में आरणेयपर्व में युधिष्ठिर के पूछने पर यक्ष ने बताया कि वह स्वयं धर्म है—

अहं ते जनस्तात धर्मोऽमृदुपराक्रम।
त्वां दिदृक्षुरनुमानो विद्धि मां भरतर्षभ:॥ (अप. 6)

प्रचंड पराक्रमी भरतश्रेष्ठ तात युधिष्ठिर! मैं तुम्हारा जनक धर्म हूँ। तुम्हें देखने की प्रबल इच्छा से यहाँ आया हूँ। मुझे पहचानो।

आगे चलकर बाइसवें श्लोक में '*तृतीयं गृह्यतां पुत्र...*' पुत्र कहकर सम्बोधित किया है। तीसरा वर भी माँग लो।

युधिष्ठिर भी यक्ष को पिता कहते हैं—*ये ददासि वरं तुष्टस्तं गृहीप्याम्यहं पित:*
(वही, 23)

वासुदेवशरण अग्रवाल इस अंश को प्रक्षिप्त कहते हैं। यदि प्रक्षिप्त की खोज

करने बैठेंगे तो प्याज के छिलके की तरह पूरा महाभारत प्रक्षिप्त हो जाएगा। इसलिए प्रारम्भिक अध्याय में ही कह दिया गया है कि पूरे महाभारत को, जिस रूप में यह उपलब्ध है, ले लेना ही बुद्धिसम्मत है।

युद्धकाल में विदुर कहीं दिखाई नहीं पड़ते। आश्रमवासिक पर्व में ही उनके दर्शन होते हैं। युद्धोपरान्त पन्द्रह वर्षों तक धृतराष्ट्र युधिष्ठिर की छत्रछाया में उदास, चिन्तित, व्यथित रहे होंगे। जिसका राजपाट चला गया हो, जिसके सौ पुत्रों को भीम ने युद्ध में मार डाला, वह कैसे निश्चिन्त रह सकता है। जो लोग उसके बेटों के शत्रु थे, हस्तिनापुर के सिंहासन पर उन्हीं का अधिकार है। उन्हीं के आश्रय में रहते हुए उनकी मानसिक स्थिति का अनुमान लगाया जा सकता है। यद्यपि युधिष्ठिर और कुन्ती पूरी ईमानदारी से उनकी सेवा में लगे रहते थे। फिर भी क्या यह अधिक त्रासद नहीं लगता होगा। इस स्थिति में विदुर ही उसके साथ रहे होंगे। विदुर ने ही उसे तप के लिए वन में जाने की अनुमति दिलवायी।

उसके साथ ही विदुर, संजय और कुन्ती भी वन में चले गये। धृतराष्ट्र के जाने पर विदुर का जाना स्वाभाविक था। धृतराष्ट्र विदुर के भाई थे, अन्तरंग थे। विदुर बराबर नाना प्रकार के दृष्टान्तों, कथा-कहानियों के माध्यम से उसके घाव पर मरहम लगाते रहते थे। संजय भी उसका साथी था, युद्ध काल का व्यक्तिगत संवाददाता था। लेकिन कुन्ती का वन जाने का कोई तुक नहीं था। उसका निर्णय आकस्मिक था। विदुर और संजय ने धृतराष्ट्र के साथ ही जाने का मन बना लिया था। उन्हें जाने से किसी ने रोका भी नहीं। किन्तु कुन्ती तो राजमाता थी, कुरुओं का सारा वैभव उसके चरणों के नीचे बिछा हुआ था। इसके पहले कभी भी गान्धारी-धृतराष्ट्र के प्रति उसकी सहानुभूति नहीं दिखाई पड़ती तो अन्तिम समय, अभूतपूर्व वैभव त्यागकर, बेटों के लाख समझाने, अनुनय-विनय करने के बावजूद नहीं लौटी, इसके मूल में कहीं विदुर का जाना तो नहीं है? विदुर उसके दुख के समय जाता भी था। पांडवों के वनगमन के समय वह तेरह वर्षों तक विदुर के घर में रह भी चुकी थी। दोनों में देवर-भाभी का रिश्ता भी था।

वे वन में घनघोर तपस्या में लग गये। जिस आश्रम में कुन्ती, गान्धारी, धृतराष्ट्र और संजय रहते हैं वहाँ वे नहीं रहते। वे वन में, आश्रम के आसपास ही कठिन तपस्या करते हैं। मुँह में पत्थर का टुकड़ा डालकर केवल वायु भक्षण के सहारे जीवन-निर्वाह करते हैं। सभी लोग, दुर्बल, अतिशय क्षीणकाय हो चले हैं। इनमें सबसे अधिक दुर्बल विदुर हैं। इन लोगों के वन में आ जाने के बाद, कुछ समय के अनन्तर युधिष्ठिर सदल-बल उनसे मिलने वन में आते हैं। आश्रम में विदुर को न देखकर युधिष्ठिर ने उनके विषय में पूछताछ की। धृतराष्ट्र ने कहा— "बेटा! वे बड़ी कठोर तपस्या कर रहे हैं, यदा-कदा ब्राह्मणों को दिखाई पड़ जाते हैं।"

धृतराष्ट्र यह कह ही रहे थे कि मुँह में पत्थर का टुकड़ा लिये कृशकाय जटाधारी विदुर दूर से आते दिखाई पड़े। वे दिगम्बर थे, शरीर में मैल जमी हुई थी, वन में उड़ती हुई धूल से सराबोर थे। युधिष्ठिर को इसकी सूचना दे दी गयी। आश्रम की ओर देखकर वे सहसा नाटकीय ढंग से पीछे की ओर लौट पड़े। युधिष्ठिर अकेले उनके पीछे दौड़ पड़े। विदुर कभी छिपते, कभी दिखाई पड़ जाते। वे चिल्ला उठे—"विदुर जी, विदुर जी, मैं आपका परम प्रिय राजा युधिष्ठिर आपसे मिलने आया हूँ।" विदुर एक वृक्ष का सहारा लेकर चुपचाप खड़े हो गये। वे इतने क्षीणकाय थे कि उन्हें पहचानना मुश्किल था। युधिष्ठिर ने पहचान लिया। विदुर युधिष्ठिर को निर्निमेष देख रहे थे। फिर अपनी दृष्टि को उनकी दृष्टि में डालकर समाधिस्थ-से हो उठे। विदुर अपने प्राणों, इन्द्रियों को उनमें स्थापित कर उनके शरीर में योगबल से प्रविष्ट हो गये। वे पेड़ के सहारे वैसे ही खड़े थे पर उनकी चेतना निःशेष हो चुकी थी। व्यास ने लिखा है कि युधिष्ठिर को बहुत-सी पुरानी बातें याद आ गयीं। पुरानी बातों का कोई विवरण नहीं दिया गया है। यह सब पाठकों के अनुमान पर छोड़ दी गयी हैं। युधिष्ठिर को मांडव्य ऋषि का शाप याद आया हो, यक्ष प्रश्न के संवादों का स्मरण हुआ होगा।

युधिष्ठिर आश्रम में लौट आये। महाभारत में जहाँ कोई समस्या उलझती थी, वहाँ व्यास आ जाते थे। यों महाभारत में नियोग-क्रिया सम्पन्न करने के बाद उनकी खास भूमिका नहीं है। समस्या को सुलझाने के लिए वे प्रायः पूर्वजन्म के वृत्तान्तों का सहारा लेते हैं। द्रौपदी के विवाह के समय भी द्रौपदी के पूर्वजन्म का वृत्तान्त बताकर पाँचों पांडवों से उसके विवाह करने को औचित्यपूर्ण ठहराया। यहाँ भी मांडव्य के शाप का उल्लेख करते हैं। उनका यह कहना कि जिस बुद्धिमान और प्राज्ञ देवता ने युधिष्ठिर को जन्म दिया था, वह विदुर का ही स्वरूप है। विदुर और युधिष्ठिर के सम्बन्धों पर इससे अधिक क्या प्रकाश डाला जा सकता है? बहुत अधिक उत्खनन के बाद हम एक आनुमानिक निष्कर्ष पर पहुँचते हैं। अन्य पांडवों के पिता को जान पाना व्यास के लिए भी सम्भव नहीं है। एक प्रकार से पांडव वर्णसंकर थे। कुन्ती और द्रौपदी ने बहुपतित्व का वरण किया था। सांस्कृतिक दृष्टि से वे कौरवों से अलग मालूम पड़ते हैं। यदि व्यास ने पांडवों को पांडु का पुत्र ही मान लिया होता तो महाभारत का क्या बिगड़ जाता? किन्तु युधिष्ठिर-विदुर के सम्बन्धों पर विचार के बाद न्याय का पलड़ा कौरवों की ओर झुकता प्रतीत होगा।

पांचाली

पांचाली महाभारत का सर्वाधिक महत्त्वपूर्ण स्त्री-पात्र है। महाभारत का युद्ध तो इसके कारण नहीं हुआ। वह तो सत्ता-संघर्ष था। किन्तु युद्ध के अनेक कारणों में एक कारण उसका अपमान अवश्य था। वह पारिस की प्रेमिका हेलेन नहीं थी जिसके मुख-सौन्दर्य के कारण ट्राय का विध्वंस हो गया। अपनी सांस्कृतिक त्रुटियों के बावजूद हमारे यहाँ स्त्री-सौन्दर्य को लेकर कभी युद्ध नहीं हुआ।

पांचाली के कुछ नाम और भी थे— याज्ञसेनी, द्रौपदी, कृष्णा आदि। यज्ञकुंड से पैदा होने के कारण याज्ञसेनी। क्या कोई याज्ञिक ज्वाला से पैदा हो सकता है? वैदिक साहित्य में इसका यशोगान मिलेगा। अथर्वेद में तो इसे जादू-टोना से जोड़ दिया गया है। पुराणों के लेखक ब्राह्मणों ने इस पर चमत्कार का मुलम्मा चढ़ाना शुरू किया, यानी चमत्कार का। यज्ञ से सब कुछ प्राप्त हो सकता है, इन्द्रपद भी। यज्ञ का अपना चमत्कार तो था ही। इसके पीछे दान-दक्षिणा की आर्थिक प्रेरणा भी थी। महाभारत में अनगिनत अविश्वसनीय गप्पें हैं, मिथक हैं; मिथकों का निर्वचन (इंटरप्रेटेशन) सम्भव है। द्रुपद ने सन्तान-प्राप्ति के लिए यज्ञ किया। यज्ञ-प्रसाद को उन्होंने अपनी पत्नी को खिलाया होगा। इसके फलस्वरूप द्रौपदी और धृष्टद्युम्न पैदा हुए। द्रुपद एक ऐसा पुत्र चाहते थे जो द्रोण-वध कर सके। धृष्टद्युम्न ने द्रोण का वध किया— वह कायरतापूर्ण, अमानवीय और अधर्म ही क्यों न हो? लेकिन उसे यज्ञसेन नहीं कहा जाता, पर द्रौपदी याज्ञसेनी के नाम से भी पुकारी जाती है। ऐसा क्यों? सम्भवतः इसलिए कि उसमें आग्नेय गुण था। वह स्वयं जीवन भर जलती रही, जलाती रही।

पांचाली नाम सर्वाधिक औचित्यपूर्ण और अर्थगर्भित है। पाँच नदियों से सिंचित और विभाजित पांचाल। उसी तरह पाँच पतियों को तृप्त करती हुई स्वयं में पाँच फाँकों में विभाजित पांचाली। व्यास ने उसे '*नाथवती अनाथवत्*' कहा है। वन में पांडवों से मिलने आये कृष्ण से वह स्वयं कहती है—

नैव में पतयः सन्ति, न पुत्रा मधुसूदन,
न भ्रातारो न च पिता नैव त्वं न च बान्धवाः।

"हे मधुसूदन! न मेरे पति हैं, न पुत्र हैं, न भाई, न पिता, मधुसूदन आप भी नहीं हैं।" इतना होते हुए वह कितनी संकटापन्न और अकेली है। एक प्रश्न उठता है कि क्या अन्ततोगत्वा प्रत्येक व्यक्ति अकेला नहीं है?

वह अपने समय की सर्वाधिक रूप-सम्पदा की धनी थी। यों तो व्यास की प्रत्येक स्त्री सुन्दर है— गान्धारी, कुन्ती, माद्री, सुभद्रा, उत्तरा। पुराण शैली में स्त्रियों को कुरूप चित्रित करना मना है। पुरुष कुरूप हो सकता है जैसे स्वयं व्यास, भीम। किन्तु व्यास का मन द्रौपदी के सौन्दर्य-वर्णन में ही रमा है। सीता के सौन्दर्य वर्णन में तुलसी का भक्ति भाव है। व्यास पूरी तटस्थता के साथ द्रौपदी का सौन्दर्य उकेरते हैं। द्रौपदी स्वयं सौन्दर्य-गर्विता है। यों तो महाभारत में नीरस गद्य की कमी नहीं है। पर जहाँ पर काव्योत्कर्ष है, अपनी पूरी ऊँचाई पर है! गीता के दसवें अध्याय के विभूति योग में कृष्ण ने कहा है— '*मुनीनामप्यहं व्यासः... ।*'

द्रौपदी के रूप, रस, गन्ध से आकृष्ट होकर जितने राजे, महाराजे, युवराज उसके स्वयंवर में आये थे उतने किसी अन्य के स्वयंवर में नहीं दिखाई पड़े। दुर्योधन, विविशन्त, कर्ण, विराट, सुशर्मा, चेतिकान, दुःशासन, पौंड्रक वासुदेव, भगदत्त, शल्य, सोमदत्त, भूरिश्रवा, कृष्ण, प्रद्युम्न, सात्यकि, जयद्रथ, शिशुपाल, जरासन्ध, विकर्ण, ययुत्स, शकुनि, अश्वत्थामा और विराट। इस सूची में अर्जुन का नाम नहीं है। द्रुपद अपनी बेटी का विवाह अर्जुन से करना चाहते थे। व्यास ने ये नाम यों ही नहीं गिनाये हैं। भगदत्त का नाम देखकर हँसी आती है। बूढ़ों को भी अपरूप सौन्दर्य का आकर्षण होता है। कृष्ण तो सपरिवार आये थे। यह नाम-गणना हरिऔध के प्रिय-प्रवास की वृक्षों की नाम-गणना नहीं है। इसे महाभारत के पूरे सन्दर्भ में देखना होगा। जरासन्ध, शिशुपाल, पौंड्रक वासुदेव को छोड़कर सभी महाभारत के युद्ध में शामिल हुए थे। इन नामों में कर्ण के अतिरिक्त अन्य सभी नाम क्षत्रियों-ब्राह्मणों के थे। स्पष्ट है कि ब्राह्मण क्षत्राणी कन्या से विवाह कर सकता था। कर्ण की उपस्थिति और अर्जुन की अनुपस्थिति एक संरचना की प्रविधि समझनी चाहिए। महाभारत-युद्ध के दो छोर हैं। इनमें से कोई एक न होता तो महाभारत न होता।

कृष्ण के बारे में कोई जानना चाहेगा कि वे स्वयंवर में क्यों आये थे? व्यास ने बताया है कि वे पांडवों को खोजने आये थे। इसके पहले पांडवों को उन्होंने देखा भी नहीं था। इसके पहले कोई खोज-खबर क्यों न ली? कुन्ती के मथुरा से जाने के बाद भी वे अपनी बुआ से मिलने क्यों नहीं आये? इस प्रश्न का उत्तर सरल नहीं है। वे तो ईश्वर थे। उनकी ईश्वरी महिमा से महाभारत भरा पड़ा है। अपनी दिव्य दृष्टि से वे उन्हें देख सकते थे। महाभारत में वे दोनों भूमिकाएँ निभाते हैं— मनुष्य की भी और ईश्वर की भी। परम्परा-व्याकुल लोगों को उन्हें ईश्वर मानने की पूरी छूट है, यद्यपि प्राचीन सांख्य और चार्वाक दर्शन में ईश्वर का नामो-निशान नहीं है।

इस उल्लिखित परिवेश में व्यास ने धीरे-से महाभारत-युद्ध का बीज भी फेंक दिया है।

मत्स्य भेद के लिए राजा लोग आते थे और पराजित होकर लौट जाते थे। जो नहीं आते थे वे ज्योति की तन्वी द्रौपदी को एकटक निहार रहे थे। धृष्टद्युम्न ने घोषित किया— "मत्स्य-भेद के लिए महारथी कर्ण आ रहे हैं।" भीड़ का सर्वाधिक सुन्दर व्यक्ति। सोने के कवच-कुंडल पर पड़ती सूरज की किरणों की चमक। कोई भी स्त्री इस सौन्दर्य पर मुग्ध हो सकती थी। द्रौपदी ने सोचा कि अन्य राजाओं की तरह प्रत्यंचा का झटका नहीं सँभाल सकेगा। किन्तु गेंद की तरह सहज ही धनुष उठा ली, प्रत्यंचा खींची, उसकी टंकार से परिवेश झंकृत हो उठा। पाँचों बाणों को उसने नियोजित कर लिया। लगा निमिष भर में मत्स्यभेद कर लेगा। सहसा द्रौपदी चिल्ला उठी— "मैं सूतपुत्र का वरण नहीं करूँगी।" वह आहत होकर मणिधर सर्प की तरह विचलित हो उठा। इस महामनस्वी ने बिना किसी प्रतिक्रिया के धनुष फेंक दिया। बाण तितर-बितर हो गये। कर्ण का यह पहला अपमान था, जिसे वह कभी भी नहीं भूल पाया। युद्ध का यह बीज स्वयं द्रौपदी ने फेंका था जो धीरे-धीरे महाभारत के युद्ध के महा अरण्य के रूप में छा गया।

पाँचों पांडवों से विवाह करने के पक्ष में न तो द्रुपद थे और न धृष्टद्युम्न। पर पांडव उसके रूप में इतने आकृष्ट थे कि विवाह करने पर अड़े हुए थे। यह एक जटिल समस्या थी। लीजिए, इस समस्या को हल करने के लिए व्यास आ गये। भारतीय समाज को अपने वश में करने के लिए ब्राह्मणों के पास एक जबरदस्त औजार था— पुनर्जन्म। व्यास ने पूर्वजन्म की एक ऊल-जुलूल कथा गढ़कर पाँचों पांडवों से विवाह करा दिया। प्रारब्ध भी यही है। इसी यथास्थितिवाद का फल है कि भारतीय समाज का विकास अत्यन्त धीमी गति से हुआ। और उस प्रतिज्ञा का क्या हुआ जिसमें कहा गया था कि जो मत्स्य-भेद करेगा उसी के साथ द्रौपदी का विवाह होगा। मत्स्य-भेद तो अर्जुन ने किया था। पर विवाह पाँचों पांडवों से क्यों हुआ? प्रारब्ध। यही न। यदि आज के शासक जनता का अरबों रुपया अपनी तिजोरी में ठूँस रहे हैं तो इसमें किसी को क्यों आपत्ति होती है? यह तो प्रारब्ध है, पुनर्जन्म की कमाई है।

द्रौपदी के जीवन में प्यार उपस्थित होकर भी अनुपस्थित था। वह अर्जुन को प्यार करती थी और अर्जुन कभी इनको, कभी उनको। लेकिन इनको-उनको भी प्यार नहीं करता था। पहले वनवास में नागराज की अनिन्द्य सुन्दरी कन्या उलूपी के साथ पाताल चला गया, इरावान नामक पुत्र पैदा किया, मणिपुर की कन्या को देखा तो मुग्ध हो गया, ब्याह रचाया और बभ्रुवाहन नामक पुत्र पैदा किया। रैवतक पर्वत से, कृष्ण की अनुमति से उन्हीं की बहन, सुभद्रा का अपहरण कर लिया।

इन्द्रप्रस्थ में उससे ब्याह किया। जब अर्जुन द्रौपदी से मिलने आया तो सौतिया डाह से जल उठी— '*तथैव गच्छ कौन्तेय यत्र सा सात्वतात्मजा।*' हे अर्जुन! जहाँ सुभद्रा है, वहीं जाओ। बाहर वह जो कुछ कर रहा था किसी को क्या पता? वनवास की धर्मराजी शर्त 'ब्रह्मचर्य' चिथड़े-चिथड़े हो गयी।

सौतिया डाह की भावना केवल सुभद्रा के प्रति क्यों गयी? द्रौपदी के अतिरिक्त दो-दो पत्नियों का जुगाड़ तो अन्य भाइयों ने कर लिया था। द्रौपदी ने उनकी 'नोटिस' भी नहीं ली। सुभद्रा की अवस्था कम थी, अर्जुन उसके सौन्दर्य से आकृष्ट होकर ही उसका अपहरण करता है। कृष्ण जैसे महापुरुष की बहन थी। अभिमन्यु इसी का पुत्र था। महाभारत के युद्ध में उलूपी का पुत्र इरावान वीरतापूर्वक युद्ध करता हुआ मारा गया, अभिमन्यु की चक्रव्यूह में चिर स्मरणीय मृत्यु हुई। बभ्रुवाहन ने तो गांडीवधारी अर्जुन को मृत्यु के घाट तक पहुँचा दिया। उलूपी के कारण जिन्दा हुए। किन्तु द्रौपदी से पैदा हुए पांडवों के पाँचों पुत्र सामान्य सैनिक की तरह लड़ते रहे। किसी को उनके नाम तक स्मरण नहीं हैं। द्रौपदी का अर्जुन के प्रति प्रेम बाँझ बना रहा। ऐसा क्यों हुआ? इसका अनुमान लगाने के लिए व्यास ने एक हल्का-सा 'ट्रेस' छोड़ दिया है। द्रौपदी को जीतने के बाद जब अर्जुन ने कहा कि मेरे विवाह के पहले बड़े भाइयों का विवाह होना चाहिए तो द्रौपदी चुप रही। अर्जुन ने समझा होगा कि चुप्पी से सिद्ध होता है कि इसमें द्रौपदी का भी मौन समर्थन है। आगे चलकर द्रौपदी ने जिस प्रकार प्रश्न उठाये वे उसकी बुद्धिमत्ता के प्रमाण हैं।

द्रौपदी कृष्ण को प्रेम करती थी। महाभारत से ही यह सिद्ध है। कृष्ण द्रौपदी को प्रेम करते थे, यह कृष्ण की दुर्योधन से सन्धि-वार्ता से प्रमाणित है। सन्धि न होने का एक कारण दुःशासन द्वारा खींचा गया द्रौपदी का आलुलायित केश भी है। किन्तु जीवन में केवल एक बार, सिर्फ एक बार— कृष्ण का स्पर्श सुख मिल सका। खांडव-वन-दाह के बाद थके हुए कृष्णार्जुन ने गंगा में खूब जलक्रीड़ा की और छककर सोमरस पिया। दोनों विश्राम-कक्ष में बैठ गये। वहाँ कृष्णा और सत्यभामा भी थीं। कृष्ण ने कृष्णा की जाँघों पर पैर फैलाया और अर्जुन ने सत्यभामा की। यह पहला और अन्तिम स्पर्श-सुख था। महाभारत-युद्ध के बाद तो कृष्ण ने झाँका तक नहीं।

खांडव-वन-दाह में मय दानव को नहीं जलाया गया। वास्तव में खांडव-वन नागों, दानवों आदि की बस्ती थी जिसे आर्यों ने जलाया— उजाड़ा। आज भी वनवासियों को उजाड़ने का क्रम जारी है। जनमेजय के नागयज्ञ में तो नागों को सीधे प्रज्वलित अग्नि में झोंक दिया गया। जहाँ कला-संस्कृति का सम्बन्ध है तथाकथित अनार्य आर्यों से बहुत आगे थे। खांडव-वन-दाह में मय दानव बच गया था। उसे भी कृष्ण चक्र से मारने जा रहे थे, अर्जुन के हस्तक्षेप से जीवित रह गया। वह

बोला— ''मैं दानवों का सर्वोच्च शिल्पी हूँ, उनका विश्वकर्मा हूँ। मेरी कला विश्वकर्मा की स्थूल कला से भिन्न है, हे पार्थ! मैं आपके प्रीत्यर्थ क्या करूँ?'' थोड़ी देर चुप रहकर उसने पुनः कहा— ''पुराणकाल में मैंने दानवों के लिए एक-से-एक रम्य प्रासादों का निर्माण किया है। मणि-कुट्टिम जड़ित सरोवरों, नन्दन-कानन-स्पर्धी उद्यानों, इच्छानुसार चलनेवाले वाहनों, सभा-मंडपों आदि में दानव-कला अभी भी जीवित है। मैं आपके लिए कुछ करना चाहता हूँ। इस तरह आपसे उऋण हो सकूँगा और अपने शिल्प में भी जीवित रहूँगा। क्षमा कीजिएगा, हमारी अधिकांश कलाएँ आर्यों ने नष्ट कर दी हैं। मैं नागराज तक्षक के घर में रहता हूँ। तक्षक कला का आश्रयदाता है। तो क्या आज्ञा?'' अर्जुन ने कृष्ण की ओर इशारा किया। कृष्ण ने कहा— ''तुम महाराज युधिष्ठिर के लिए एक ऐसा सभा-भवन बनाओ जिसे देखकर मनुष्य स्तम्भित हो जाए। उसके समान कोई दूसरा भवन न हो, न कोई बना सके। वह शिल्प-नैपुण्य की सीमा हो।''

राजा युधिष्ठिर का सभा-मंडप पदचाप, गति और छन्द के ताने-बाने से बुना स्वप्नलोक है। छत में विजड़ित पक्षियों के रंग-बिरंगे पंख एक अछोर यात्रा की ओर बढ़ रहे हैं— किसी अज्ञात की खोज में, किसी रहस्य की तलाश में। मूर्तियों की बलिष्ठ देहयष्टियाँ दानवी अभिप्राय हैं? उनकी मरोड़ में भौतिक जीवन का आनन्दोल्लास उकेरित होकर जीवन्त हो उठा है। इन मूर्तियों की भाषा आर्यमूर्तियों की भाषा की तरह अमूर्त और आध्यात्मिक नहीं है। इसमें नृत्य के साथ नाट्य है, कारण है स्पन्दन है, संगीत है। कला को जानने के लिए उसके अभिप्रायों को समझना अनिवार्य है। सभा-मंडप की शोभा देखने के लिए सबसे पहले दुर्योधन को आमन्त्रित किया गया। इसके पीछे उसे उपहासास्पद बनाने की पांडवीय मंशा स्पष्ट है। दुर्योधन दानवी कला अभिप्रायों से अनभिज्ञ था। भवन में जहाँ पानी मालूम पड़ता था वहाँ सूखा था, जहाँ सूखा दिखाई पड़ता था वहाँ जल था। भवन का निरीक्षण करते समय दुर्योधन जल में गिरकर भींग गया। युधिष्ठिर के अतिरिक्त द्रौपदी सहित अन्य पांडव खिलखिला कर हँस पड़े। द्रौपदी ने जले पर नमक छिड़का— ''अन्धे के अन्धे ही होते हैं।'' यद्यपि यह महाभारत में नहीं है पर लोक में प्रचलित है। पहले कर्ण का अपमान किया गया था। उसे द्रौपदी ने किया। मय-सभा में दुर्योधन का अपमान भी द्रौपदी ने ही किया। इसका दंड भी उसे भुगतना पड़ा। स्वयंवर में युद्ध का जो बीज बोया गया था अब वह अंकुरित हो उठा।

द्रौपदी के व्यक्तित्व और बुद्धि की चमक दो प्रसंगों में विशेष रूप से दिखाई पड़ती है— द्यूत-प्रसंग में और कीचक-प्रसंग में। द्यूत का निमन्त्रण स्वीकार करते हुए धर्मराज द्रौपदी से कहते हैं— ''द्यूत भी यज्ञ है याज्ञसेनी! क्षत्रिय न युद्ध की चुनौती से भागते हैं न द्यूत की। भाग्य होगा तो कौरवों को हराकर बिना एक बूँद

रक्त बहाये हस्तिनापुर भी हस्तगत कर लेंगे।'' द्रौपदी ने कहा— ''यदि हार गये तो।'' युधिष्ठिर ने एक श्लोक फेंक दिया— '*भाग्यं फलति।*' हारते गये और धन-दौलत हारे, राजपाट हारे, भाई हारे, अन्त में अपने को हार गये। मंडप में साँय-साँय पसर गया। शकुनि हँसा और बोला— ''भाँजे! जुआ में निराश नहीं हुआ जाता। हार-जीत तो होती ही रहती है। अभी आपके पास एक अत्यन्त मूल्यवान सम्पदा है द्रौपदी। उसे दाँव पर लगाइए और हार को जीत में बदल दीजिए।''

एक सजग व्यापारी की तरह धर्मराज अपने माल की प्रशंसा करने लगे— ''द्रौपदी आज के युग की सर्वश्रेष्ठ सुन्दरी है— अद्वितीय, अप्रतिम। वह न लम्बी है, न नाटी, न कृष्णवर्णा है न अतिरक्तवर्णा। उसके नील कुंचित केश उसी के नील कुंचित केश हैं, उसे दाँव पर लगाता हूँ। उनके नेत्रों का क्या कहना! वे शरदोत्फुल्ल कमल की भाँति सुन्दर और विशाल हैं। वह पद्म-गन्धा है, प्रियंवद है। उसे दाँव पर लगा रहा हूँ।'' सभा में बैठे लोग चिल्ला उठे— ''युधिष्ठिर तुम्हें धिक्कार है, धिक्कार है।'' भीष्म अवाक्, द्रोण स्तब्ध, विदुर निष्प्रभ अलात-चक्र। एक चीखती हुई आवाज बिजली की तरह सभा पर गिरी— '*जितमित्येव।*' प्रतिकामी को द्रौपदी को सभा में ले आने के लिए भेजा गया। उसने कहा— ''युधिष्ठिर ने स्वयं जुए में हार जाने के बाद तुम्हें दाँव पर लगाया और हार गये। युवराज तुम्हें दासी का काम करने के लिए बुलाते हैं।'' द्रौपदी बोली— ''युधिष्ठिर से प्रामाणिक साक्ष्य पाने पर मैं अपना निर्णय करूँगी।''

प्रतिकामी लौटकर आया तो बोला— ''वे तो निःसंग हैं, चुप हैं।'' ''तो जाओ और सभासदों से पूछ लो कि इस सन्दर्भ में मुझे सभा में आना चाहिए या नहीं।'' पूछताछ करने पर भी उसने अपना निर्णय सुरक्षित रखा है। विदुर को ले आने के लिए कहा, उन्होंने अस्वीकार कर दिया। सीधे दुःशासन उठा और रानियों के बीच उसके घुँघराले केश पकड़ लिये और उसे घसीटता हुआ सभा की ओर ले चला। वह चीखती रही, चिल्लाती रही— ''मैं रजस्वला हूँ, एकवस्त्रा हूँ, सभा में जाने योग्य नहीं हूँ।'' किसी ने उसकी आवाज नहीं सुनी, रानियों के कानों पर जूँ नहीं रेंगी। सभा में दुःशासन ने उसका उत्तरीय छोड़ दिया और कहा— ''याज्ञसेनी! अब अपना प्रश्न पूछो।'' ''क्या मैं धर्म से जीती गयी हूँ। जब राजा स्वयं हार गये तब क्या उन्हें मुझे दाँव पर लगाने का अधिकार है?'' यह प्रश्न जितना ज्वलन्त तब था उतना ही अब भी बना हुआ है।

भीष्म ने कहा— ''धर्म की गति बहुत सूक्ष्म होती है। अपने को हार जाने पर स्वामी पत्नी को दाँव पर नहीं रख सकता। फिर भी वह स्वामी तो रहता है... सदा रहता है। युधिष्ठिर ने स्वयं कहा है कि वे हार गये हैं। अतः मैं कुछ नहीं कह सकता।'' कर्ण को अवसर मिला। उसने कहा कि पितामह ने निर्णय दे दिया, द्रौपदी

दासी है। द्रौपदी ने एक और ज्वलन्त प्रश्न फेंका— ''स्त्री चाहे दासी हो या महारानी, क्या पुरुष को उसे नंगा करने का अधिकार है?'' प्रश्न उछला और हवा में टँगा रहा, अब भी टँगा है— अनुत्तरित। दु:शासन उसे घसीटने लगा। मानो कसाई कपिला गाय को वध-स्थल पर ले जा रहा हो।

पांडव नि:शब्द, पाषाणवत, मूक, बधिर। गांडीव का पता नहीं, अक्षय तूणीर बेकार। पर भीम चिल्ला उठा— ''युधिष्ठिर! आप को लोग धर्मराज कहते हैं। एक स्त्री को... वह भी अपनी पत्नी को दाँव पर लगाते हुए आपको लज्जा नहीं आयी। लोग घरों में दासियों के साथ भी ऐसा व्यवहार नहीं करते। आप सब कुछ हार गये सो हार गये। पर द्रौपदी को दाँव पर लगाना घिनौना था, अधर्म था। द्रौपदी का अपमान समस्त स्त्री-जाति का अपमान था। सहदेव आग लाओ। पाँसा फेंकनेवाले युधिष्ठिर की दोनों बाँहें जला दें।''

इस अपमान को युधिष्ठिर चुपचाप पी गये। दुर्योधन को तो मय-मंडप के अपमान का बदला लेना था। द्रौपदी ने भरी सभा में उसका अपमान किया था। दुर्योधन उसे भरी सभा में नंगा कर रहा था। धीरे-से व्यास ने 'धर्मराज' शब्द पर भी चोट कर दी है। पांडवों की सहिष्णुता पर पुनर्विचार की जरूरत है। गान्धारी-धृतराष्ट्र ने कुन्ती को दासत्व से मुक्त कर दिया और द्रौपदी ने अपने पतियों को भी मुक्त करा लिया। लेकिन उसका चीर-हरण महाभारत-युद्ध का एक उपादान बना।

रथारूढ़ पांडव वेगपूर्वक इन्द्रप्रस्थ जा रहे थे। एक जगह विश्राम को ठहरे। देखा तो राष्ट्रध्वज फहराता हुआ प्रतिकामी का रथ पहुँचा। इस बार पुनः जुए का आमन्त्रण। कौरव युधिष्ठिर की कमजोरी पहचान गये थे। भाइयों ने बहुत समझाया पर युधिष्ठिर जुआ खेलने को तैयार। आ बैल मुझे मार। यदि अन्य भाइयों ने उनका साथ छोड़ दिया होता तो क्या होता? लेकिन सनातन धर्म का निर्वाह करने वाले भाइयों ने उनका साथ नहीं छोड़ा। शकुनि ने इस बार जुए की दूसरी शर्त बतायी। जो हार गया वह मृगचर्म धारण करके बारह वर्षों तक वन में रहेगा। तेरहवाँ वर्ष अज्ञातवास का होगा। यदि पहचान लिया गया तो पुनः बारह वर्ष का वनवास और एक वर्ष का अज्ञातवास। इस शर्त को पूरा करने पर हारा हुआ व्यक्ति अपना राज्य वापस पा लेगा। युधिष्ठिर की हार पूर्व निश्चित थी। द्रौपदी सहित पाँचों भाइयों ने महारण्य का रास्ता लिया।

वह सौन्दर्य क्या जिसमें वीर्य-विक्षोभन की क्षमता न हो। वह सुन्दरी क्या जिसका अपहरण न हुआ हो। सीता का एक बार हुआ था, द्रौपदी का बार-बार। राम ने वनवास के लिए दक्षिण को चुना था और पांडवों ने उत्तर को। इस तरह दोनों क्लासिकों से भारतवर्ष का तत्कालीन इतिहास और भूगोल उद्घाटित हो जाता है,

नदियों, तीर्थों, पहाड़ों का भी पता लग जाता है। पांडव सरस्वती, दृशद्वती और यमुना को पार करते हुए काम्यक वन में पहुँचे। विशालकाय वन वृक्षों, लताच्छादित कुंजों और हिंस्र पशुओं से पटा पड़ा था। तरह-तरह की आवाजें-हुंकार, क्रेंकार, चिंग्घाड़ ने शून्य को चीरकर चिथड़े-चिथड़े कर डाला था। वृक्षों की फुनगियों पर बैठा दिन का अरुणाभ पक्षी कभी का उड़ चुका था। कुररी पक्षी ने रात के अँधेरे में अपनी कर्कश चीख से एक अदृश्य लकीर खींच दी थी। आधी रात।

एक असाधारण महानाद। चारों ओर मृग, भेड़िये, रीछ आदि भागने लगे; पक्षियों की चाँव-चाँव से पता लगा कि कोई अप्रत्याशित खतरा है। द्रौपदी डर गयी। सामने एक विशालकाय राक्षस वन का प्रवेश-द्वार रोके खड़ा था। एक विकट अट्टहास। वह बोला— ''मैं इस वन का राजा हूँ। नर-भक्षी हूँ। मनुष्य का मांस सर्वाधिक स्वादिष्ट होता है। तुम्हारे विधाता ने तुम्हें मेरे लिए भेजा है। मैं किर्मीर हूँ।'' युधिष्ठिर ने अपना और अपने भाइयों का परिचय दिया। भीम का नाम सुनकर उसकी बाँछे खिल-खिल गयीं। ''भीम को मैं नहीं छोड़ूँगा। उसे वर्षों से खोज रहा हूँ। उसने मेरे भाई बकासुर और मित्र हिडम्ब को मार डाला था। उसकी बेटी हिडिम्बा का अपहरण भी कर लिया था।'' किर्मीर की दृष्टि द्रौपदी पर पड़ी। उसे नकुल-सहदेव ने घेर रखा था। उसने पूछा— ''युधिष्ठिर! दो युवा-बाँहों में घिरी बिजली की कौंध कौन है? विश्वसुन्दरी याज्ञसेनी! वल्कल उसके यौवन की लपट को ढँक नहीं पाते हैं, अधखुले अंग मेघवन में बिजली के फूल की तरह खिले हैं। तुम उसे मुझे सौंप दो, या ब्याह दो। पाँच की जगह छह पति हो जाएँगे। काम्यक वन में मौज-मस्ती से रहो।'' उसकी बाँहें लम्बी होती जा रही थीं। उसकी अँगुलियाँ उसके आलुलायित केश के बहुत पास आ गयीं। एक और दुःशासन। अचानक भीम ने एक बड़ा पेड़ उखाड़ कर उसे दे मारा और वह हिडम्ब-मार्ग पर चला गया।

काम्यक वन से द्वैतवन। आदमी अद्वैत की कल्पना करता है और रहता है द्वैतवन में ही। युधिष्ठिर धर्मशास्त्र के कट्टर पक्षधर, युद्ध में धर्मशास्त्र के अनुसार झूठ भी बोलते हैं। यों हमारा धर्मशास्त्र अन्तर्विरोधों से भरा पड़ा है— यह भी सही वह भी सही। द्वैतवन कुटी में अधिकतर युधिष्ठिर और द्रौपदी ही रहते हैं अन्य लोग शिकार के लिए चले जाते हैं। युधिष्ठिर द्रौपदी को धर्मशास्त्र की कथाएँ सुनाते हैं— एक ही कथा को बार-बार। वह ऊब जाती है। कभी-कभार ईश्वर के प्रति सन्देह प्रकट करती है। द्रुपद के पास चार्वाक आते-जाते रहते थे। उसका कुछ-कुछ संस्कार द्रौपदी पर भी पड़ा था। इसके लिए धर्मराज की झिड़कियाँ भी सुनती थी।

बदरिकाश्रम के पास युधिष्ठिर का आश्रम। वहाँ पर एक ब्राह्मण भी रहता था, युधिष्ठिर उसका पालन-पोषण करते थे। पूरे परिवार के एक सदस्य के रूप में। अर्जुन

बाहर चले गये थे— युद्ध के लिए दिव्यास्त्र जुटाने। भीम अपनी प्रेम-परीक्षा देने— द्रौपदी के लिए स्वर्ण-कमल लाने कुबेर-लोक गए थे। ब्राह्मण ने द्रौपदी को वन-वैभव दिखाने का प्रलोभन देकर उससे बाहर जाने की स्वीकृति ले ली। फिर तो उसने विकराल राक्षस का रूप धारण कर युधिष्ठिर, नकुल-सहदेव सहित द्रौपदी को कन्धे पर उठा लिया और जंगल की ओर भागा। युधिष्ठिर उसे धर्मोपदेश कर रहे थे। व्यास यदा-कदा अपने विदूषकीय तत्त्व भी डाल देते हैं। संयोगात् भीम आ गये और द्रौपदी को एक और अपहरण से बचा दिया। जयद्रथ द्वारा अपहृत होने पर भीम ने ही उसका उद्धार किया।

अभी तक अपहरण होता रहा, वह बचती गयी। अज्ञातवास के समय विराटनगर में वह सबसे अधिक अपमानित हुई। वहाँ उसे बलात्कार का सामना करना पड़ा। सबको ज्ञात है कि विराटनगर में पांडवों ने अज्ञातवास का एक वर्ष काटा। पर द्रौपदी के प्रवेश पर स्वयं महारानी सुदेष्णा ने आपत्ति उठायी। महारानी ने कहा— 'सैरन्ध्री (छद्मनाम) तुम्हारा सौन्दर्य देखकर मैं चकित हूँ। मेरे पति वृद्ध हैं पर तेरे अपरूप पर मुग्ध हो सकते हैं। इससे पारिवारिक संकट खड़ा हो जाएगा। जैसे केकड़े की मादा अपनी मृत्यु के लिए गर्भ धारण करती है उसी तरह तुझे इस घर में ठहराना मृत्यु को आमन्त्रित करना है।'' सैरन्ध्री के यह कहने पर कि मेरे पाँच गन्धर्व पति हैं। इस समय कुछ संकट में हैं। किन्तु आपकी किसी मुसीबत में काम आ सकते हैं। सुदेष्णा ने उसे दासी के रूप में रख लिया।

सुदेष्णा का एक भाई था कीचक। विराट राज्य का प्रबन्धन और सुरक्षा कीचक के पौरुष पर चलती थी। राजकीय परिसर में ही उसका महल भी था। एक दिन उसकी दृष्टि सैरन्ध्री पर पड़ी— उसके सामने से ही वह विद्युत की लकीर खींचती गुम हो गयी। कीचक ने अपनी बहन से कहा— ''मैंने तुम्हारी सेविका को देखा— रूपातीत मूर्त सौन्दर्य। मैं काम-बाण से विद्ध हो गया हूँ। उसे मेरी गृहस्वामिनी बना दो।'' सुदेष्णा ने सैरन्ध्री को बुलाया और स्वयं कक्ष के बाहर हो गयी। कक्ष में कीचक और सैरन्ध्री। कीचक कह रहा था— ''तुम्हारे दोनों स्तन उन्नत, कठोर पीन और सम्पन्न भी हैं।... कमल कोश सदृश तुम्हारे वक्षस्थल कामदेव के चाबुक के समान पीड़ा दे रहे हैं। तुम्हारी सटी जाँघें... कामोन्माद के लिए मुझे संयोग की दवा दे। मेरा राज्य, वैभव, ऐश्वर्य तुम्हारे चरणों में बिछा है।'' सौन्दर्य-वर्णन की ऐसी शब्दावली महाभारत में ही मिल सकती है। यह मुनि-दृष्टि है। हाँ, कालिदास 'कुमारसम्भव' के आठवें सर्ग में इससे आगे बढ़ गये हैं। हिन्दी रीतिकाव्य को कौन अश्लील कहेगा!

जैसे-तैसे कुछ दिन और बीते। कीचक को चैन नहीं। महारानी ने कहा— ''सैरन्ध्री कीचक से मद्रदेशीय मदिरा माँग लाओ।'' लगता है सोमरस पीने में उस

समय की महिलाएँ पुरुषों से पीछे नहीं थीं। अज्ञातवास। रहस्य खुलने पर पुनः बारह वर्ष का वनवास, एक वर्ष का अज्ञातवास। मरता क्या न करता। कीचक ने सहसा उसका हाथ पकड़ कर खींच लिया। खूब पिये हुए था। सैरन्ध्री ने एक धक्का दिया और कीचक जमीन पर लुढ़क गया। वह सिर पर पाँव रखकर भागी। सीधे राज-दरबार में पहुँच गयी। '*कामातुराणां न भयं न लज्जा।*' पीछे-पीछे दौड़ता हुआ कीचक भी राज-सभा में उपस्थित। सैरन्ध्री पर ऐसा पदाघात किया कि वह औंधे मुख गिर पड़ी। मुँह से खून बह निकला। कंक (युधिष्ठिर) चुप। विराट चुप। सभा सन्न। सर्वत्र साँय-साँय। युधिष्ठिर का प्रवचन शुरू— "क्षमा तप है, क्षमा लोक है, परलोक है। क्षमा करो सैरन्ध्री। तुम चली जाओ, द्यूतोत्सव बाधित होगा।" एक रटा हुआ पाठ। सही ढंग से देखा जाए तो आज भी राष्ट्र-राज्य की नौका के वे ही कर्णधार हैं।

द्रौपदी बृहन्नला (अर्जुन) के पास गयी। अर्जुन या बृहन्नला नृत्य, नाट्य सिखा रहा था— 'उत्तरा, स्त्री की काया में बड़ी-बड़ी आँखों का बहुत महत्त्व है। आँखें उठाओ, वर्तुल बरौनियाँ आँखों में सारा आकाश भर देंगी। चकपकाहट का नाट्य करो। वक्ष में उभार आ जाएगा। उसे झीने उत्तरीय से ढँक लो।' अर्जुन उत्तरा के हाथों को अपने हाथों में लेकर 'करणों' का अभ्यास करा रहा था, खिसकते उत्तरीय को सँभाल रहा था। सैरन्ध्री का काम नपुंसक से नहीं बनेगा। वह भीम के पास पहुँची। भीम से अपनी उक्ति बतायी।

उधर वह कीचक के राजमहल में पहुँची। कीचक खुशी से उछल पड़ा। उसने अपने सौन्दर्य-पाश में कीचक को बाँध लिया और सहेट के लिए रंगशाला निर्धारित की। उसने यह बताया कि आधी रात को मैं वहाँ सोई रहूँगी, तुम जगा लेना। सैरन्ध्री की जगह भीम सो गया। कीचक को एक-एक पल हजार-हजार वर्ष मालूम पड़ रहे थे। आधी रात के कुछ पहले ही कीचक रंगशाला में पहुँच गया। झाँककर देखा, कोई सोया हुआ था। कीचक ने उसे छुआ। स्पर्श भीम का, स्पर्शानुभूति सैरन्ध्री की। इसमें आश्चर्य की कोई बात नहीं। सचाई यह है कि मनुष्य अपनी अस्मिता का भोग करता है। रसानुभूत अपनी अस्मिता का भोग है। व्यास ने यहाँ चुहलबाजी का भी अवकाश निकाल लिया है। सहसा भीम ने एक छलाँग लगायी और बुरी तरह उसे पीस डाला।

कीचक की मृत्यु का समाचार वनखंडी में लगी आग की तरह फैल गया। राज-परिसर में उल्काओं की दौड़-धूप होने लगी। सैरन्ध्री पकड़ी गयी। कीचक के पाँच सूत भाइयों ने कीचक की टिकठी के पास एक दूसरी टिकठी में सैरन्ध्री को गतर-गतर कर बाँध दिया। उसे कीचक के साथ जिन्दा जलाने का निश्चय किया। अकस्मात भीम ने आकर उसे मुक्त कराया। सैरन्ध्री सुदेष्णा के महल में

गयी। सैरन्ध्री के गन्धर्व पतियों ने कीचक का वध किया था। यह बात लोगों की जबान पर थी। ऐसी विषम स्थिति में सैरन्ध्री को शरण देना बेहद खतरनाक था, महारानी ने कहा— '*गम्यतां शीघ्रं कामायसे गतिम्।*' तुम जहाँ चाहो, शीघ्र चली जाओ।

सुदेष्णा का संकट यह था कि सैरन्ध्री के अप्रतिम सौन्दर्य पर उसके पति और युवा पुत्र दोनों लट्टू थे। गन्धर्व इन दोनों को भी दबोच सकते थे। कीचक तो गया ही। सैरन्ध्री ने तेरह दिन के लिए और शरण माँगी। इसके बाद अज्ञातवास की अवधि समाप्त हो जाती है। सुदेष्णा डरी हुई थी। गन्धर्व और यक्ष अपराजेय माने जाते थे। यदि वह शरण न देती तो भी गन्धर्व दबोच सकते थे। अतः सुदेष्णा के पास अपने घर में सैरन्ध्री को रखने के अलावा कोई विकल्प नहीं था। उधर विराट के शत्रुओं को जब यह मालूम हुआ कि कीचक मारा गया है तब उन्होंने विराट पर आक्रमण कर दिया, किन्तु सैरन्ध्री के गन्धर्वों (भीम और अर्जुन) के कारण विराट सुरक्षित बच गया। यहीं पर छोटा-सा प्रसंग और आता है। बृहन्नला (अर्जुन) को युद्ध में उतारने के लिए सैरन्ध्री यानी द्रौपदी जिस उक्ति का सहारा लेती है, वह उसकी बौद्धिकता की सूचक है। अर्जुन को युद्ध करने के लिए उससे किसी को निवेदन करना था। इसके लिए सैरन्ध्री ने उत्तरा को चुना। उसने कहा कि उत्तरा प्रियदर्शिनी है, चारुस्मिता है, तन्वी है, कोमलांगी है और अल्पवयस्का है।

इसका उल्लेख किया जा चुका है कि कौरव पांडवों में सन्धि न होने के कारणों में द्रौपदी का भरी सभा में केश का खींचा जाना भी है, द्रौपदी एक ऐसी पात्र है जो निरन्तर युद्ध के लिए युधिष्ठिर को प्रोत्साहित करती रही है। अब देखना यह है कि इतने सारे संघर्षों के बाद द्रौपदी को क्या मिला? उसको चाहे जो मिला हो लेकिन भारतीय समाज में स्त्रियों की जो स्थिति पहले रही है उससे कम संकटपूर्ण आज भी नहीं है।

जो भीम द्रौपदी की सहायता के लिए, उसके प्रत्येक संकट को दूर करने के लिए बराबर तैयार रहता था वही भीम कर्ण के यह कहने पर कि एक स्त्री ने पांडवों का उद्धार किया, तिलमिला उठा। इससे जैसे भीम का और भीम के नाते समस्त पुरुष वर्ग के वर्चस्व का अपमान हुआ है। वह यहाँ तक कहता है कि 'हमारी धर्मपत्नी द्रौपदी का बलपूर्वक स्पर्श करके दुःशासन ने दूषित कर दिया है, अपवित्र बना दिया है। उससे उत्पन्न हमारी सन्तान किस काम की होगी!'

द्रौपदी के पाँचों पुत्र बुरी तरह सोते समय में मारे गये। उसका भाई धृष्टद्युम्न शस्त्रों से नहीं मारा गया। अश्वत्थामा ने उसको पैरों से मार-मार कर पिचका दिया था। शस्त्रों से न मारे जाने के कारण शास्त्र के अनुसार उसे नरक जाना पड़ता लेकिन धर्मराज द्रौपदी को सूखी धार्मिक सान्त्वना देते थे उससे द्रौपदी को क्या सन्तोष

मिला होगा, कुछ नहीं कहा जा सकता। किन्तु पाठकों को जरूर गुस्सा आता है। स्वर्ग की बात सुनकर मिर्ज़ा ग़ालिब याद आते हैं—

हमको मालूम है जन्नत की हक़ीक़त लेकिन,
दिल के बहलाने को 'ग़ालिब' ये ख़्याल अच्छा है।

इस सन्दर्भ में द्रौपदी के लिए इतना ही कहा जा सकता है कि 'दुख ही जीवन की कथा रही।' एक बड़ा ज्वलन्त प्रश्न और उठता है कि क्या आज भी उसे पुरुष की समकक्षता, स्वच्छन्दता, अधिकार, प्रतिष्ठा मिल पायी है? क्या द्रौपदी की तरह से ही उसका अपहरण नहीं हो रहा, आग में नहीं झोंका जा रहा है। मनुष्य न मानकर उन्हें गाय-बैल की तरह बेचा नहीं जा रहा है?

चेखव के नाटकों में बुद्धिजीवियों की पृच्छा है कि बीस-तीस वर्षों बाद क्या होगा। उत्तर मिलता है— स्त्री-पुरुष को नाना प्रकार की यातनाएँ दी जाएँगी, उन्हें एसिड में झोंका जाएगा, उनकी खोपड़ी को लौह-दंड से तोड़ा जाएगा। स्त्री की स्थिति बेहद दयनीय होगी। यदि चेखव ने महाभारत पढ़ा होता तो ज्ञात होता कि यह तो हजारों साल पहले हो चुका है। आज भी हो रहा है, कल भी होता रहेगा।

किन्तु इसके विरुद्ध स्त्री भी लड़ेगी और पुरुष भी। इस समय भी युद्ध जारी है। यही शाश्वत सत्य है।

कुन्ती

सुख सबका लगभग एक तरह का होता है और दुख प्रत्येक व्यक्ति का अलग-अलग होता है। इरावती कर्वे कुन्ती को सबसे दुखी स्त्री कहती हैं। वह कहती हैं—"अन्धे से विवाह हो जाने पर भी गान्धारी हस्तिनापुर के राज वैभव में रह पायी। यद्यपि उसके पति का राज्याभिषेक नहीं हुआ था तब भी वह रानी की तरह ही रही। दुर्योधन जब राजा हुआ तो उसे राजमाता का गौरव भी मिला। द्रौपदी ने जरूर बहुत कष्ट भोगे पर साथ ही उतना वैभव भी पाया।... परन्तु कुन्ती के भाग्य में जौ के बराबर भी सुख रहा हो, ऐसा हम नहीं पाते। अलबत्ता जीवन भर उसे दुखों के पहाड़ ही अपनी छाती पर उठाने पड़े थे। जिन-जिन पुरुषों से उसका सम्बन्ध हुआ, सबने अपने-अपने तौर पर उसे कष्ट ही पहुँचाया।" आश्चर्य है कि स्त्री होते हुए भी कर्वे को यह नहीं सुझाई पड़ा कि अन्धे से विवाह होना स्त्री की सबसे बड़ी अटूट पीड़ा है। उसके पिता सुबल ने बिना किसी हिचक के उसका विवाह अन्धे धृतराष्ट्र से कर दिया। उसके सौ पुत्र मारे गये। पन्द्रह वर्षों तक भीम के विष बुझे व्यंग्य बाण सहने पड़े। जाहिर है कि किसी का दुख किसी दूसरे के दुख से छोटा-बड़ा नहीं होगा।

कृष्ण के पितामह, वसुदेव के पिता राजा शूरसेन की पुत्री का मूलतः नाम पृथा था। महाभारत में वैशम्पायन कहते हैं कि इस भूमंडल में उसके रूप की तुलना में दूसरी स्त्री नहीं थी। पुराणों में प्रत्येक स्त्री सुन्दर ही कही जाती है। अतिशयोक्ति पुराण-शैली है। कर्वे कहती हैं कि पृथा नाम से अनुमान लगता है वह मोटी रही होगी। शूरसेन के फुफेरे भाई कुन्तिभोज निस्सन्तान थे। शूरसेन ने उससे वादा किया था कि वह अपनी पहली सन्तान उसे दे देगा। वह कुन्तिभोज की दत्तक पुत्री बन गयी। पर यह दुख की खास बात नहीं थी। सन्तानों को दत्तक के रूप में आज भी दिया जाता है। कुन्तिभोज के यहाँ उसका नाम कुन्ती हो गया। उसके दुख की शुरुआत कुन्तिभोज के राजमहल से होती है। वहाँ पर उसे देवताओं के पूजन और अतिथियों की सेवा का कार्य सौंपा गया।

एक दिन कुन्तिभोज के घर दुर्वासा ऋषि का आगमन हुआ। महाक्रोधी ऋषि

एक पौराणिक कल्पना है। वैदिक ग्रन्थों में इसका उल्लेख नहीं है। सम्भव है कि ब्राह्मणों ने अपने क्रोध को भयावह बनाने के लिए उसकी कल्पना की हो। दुर्वासा नाम से ही विदित है। इसके शरीर से दुर्गन्ध निकलती थी। यदि आतिथेय से ज़रा भी चूक हुई तो दुर्वासा शाप देने से नहीं चूकते थे। वह फूहड़ तो था ही परम क्रोधी भी था। इसका उल्लेख कई पुराणों में हुआ है— भागवत, विष्णुपुराण, वायुपुराण, पद्मपुराण आदि। महाभारत में ब्राह्मण-महत्त्व तो भरा पड़ा है। किन्तु अनुशासन पर्व में तो उसके ही महत्त्व का विस्तृत वर्णन है। इसमें कृष्ण अपने बेटे प्रद्युम्न से दुर्वासा की कथा कहते हैं। वह रुक्मिणी को रथ में जोत कर कोड़े लगाता है, कृष्ण देखते रहते हैं। कृष्ण की सहिष्णुता देखकर वह वरदान देता है— "केशव! ब्राह्मणों के प्रति सदा ऐसी बुद्धि बनी रहे।" ब्राह्मणवाद का कितना घिनौना रूप है! उसके अन्य जादुई कार्यों से चकित होकर कृष्ण ने प्रद्युम्न से कहा— "आज से कोई ब्राह्मण मुझसे जो कुछ कहेगा, वह सब मैं पूर्ण करूँगा।" यही दुर्वासा कुन्तिभोज के अतिथि होते हैं। उसकी सेवा का दायित्व कुन्ती पर था। उसकी सेवा-सुश्रूषा से प्रसन्न होकर विदा होते समय पुत्र-प्राप्ति के लिए उसने कुन्ती को एक मन्त्र बताया। महाभारत में उसे 'अभिचार संयुक्तम्' कहा गया है। किसी को मारने, पराजित या वश में करने के लिए इसका प्रयोग होता है। इस मन्त्र का परीक्षण करने के लिए कुन्ती ने अनजाने ही सूर्य देवता का आह्वान किया। सूर्य द्वारा उसे एक पुत्र पैदा हुआ। लोकलज्जा के कारण कुन्ती ने उसे एक मंजूषा में बन्द कर नदी में बहा दिया। यही पुत्र कर्ण के नाम से प्रसिद्ध हुआ। इस अपराध-बोध से वह कभी उबर नहीं सकी।

युद्ध के ठीक पूर्व कुन्ती कर्ण के पास गयी और उसे अपना पुत्र बताते हुए पांडवों से मिल जाने का निवेदन किया। किन्तु कर्ण उसे क्षमा नहीं कर सका। लेकिन अर्जुन को छोड़ उसके किसी अन्य पुत्र का वध न करने का वचन दे दिया। युद्ध में उन्हें वध की स्थिति में पाकर भी छोड़ दिया। इससे कुन्ती का अपराध-बोध और भी गहरा हो गया होगा। दावाग्नि में तो वह बाद में जली। इस दावाग्नि में जीवन-भर जलती रही। निर्वीर्य पांडु से विवाह क्या इसी पाप का फल तो नहीं है? खैर, पाप-पुण्य की पारम्परिकता खंडित हो चुकी है। पर पांडु के विवाह से लेकर वन में जाने की कथा रहस्यपूर्ण है।

हस्तिनापुर में थोड़े दिन रहने के बाद पांडु अपनी पत्नियों के साथ वन में चले आये और वहीं रहने लगे। पत्नियों ने भी वन में रहने का समर्थन किया। महाभारत में कहा गया है कि कुन्ती और माद्री की प्रेरणा से वे वन में रहने लगे। यों उन्हें वन में रहकर शिकार खेलने का व्यसन पहले से ही था। लेकिन हस्तिनापुर रहकर भी यह शौक पूरा किया जा सकता था। राजधानी में कुन्ती-माद्री आराम से रहतीं।

सबको लेकर वन चले जाने का क्या तुक है? वन में गये तो एक बार भी लौट कर हस्तिनापुर की ओर नहीं झाँका। राजकाज धृतराष्ट्र के जिम्मे था। वन में एक दिन उसने मृग रूपी ऋषि, जो मृगी बनी अपनी पत्नी से सम्भोग कर रहा था, का शिकार कर डाला। ऋषि ने दुखी हो शाप दिया कि वह नपुंसक हो जाए। यह कहानी उसके नपुंसकत्व को छिपाने के लिए बाद में गढ़ी गयी मालूम पड़ती है। कुन्ती ने भी सोचा होगा कि राजधानी से दूर दुर्वासा द्वारा प्रदत्त मन्त्र का उपयोग किया जा सकता है। पांडु ने सहर्ष अनुमति दे दी। पांडु स्वयं नियोग द्वारा पैदा हुए थे। विभिन्न देवताओं के संयोग से युधिष्ठिर, भीम और अर्जुन की उत्पत्ति हुई। युधिष्ठिर धार्मिक थे इसलिए धर्म को उसका पिता बताया गया, भीम वेगयुक्त थे अत: उसके पिता वायु हुए, अर्जुन के पिता इन्द्र थे। एक दिन कमसिन माद्री को देखकर पांडु उससे लिपट गये और उसकी मृत्यु हो गयी। माद्री सती हो गयी। पति-पत्नी का दाह-संस्कार वन में कर दिया गया था। मुखाग्नि युधिष्ठिर ने दी।

ऋषि ने बालकों सहित कुन्ती को हस्तिनापुर ले जाने का निश्चय किया। ऋषियों के संरक्षण में कुन्ती पाँचों पांडवों के साथ पांडु-माद्री के अस्थि-कलश लेकर हस्तिनापुर पहुँची। उस समय युधिष्ठिर सोलह वर्ष के थे। ऋषियों के कहने पर पांडवों को पांडु-पुत्र मानकर हस्तिनापुर में उनका स्वागत किया गया। एक ओर स्वागत समारोह दूसरी ओर अस्थियों का प्रेत-संस्कार। ग्रह-नक्षत्रों का विचित्र संयोग। कुन्ती का दुख आरम्भ होता है।

रंगभूमि में आचार्य द्रोण राजकुमारों की शस्त्रास्त्र परीक्षा ले रहे थे। अर्जुन अपना कौशल प्रस्तुत करते हुए प्रेक्षकों को चमत्कृत कर चुके थे। इसी समय सूर्य के समान तेजस्वी कर्ण भुजाओं पर ताल ठोंकता हुआ रंगभूमि में आ पहुँचा। उसे देखकर द्वारपालों ने फाटक खोल दिया। उसने कृपाचार्य और द्रोण को अवहेलनापूर्वक प्रणाम किया, फिर उन रण-कौशलों को दिखाया जो अर्जुन दिखा चुके थे। उसने अर्जुन को द्वन्द्वयुद्ध के लिए ललकारा। अर्जुन तैयार हो गया। कुन्ती ने कुंडलधारी कर्ण को पहचान लिया। दोनों पुत्रों को द्वन्द्वयुद्ध के लिए आमने-सामने खड़े देखकर वह मूर्च्छित हो गयी। किसी प्रकार उसे होश में लाया गया। किन्तु अपनी वेदना को मन में ही दबाये रही। दुर्योधन को अर्जुन के समकक्ष वीर मित्र मिल गया। द्रोण चकित थे कि अरे, वह दूसरा एकलव्य कौन है? अर्जुन की अद्वितीयता के सामने एक प्रश्न चिह्न लग गया। इसी समय यदि कुन्ती ने कर्णजन्म का रहस्य उद्‌घाटित कर दिया होता तो कोई पहाड़ नहीं टूट पड़ता, महासमर टल जाता। उस समय यह सब चलता रहता था। लोकलज्जा का कोई गम्भीर कारण नहीं माना जा सकता था। स्वयं व्यास की उत्पत्ति कैसे हुई थी? पांडवों के जन्म की कहानी सर्वविदित थी।

कौरवों-पांडवों के बीच मनमुटाव की खाई चौड़ी होती गयी। दुर्योधन के कहने

पर धृतराष्ट्र ने पांडवों को मेला देखने के बहाने वाराणवत भेज दिया। वहाँ पर उसने एक आकर्षक लाक्षागृह बनवाया जो आग छूते ही घास-फूस की तरह जल सकता था। विदुर को दुर्योधन के षड्यन्त्र की भनक लग गयी थी। उसने युधिष्ठिर को कूटभाषा में आगाह कर दिया था। वहाँ जाकर युधिष्ठिर भीम से बोले— "यह आग्नेय घर है, दुर्योधन का मन्त्री पुरोचन, जिसने इसे बनवाया है, हमें जला देना चाहेगा।" भीम ने कहा कि इस खतरे से बचने के लिए हमें कहीं अन्यत्र चले जाना चाहिए। युधिष्ठिर को डर था कि दूसरी जगह जाने पर दुर्योधन उन्हें मरवा देगा। पांडवों की स्थिति ऐसी नहीं थी कि वे इस समय युद्ध कर सकें। अत: पुरोचन को विश्वास में लेकर कुछ करना ही उचित था। विदुर द्वारा भेजे एक खनक ने लाक्षागृह के भीतर एक सुरंग खोद दी। आग लगने के समय पांडव इससे होकर अक्षत बाहर जा सकते थे। कुन्ती भी पुरोचन को गुमराह करने में लग गयी। पुरोचन ने आग लगाने की तिथि निश्चित कर रखी थी। पांडव उसके पहले ही निकल जाना चाहते थे।

एक दिन अनुकूल अवसर पाकर पांडवों ने रात में स्वयं लाक्षागृह में आग लगा दी। उसमें पुरोचन तो जला ही एक भीलनी भी अपने पाँच बेटों के साथ जल मरी। पांडव-कुन्ती सुरंग से निकलकर बच गये। महाभारत के अनुसार भीलनी संयोग से आ गयी थी, मदिरा पीकर धुत थी। वहीं सो गयी और जल मरी। ऐसा लगता है कि यह पांडवों द्वारा प्रायोजित था। एक श्लोक से विदित होता है कि युधिष्ठिर ने भाइयों से स्वयं कहा था— "इस आयुधागार में आग लगाकर पुरोचन को जलाकर, इसके भीतर छह प्राणियों को रखकर हम इस तरह भाग निकलें कि कोई हमें देख न सके।" इस काम में कुन्ती ने सक्रिय सहयोग दिया। अनुकूल अवसर पर उसे स्वयं कुन्ती ने किया।

यह अवसर सहसा घटित नहीं हुआ होगा। कुन्ती ब्राह्मणों को प्राय: खिलाती-पिलाती और दान-दक्षिणा देती रही होगी। वह भीलनी भी आती रही होगी। एक दिन इस आयोजन में जब वह आयी होगी तो उसे भोजन कराने के साथ खूब मदिरा पिलाई गयी होगी। उसके पाँच बेटे भी थे। एक स्त्री और पाँच पुरुषों के जल जाने पर कौरवों को विश्वास हो जाएगा। कि पांडव कुन्ती सहित आग में जल मरे। उन्हें छ: अस्थि-पंजर भी मिल जाएँगे। पांडवों के इस आचरण को न तो नैतिक कहा जा सकता है और न धार्मिक। लेकिन पांडवों के पास आत्मरक्षा के लिए कोई अन्य विकल्प नहीं था। महाश्वेता देवी ने इस 'थीम' पर एक सशक्त कहानी लिखी है।

क्षत्रियत्व का उसे अभिमान था। इसीलिए कर्ण ने उसे माता न कहकर 'क्षत्रिये' सम्बोधित किया था, यद्यपि कर्ण के सन्दर्भ में यह एक व्यंग्य भी था। कृष्ण के प्रयास के बावजूद कौरवों-पांडवों में सन्धि नहीं हो सकी। हस्तिनापुर से लौटते

समय कृष्ण अपनी बुआ कुन्ती से मिलने गये। कुन्ती ने अपने बेटों के लिए जो सन्देश दिया वह उसके चरित्र पर प्रचुर प्रकाश डालता है। मुख्य सन्देश युधिष्ठिर के नाम था। कुन्ती ने विदुला का एक उपाख्यान सुनाया। विदुला ने युद्धक्षेत्र से भाग कर आये हुए पुत्र को कड़ी फटकार सुनायी। विदुला को उसने कई विशेषणों से याद किया है— यशस्विनी, मन्युमती (स्वाभिमानी), क्षत्रियधर्मपरायणा आदि, जो वह स्वयं थी। वह पुत्र से कहती है— "तुम क्रोध शून्य हो, क्षत्रियों में गणना करने योग्य नहीं हो। तू नाम मात्र का पुरुष है, नपुंसक है। तू शत्रुरूपी साँप का दाँत तोड़ता हुआ तत्काल मृत्यु को प्राप्त हो जा।" '*उत्तिष्ठ हे कापुरुष मा स्वाप्सीः शत्रुनिर्जितः*' 'हे कापुरुष उठ'। शत्रु से पराजित होकर पड़ा मत रह। आकाश में उड़ते हुए श्येन (बाज) की तरह रणभूमि में विचरो। दो घड़ी तक धधक कर, प्रज्वलित होकर जीना अच्छा है, न कि दीर्घकाल तक धुँधुआते हुए जीना। पुरुष वह है जो शस्त्रज्ञान, तपस्या, पराक्रम में दूसरों को पराजित कर देता है। संजय, भाग्यहीन, दूसरों के अन्न पर जीने वाले, दीन-दुर्बल मनुष्यों की वृत्ति का अनुसरण न कर।' माँ से प्रेरणा लेकर संजय ने शत्रु को पराजित कर अपना राज्य प्राप्त कर लिया। दूसरे पुत्रों को भी उसने युद्ध की प्रेरणा दी।

कुन्ती कूटज्ञ भी प्रतीत होती है। युद्ध के ठीक पूर्व कर्ण को अपने पक्ष में करने के लिए उसके पास गयी। इतने दिनों बाद उसे पुत्र कर्ण की याद आयी। कृष्ण ने भी कर्ण को पांडवों के पक्ष में लाने का प्रयास किया था। उन्होंने अनिन्द्य सुन्दरी द्रौपदी के साथ समागम का भी चारा फेंका था। यह कुन्ती को ज्ञात रहा होगा। कुन्ती को मालूम था कि कर्ण उस मिट्टी से बना था जो कभी-कभी ही मिल जाती है। वासुदेवशरण अग्रवाल की एक वाक्य में टिप्पणी है— "सचमुच कर्ण जैसा महात्मा दुर्लभ है।" कुन्ती काफी चालाक भी थी। कर्ण के पास जाने से उसका स्वाभिमान आहत होता है। पर स्व-हित में स्वाभिमान की परवाह न कर वह जाती है। कर्ण से मिलने का जो समय चुनती है वह उसकी बुद्धिमत्ता का परिचायक है। जिस समय वह पहुँची उस समय कर्ण सूर्य को अर्घ्य दे रहा था। स्वकार्य सिद्धि के लिए कुन्ती ने इस त्यक्त पुत्र की भरपूर प्रशंसा भी की। इसके उत्तर में कर्ण ने कुन्ती की भर्त्सना करते हुए कहा— "तुमने मुझे क्षत्रिय-संस्कार से वंचित रखा। इससे बढ़कर शत्रुता का कार्य और क्या हो सकता है? आज तुम स्वहित में मुझे उपदेश दे रही हो। फिर भी तुम्हारा आना व्यर्थ नहीं होगा। मैं अर्जुन को छोड़ तुम्हारे अन्य किसी पुत्र का वध नहीं करूँगा।" कुन्ती किसी भी स्त्री की तरह अपना काम करा लेने में निपुण थी। वह कर्ण से पुनः निर्लज्जतापूर्वक कहती है— "शत्रुदमन, तूने चार भाइयों को अभयदान दिया है। अपनी प्रतिज्ञा पर दृढ़ रहना।" कर्ण-वध पर पांडवों को अद्भुत हर्षोल्लास हुआ। कुन्ती भी प्रसन्न ही हुई होगी। अर्जुन की जान बची

लाखों पाये।

जलांजलि देते समय उसे पुनः कर्ण की याद आयी। क्या कर्ण के प्रति किये गये अपने अन्याय को वह भूल नहीं सकी? और उसका दर्द उसे आजीवन टीसता रहा। महाभारत के पाठ से ऐसा नहीं लगता। बातचीत के सिलसिले में उसने कुन्ती से कहा था— ''योग्य क्रिया-कर्म करने से मनुष्य की सद्‌गति होती है।'' कर्ण जैसा मनस्वी व्यक्ति मरणोपरान्त होनेवाले क्रिया-कर्म की ओर संकेत नहीं कर सकता। इसका अर्थ वर्ण-गत-संस्कार से होगा, जिसे कुन्ती ने नहीं किया। अब उसने सोचा वह जीवन भर अपने योग्यतम बेटे के लिए कुछ नहीं कर सकी तो उसके मरने पर क्रिया-कर्म तो करा दे। आखिरकार युधिष्ठिर से कर्ण-जन्य रहस्य खोलते हुए जलांजलि देने के लिए कहा। यह जानकर कि कर्ण उसका बड़ा भाई है, युधिष्ठिर को घोर दुख हुआ। महाभारत युद्ध का सारा दायित्व कुन्ती पर ठेल दिया। उसने कहा— ''यदि तुमने पहले ही बता दिया होता तो यह युद्ध ही नहीं होता। तुम्हारे ही कारण कुरुकुल का विनाश हुआ, पांचाल मारे गये। धरती वीर-विहीन हो गयी। इस सत्यानाश के मूल में तुम हो।'' ऐसा करते हुए उसने शाप दे डाला— ''आज से स्त्रियों के पेट में कोई बात नहीं छिपेगी।'' इसे लोग प्रक्षिप्त कहते हैं। यही क्या, सभी शाप कपोलकल्पित होते हैं। वे परिस्थितिजन्य मनोदशाओं के सूचक हैं।

गान्धारी-धृतराष्ट्र के वन जाते समय उनके साथ कुन्ती का आना एक रहस्य मालूम पड़ता है। जेठ-जेठानी की सेवा का भाव अचानक क्यों जाग उठा? इसके पहले इसका कोई संकेत नहीं मिलता। गान्धारी-धृतराष्ट्र वन जाने के पहले वर्षों तक हस्तिनापुर में रह चुके थे। उन दिनों कुन्ती उनकी सेवा के लिए बहुत नहीं दिखाई पड़ती। भीम के ताने को झेलने की अपेक्षा धृतराष्ट्र ने वन में तपस्या करना अधिक अच्छा समझा। भीम ने ही उनके सौ पुत्रों का वध किया था। वही वृद्ध दम्पती को अपमानित कर रहा है। युधिष्ठिर का धर्मोपदेश इस कान से सुनकर उस कान से निकाल देता है। कुन्ती कुछ नहीं बोलती। ऐसी स्थिति में उसका वन जाना आश्चर्यजनक मालूम पड़ता है। अब वह राजमाता है। हस्तिनापुर का सारा वैभव उसके चरणों में लोट रहा है। फिर वह वन को क्यों जा रही है?

गान्धारी-धृतराष्ट्र के साथ संजय और विदुर भी जा रहे हैं। दोनों जीवन भर धृतराष्ट्र के साथ रहे। अतः उनका जाना स्वाभाविक है। कुन्ती के जाने के मूल में कहीं विदुर तो नहीं है? गान्धारी, द्रौपदी के सारे पुत्र मारे जा चुके हैं। किन्तु कुन्ती के पाँचों पुत्र (इनमें दो माद्री के शामिल हैं) महासमर से बचकर जीवित हैं। सारा राज्य, वैभव उनके अधिकार में है। कुन्ती, जैसा कि उसने स्वयं कहा है, कुछ दिनों तक रानी भी रही होगी। अब वह राजमाता है। फिर वह वन को क्यों जा रही है?

महाराष्ट्र की सुप्रसिद्ध समाजशास्त्री लेखिका इरावती कर्वे ने 'महाभारत' पर

लिखी गयी अपनी पुस्तक 'युगान्त' में सिद्ध करने की कोशिश की है कि युधिष्ठिर विदुर के पुत्र थे। उनकी दलीलें तर्कसंगत प्रतीत होती हैं। इसका विवेचन एक पूरे अध्याय 'पिता-पुत्र' में किया गया है। इन दलीलों पर टिप्पणी जड़ते हुए बांग्ला साहित्य के प्रसिद्ध लेखक बुद्धदेव बसु ने अपनी पुस्तक 'महाभारतेर कथा' में एक लम्बी टिप्पणी जड़ी है, जो दृष्टव्य और विचारणीय है।

महाराष्ट्रीय लेखिका इरावती कर्वे ने इस विषय में एक विकल्प प्रस्तावित किया है।

श्रीमती कर्वे ने अनुमान लगाया है कि युधिष्ठिर के वास्तविक पिता विदुर हैं। यह एक चमत्कारिक सुझाव है। खासतौर से इसलिए कि इसे सहज स्वीकार किया जा सकता है क्योंकि हम सभी लोग युधिष्ठिर और विदुर के चरित्रगत सादृश्य से अवगत हैं। इन दोनों में बहुत गम्भीर सम्बन्ध है, जो महाभारत में आदि से अन्त तक अनुस्यूत है, यद्यपि उसके सम्बन्ध में बहुत कम कहा गया है। श्रीमती कर्वे की उक्तियाँ विचारणीय हैं।

"प्रथम तो यह कि विदुर कुन्ती के देवर हैं, अतएव नियोग के पक्ष में वे विशेष रूप से इसके लिए उपयोगी ठहरते हैं। दूसरा यह कि अणिमाढव्य ऋषि के शाप से धर्मराज (यम) विदुर के रूप में शूद्र योनि में जन्म लेते हैं (आदि, 108)। तीसरी युक्ति यह है कि विदुर मृत्यु के पूर्व अपनी सम्पूर्ण प्राणशक्ति और आत्मा को युधिष्ठिर की देह में विलीन कर देते हैं (आश्रमवासिक, 26)। श्रीमती कर्वे कहती हैं कि मूमूर्ष पिता का पुत्र के प्रति इस प्रकार के आचरण का उल्लेख उपनिषदों में हुआ है। वे उपनिषदों का नाम नहीं बतातीं। और चौथा— लेखिका के विचार से यह उसकी जोरदार उक्ति है। विदुर के तिरोधान के बाद शीघ्र ही व्यास धृतराष्ट्र के पास आये और कहा कि कवियों ने विदुर को धर्म के नाम से अभिहित किया है जो शम, दम से सम्पन्न महात्मा है और युधिष्ठिर को योगबल से उत्पन्न किया था।

बुद्धदेव को कर्वे की मान्यता स्वीकार नहीं है। वह कहता है कि कुन्ती के सभी पुत्र देवताओं के समागम से पैदा हुए थे। विदुर देवता नहीं थे। कुन्ती निम्न जाति से समागम नहीं कर सकती थी। लेकिन ये दोनों तर्क विश्वसनीय नहीं बन पाते। देवता के साथ नियोग हवाई है। देवता को किसने देखा है? महाभारत काल में स्त्रियाँ बहुत कुछ स्वतन्त्र थीं। अत: कर्वे का अनुमान सही माना जा सकता है। पांडवों के तेरह वर्षों के वनवास के समय कुन्ती मायके भी जा सकती थी। किन्तु वह विदुर के घर में क्यों रही?

यदि दुख की माप की जाए तो गान्धारी और द्रौपदी का दुख भारी पड़ेगा। कुन्ती को मनोवांछित पुरुषों से समागम की छूट थी। पन्द्रह वर्षों तक राजमाता रही।

गान्धारी-द्रौपदी के सारे पुत्र युद्ध में मारे गये। कुन्ती के पाँचों पुत्र सुरक्षित बने रहे। माँ को इससे बड़ा सुख क्या होगा? कर्ण जरूर मारा गया, पर उसके मारे जाने पर ही तो यह राजमाता बन पायी। लेकिन अन्त में जेठ-जेठानी की सेवा के लिए वन में जाना श्लाघ्य है, किन्तु कदाचित् उसके अन्य कारण भी थे। इन कारणों में कर्ण के प्रति अपराध-बोध भी है। दावाग्नि की व्यंजना यह भी है कि अपराध-बोध की अग्नि में वह बराबर जलती रही। इस अपराध की वजह से ही महाभारत युद्ध भी हुआ।

नील चक्षु नकुल और युधिष्ठिर का निर्वेद

महाभारत का युद्ध समाप्त हो गया। युद्ध में मारे गये बन्धु-बान्धवों, पुत्र-पतियों-पिताओं को जलांजलि देने के लिए हस्तिनापुर के निकट गंगा-तट की रेती पर पाँचों पांडव, धृतराष्ट्र आदि के साथ गान्धारी, कुन्ती, द्रौपदी तथा स्त्रियों का एक समूह बैठा हुआ है। रेत की तरह मृत्यु-गन्ध पसरी हुई है, दूर-दूर तक वीरानगी का अछोर प्रसार। गंगा की उदास उर्मियाँ चुप्पी को तोड़ती जरूर हैं लेकिन चुप्पी भारी पड़ती है। सब लोग जलांजलि देने के लिए गंगा-जल में पंक्तिबद्ध खड़े हैं— आगे पुरुष, पीछे स्त्रियाँ। लोग कुन्ती की ओर देख रहे हैं। उसके पाँचों पुत्र जीवित हैं, किसको जलांजलि देगी? सबको गंगाजल में खड़ी देखकर वह भी खड़ी हो गयी होगी।

जलांजलि का कार्यक्रम चल ही रहा था कि कुन्ती के कंठ से एक रोती भर्रायी हुई कातर ध्वनि फूट पड़ी— "पांडवो! जो महाधनुर्धर, यूथपतियों का यूथपति, बल-विक्रम में अद्वितीय, यशस्वी, दानवीर, संग्राम में कभी पीठ न दिखानेवाला, सत्यप्रतिज्ञ कर्ण, जिसे तुम लोग सूतपुत्र कहा करते थे, वह तुम लोगों का ज्येष्ठ भ्राता था। तुम लोग उसे जलांजलि दो।" माँ का यह कातर वचन सुनकर सभी पांडव क्लान्त हो उठे। व्यास सभी पांडवों को क्लान्त या दुखी कहकर औपचारिकता का निर्वाह भर करते हैं। इससे युधिष्ठिर तथा अन्य भाइयों की मानसिकता भी उजागर हो जाती है। युधिष्ठिर की मार्मिक व्यथा को चित्रित करने में दस से अधिक श्लोक लिखे गये हैं। भीम और अर्जुन चाहे जितने बड़े वीर हों, पर मनुष्यता में युधिष्ठिर से बहुत छोटे पड़ते हैं। युधिष्ठिर ने यहाँ तक कहा है— "अभिमन्यु, द्रौपदी के पुत्र, पांचालों के विनाश तथा कुरुओं के पतन से हमें जितना दुख हुआ था, उससे यह दुख सौ गुना अधिक व्यथित कर रहा है।" उन्होंने माँ से कहा— "यदि तुमने पहले बताया होता तो कुरुकुल का सर्वनाश करनेवाला संग्राम ही न होता।" अन्त में उनका एक शाप— "आज से स्त्री अपने हृदय में कोई गुप्त रहस्य नहीं छिपा सकेगी।"

जलांजलि देने के अनन्तर सभी लोग पुनः उसी रेती पर बैठे। बेहद उदास, राजकाज से वितृष्ण, उद्विग्न युधिष्ठिर ऋषियों, मुनियों, पांडवों और हस्तिनापुर

निवासियों से घिरे हुए थे। प्रायश्चित के निमित्त उन्हें एक मास तक उसी रेती पर रहना है। सहसा नारद ने पूछा— "संग्राम से मुक्त होकर क्षत्रिय धर्म के पालन में तत्पर आप प्रसन्न तो हैं न?" "मुनि श्रेष्ठ! इतने लोगों को मरवा कर मुझे विजय पराजय-सी जान पड़ती है— '*जयेऽयमजयाकारो...।*' सबसे बड़ा दुख तो यह जानकर हुआ कि अद्वितीय वीर, दृढ़प्रतिज्ञ, महामनस्वी कर्ण को हमने मरवा डाला। वह हमारा बड़ा भाई था। कुन्ती ने उसे कुमारावस्था में जन्म देकर गंगा में बहा दिया। यदि कर्ण हमारे साथ होता तो कर्णार्जुन इन्द्र को भी जीत सकते थे। उसने चाहा होता तो हम चार भाइयों को (युधिष्ठिर, भीम, नकुल, सहदेव) युद्ध में मार डालता, पर छोड़ दिया। उसे मालूम था कि हम उसके भाई हैं।

शोकाकुल युधिष्ठिर ने अर्जुन को बुलाकर कहा— "अच्छा होता हम लोग वृष्णिवंशियों के राज्य द्वारिका में जाकर भिक्षाटन से जीविका-निर्वाह करते। कुटुम्ब का सर्वनाश तो न होता। क्षत्रियों के बल, पौरुष, अमर्ष और आचार को धिक्कार है। उसके कारण हम इस दुर्दशा को प्राप्त हुए हैं। इस तुच्छ पृथ्वी के लिए अवध्य राजाओं की हत्या की। हमारे लिए इस मांस तुल्य राज्य को पाना अभीष्ट नहीं है। मैं वन में चला जाऊँगा। तुम लोग इस निष्कंटक राज्य का भोग करो।"

अर्जुन युधिष्ठिर के मत का निराकरण करते हुए धन की महिमा का समर्थन करते हैं। राजा दूसरों के धन का अपहरण करके ही यज्ञ का अनुष्ठान कर सकते हैं, धन के बल पर ब्राह्मण अध्ययन-अध्यापन करते हैं। किसी भी राजा के पास ऐसा कोई धन नहीं है जो दूसरों के धन का अपहरण करके न लाया गया हो। इसी धन से वह शुभ कर्मों का अनुष्ठान करता है। देवताओं ने ज्ञातिद्रोह के आधार पर ही स्वर्ग पर अधिकार कर रखा है। आप दक्षिणायुक्त अश्वमेध का अनुष्ठान करें। युधिष्ठिर को ऐसा धन नहीं चाहिए।

अब भीम समझा रहे हैं। वे अर्जुन की तरह ऋजु नहीं थे। वे बोले— "भरतवंशी नरेश, हम लोग ही यहाँ निन्दा के पात्र हैं कि आप जैसे मन्द चेतन व्यक्ति को बड़ा भाई समझकर आपके पीछे-पीछे चलते हैं, एक क्लीव भाई की आज्ञा मानते रहते हैं।" भीम भी कभी-कभी दार्शनिक मुद्रा धारण कर लेते हैं और सार्थक बातें करते हैं। उसने कहा— "सब लोग महाभारत लड़ चुके हैं। लेकिन आपका युद्ध अब आरम्भ होगा। कुरुक्षेत्र में दोनों ओर की सेनाएँ लड़ रही थीं। इस युद्ध में अकेले सैनिक होंगे— आप पक्ष में भी होंगे और विपक्ष में भी। इस युद्ध में शस्त्रास्त्रों का कोई काम नहीं है। '*मनसैकेन योद्धव्यं।*' विजय तो कठिन है। 'विजयी भव।' कुन्ती नन्दन! विधिवत दक्षिणा देते हुए अश्वमेध यज्ञ का अनुष्ठान करें।" कभी-कभी कम बुद्धि के लोग भी ऐसी तलस्पर्शी बातें कह जाते हैं कि हम आश्चर्यचकित हो जाते हैं। प्रत्येक सहृदय मनुष्य को किसी-न-किसी स्थिति

में अपने से लड़ना पड़ता है। उसके हृदय में निरन्तर महाभारत होता रहता है।

द्रौपदी का समझाना अपने ढंग का है— स्त्री के ढंग का। द्रौपदी का उल्लेख आया नहीं कि व्यास पहले उसका सौन्दर्य-वर्णन करते हैं— मुख्यतः श्रोणि (नितम्ब), आयत चक्षु, वक्ष, जाँघ आदि का। आज के मनोविज्ञान की भाषा में इसे द्वितीय यौन-वैशिष्ट्य (सेकंडरी सेक्सुअल कैरेक्टर) कहते हैं। यहाँ भी वह वर्णन है। स्त्री के सौन्दर्य का प्रभाव तो पड़ता ही है। द्रौपदी ने समझाना शुरू किया— ''राजन्! द्वैतवन में आप अपने दुखी भाइयों को धैर्य देते हुए कह रहे थे कि विजय की आकांक्षा रखनेवाले हम लोग युद्ध में दुर्योधन को मारकर रथियों को विरथ करके, हाथियों, अश्वारोहियों के शवों और टूटे-फूटे रथों से पृथ्वी को पाट देंगे। उस समय पर्याप्त धन-दक्षिणा वाले समृद्धशाली यज्ञों द्वारा तुम लोगों का दुख सुख में बदल जाएगा।

जिनका जेठा भाई उन्मत्त हो जाता है, वे भी उसी का अनुसरण करने लगते हैं। आपके उन्माद से वे भी उन्मादित हो गये हैं। यदि ये उन्मत्त न हुए होते तो नास्तिकों के साथ आपको भी बाँधकर वसुन्धरा पर शासन करते, नरश्रेष्ठ! अनेकानेक यज्ञों का अनुष्ठान और शत्रुओं के साथ युद्ध कीजिए। ब्राह्मणों को दान, भोग सामग्री और वस्त्रों का दान दीजिए।'' युधिष्ठिर के अपने परिवार के लोग समझाकर थक चुके हैं। युधिष्ठिर के कानों पर जूँ नहीं रेंगती। उसका मन राजा बनने से बार-बार इनकार करता है। अब व्यास और कृष्ण की पारी थी। व्यास उसके पितामह और कृष्ण सहायक और एक प्रकार के ईश्वर।

व्यास उन्हें नाना प्रकार की कहानियाँ सुनाकर राजोचित कर्तव्य के पालन की शिक्षा देते हैं। धर्मशास्त्र के उल्लंघन से राजा का पतन हो जाता है। यज्ञ पर जोर यहाँ पर भी है। कृष्ण ने उन्हें 'षोडषराजकोपाख्यान' सुनाया अर्थात् सोलह महाप्रतापी, यज्ञकर्ता, दानवीर, सोमपायी राजाओं की कथा। ये लोग ब्राह्मणों के परम भक्त थे। ये कथाएँ बाद में महाभारत में गुप्तकाल में जोड़ी गयी थीं। इतने प्रतापी होने पर भी सबके सब मर गये। अतः ज्ञातिवध के कारण युधिष्ठिर को शोक नहीं करना चाहिए। व्यास ने ज्ञातिवध आदि पापों के प्रायश्चित्त के लिए अश्वमेध करने के लिए कहा। कृष्ण के कहने से वे नगर में प्रवेश करते हैं। नगर में प्रवेश करते समय ही एक ब्राह्मण भेषधारी चार्वाक बोल उठा— ''युधिष्ठिर! तुम ज्ञातिवध (कुटुम्बियों का वध) करनेवाले हो, तुम राज्य के योग्य नहीं हो।'' यह सुनते ही ब्राह्मणों ने हुंकार से उसे जला दिया और कहा कि यह राक्षस है और दुर्योधन का मित्र है। ब्राह्मणों ने उसे दुर्योधन का मित्र क्यों कहा है? इसका निर्वचन अपेक्षित है। यज्ञों में उसका विश्वास नहीं है। एक बार युधिष्ठिर की देखादेखी राजसूय किया था। किन्तु उसमें ब्राह्मणों को दक्षिणा से लादा नहीं गया है। ब्राह्मणों के हुंकार और

तन्त्र-मन्त्र को वह ढोंग समझता है। उसके दरबार में ब्राह्मणों का सम्मर्द नहीं दिखाई पड़ता, सात्वत धर्म से उसका कोई सरोकार नहीं है। सम्भवतः इसीलिए उसे बार-बार विधर्मी कहा गया है। भीष्म ने शान्तिपर्व से अनुशासनपर्व तक राजधर्म और दान-पुण्य का ही उपदेश दिया है। ऐसा करने पर भी क्या युधिष्ठिर की आन्तरिकता को बदला जा सका है?

वैराग्य युधिष्ठिर का स्थायी भाव है। युद्ध को विभाव और मारे गये लोगों की स्मृतियाँ संचारी हैं। दूसरे शब्दों में कहें तो उस पर वैराग्य का दौरा पड़ता है। कई बार उसे इस दौरे से बचाया गया। कुछ दिनों तक तो ठीक रहता था। किन्तु फिर वैतलवा डार पर। वह बार-बार कहता है कि अब संन्यास धारण कर लेंगे। बेकेट का 'वेटिंग फार गोदो' याद आता है। प्रतीक्षा करते-करते अन्त में निर्णय करते हैं कि गोदो नहीं आएगा। अब चलना चाहिए। फिर दोनों बैठ जाते हैं।

पूरे कुरुकुल में युधिष्ठिर जैसा ढुलमुल और गहरे अर्थों में गहरी मानवीय संवदेना से सम्पृक्त दूसरा कोई व्यक्ति नहीं था। चक्रव्यूह में घुसे अभिमन्यु को वे कैसे भूल जाते हैं? चक्रव्यूह में घुसने के लिए इन्हीं लोगों ने कहा था। युधिष्ठिर के विलाप के लिए व्यास ने काफी स्पेस दिया है। अर्जुन व्याकुल, क्षुब्ध, व्यथित थे। सुभद्रा रो रही थी। युधिष्ठिर को व्यास सान्त्वना दे रहे थे, सुभद्रा को कृष्ण। वीरों के मारे जाने पर सान्त्वना के दो ही फार्मूले थे— मृत्यु सबकी होती है। युद्ध में मारे जाकर वीर स्वर्ग जाते हैं। मालूम पड़ता है कि स्वर्ग में लोगों को विश्वास था। युधिष्ठिर तो सदेह ही स्वर्ग गये थे। इन आश्वासनों से युधिष्ठिर को मनः शान्ति मिली होगी, इसमें सन्देह है। घटोत्कच की मृत्यु पर सबसे अधिक दुख युधिष्ठिर को ही हुआ था। वनवास के समय अर्जुन की अनुपस्थिति में घटोत्कच बराबर युधिष्ठिर के साथ रहा है, थकने पर द्रौपदी को कन्धे पर ढोया करता था। भीम को जरूर एक झटका लगा था। कृष्ण अवश्य प्रसन्न थे। उसके दूसरे कारण थे— अर्जुन का मंगल और सुरक्षा। कृष्ण ने स्वयं कहा है कि यदि उसकी शक्ति घटोत्कच पर न चलती तो अर्जुन पर चलती। कवच-कुंडल युक्त कर्ण कृष्ण के सुदर्शन-चक्र और अर्जुन के गांडीव को नष्ट कर सकता था। दोनों मिलकर भी उसका कुछ बिगाड़ नहीं सकते थे।

द्रौपदी के पुत्रों का सोते समय मारा जाना, धृष्टद्युम्न की लात-घूसों से नृशंस हत्या वे कैसे भूल सकते हैं। एक भी पांचाल सैनिक जीवित नहीं बचा। युद्ध में एक सौ छियासठ करोड़ बीस हजार सैनिक मारे गये, छत्तीस हजार से कुछ अधिक पलायन कर गये। चीन, कम्बोज, वाहीक के सैनिक भी युद्ध में मर-खप गये। ये युद्धजन्य मौतें उसकी पसुरियों में कीलित होकर उसे टीस रही थीं। उसे अपने कारनामे भी याद आये होंगे— निर्लज्जतापूर्वक भीष्म से उसके मरने का उपाय

पूछना, द्रोण–वध के लिए सफेद झूठ बोलना, कर्ण जैसे अद्वितीय वीर और धर्मनिष्ठ व्यक्ति के अन्याय से मारे जाने पर ग्राम्य ढंग से उल्लसित होना, दुर्योधन के गिर जाने पर भीम द्वारा उसके सिर को पाँवों से कुचलने का समर्थन करना। व्यास ने उसके चरित्र पर पता नहीं कितनी पर्तें चढ़ा रखी हैं।

शल्य से युधिष्ठिर का युद्ध एक प्रहसन लगता है। युधिष्ठिर के चरित्र को देखते हुए पाठक को नहीं लगता कि शल्य ऐसा महायोद्धा उसके द्वारा मारा जा सकता है। यह भी दैव का विधान ही लगता है। जो हो, वह दैवी है। महाभारत कर्मवाद और प्रारब्धवाद का चक्रव्यूह ही मालूम पड़ता है। व्यास के कालवाद के सहारे इस चक्रव्यूह से बाहर निकला जा सकता है। बहरहाल भीष्म, व्यास और कृष्ण के कहने से वे अश्वमेध के लिए तैयार हो जाते हैं।

इस बार दिग्विजय के लिए अर्जुन को अकेला क्यों भेजा गया? राजसूय यज्ञ के समय चारों भाइयों ने सारे राजाओं को हराकर, उनसे धन एकत्र कर वैभवपूर्ण राजसूय का आयोजन किया था। महासमर में पांडव विजयी हो चुके थे। सभी राज्यों के महारथी राजा महाभारत में मारे जा चुके थे। अतः सामान्य राजाओं को हरा देना साधारण बात थी। अब तो बिना युद्ध के ही वे धन–धान्य पहुँचा जाते। अश्वमेध का अश्व छोड़ने की कोई खास जरूरत नहीं थी। लेकिन अद्‌भुत महाभारत है व्यास का। अर्जुन सर्वश्रेष्ठ धनुर्धर के रूप में प्रख्यात हो चुके थे। लेकिन मणिपुर में चित्रांगदा जो अर्जुन की पत्नी थी, उसके पुत्र यानी अपने बेटे बभ्रुवाहन से मारे गये। यद्यपि उलूपी ने संजीवनी मणि के माध्यम से उसे जिला दिया तथापि उसके बल–विक्रम का दर्प भंग हो गया, सर्वजेता धनुर्धर का भ्रम टूट गया। यही वह बिन्दु है जहाँ से महाभारत की संरचना भी बदलती है और चरित्रों का जीवन भी। गांडीव, अक्षय तूणीर की महिमा घट गयी।

सबसे बड़ी समस्या थी अर्थ की। युद्ध के कारण खजाना खाली था। अन्य राजा भी युद्ध में सेना सहित युद्ध में शरीक थे। उनके कोषागार वैसे ही खाली थे जैसे हस्तिनापुर का कोषागार। व्यास की इस युद्धोत्तर आर्थिक दृष्टि पर शायद ही किसी का ध्यान गया हो। पहले के राजसूय यज्ञ में विजित राजाओं ने इन्द्रप्रस्थ को धन से पाट दिया था। इस बार तो अर्जुन किसी भी हारे हुए राजा से कुछ नहीं लाये। उसके खजाने की हालत हस्तिनापुर के रिक्त कोषागार से भिन्न नहीं रही होगी। युद्ध चाहे जब हो, आर्थिक व्यवस्था चरमरा जाती है। व्यास की सावधानी की दाद देनी चाहिए कि उन्होंने अर्जुन से विजित किसी राज्य से कुछ धनादि पाने का उल्लेख नहीं किया है। व्यास को यह स्थिति मालूम थी— '*कोशश्चापि विशीर्णोऽयं।*' व्यास कहते हैं कि चिन्ता की बात नहीं है, शीघ्र ही भर जाएगा। पुराकाल में राजा मरुत ने एक यज्ञ कराया था। उसमें इतनी दक्षिणा दी गयी थी कि

ब्राह्मण ले न जा सके। ढेर सारा धन वहीं पड़ा हुआ है। वह उठा लाओ।

अश्वमेध यज्ञ निर्विघ्न समाप्त हो गया। कोई अप्रिय घटना नहीं घटी। पहले के राजसूय यज्ञ में बहुत कुछ ऐसा हुआ था जो युद्ध का कारण बना। युधिष्ठिर ने करोड़ों स्वर्णमुद्राएँ दान में लुटा दीं। फिर सारी पृथ्वी ब्राह्मणों को दान में दे दी। युधिष्ठिर का राज्याभिषेक हो चुका था। सर्वजित होने के लिए अश्वमेध किया। शासन सम्बन्धी सारे धर्मशास्त्रीय अनुष्ठान पूरे हो चुके थे। युधिष्ठिर उसे ब्राह्मणों को दान कर देते हैं। व्यास अपने पौत्र को फिर बचाते हैं। कहते हैं, ब्राह्मण धरती नहीं चाहते, उन्हें स्वर्ण-मुद्राएँ दो। ब्राह्मणों ने धरती लौटा दी और अकूत मुद्राएँ पायीं। अश्वमेध परिसर में हर्षोल्लास छाया हुआ है। लोग मत्त, प्रमत्त और मुदित हैं। तीनों शब्द व्यास द्वारा प्रयुक्त हैं। इतना ऐश्वर्य पाने पर मुदित, प्रसन्न होना स्वाभाविक है। मत्त-प्रमत्त होने के मूल में सत्ता-सुख है। सोमरस से अधिक इसका नशा होता है। उस समय मत्त-प्रमत्त होकर भी सत्ताधारी प्रजा के मंगल का ध्यान रखते थे। आज तो सत्ता के नशे में चूर राजनीतिक दलों का जुलूस जनता को ही लूटता है।

युधिष्ठिर का यज्ञ परिसर प्रमुदित है। भोजन की अच्छी और समृद्ध व्यवस्था है— भोज्य पदार्थों का पहाड़ लगा है, बहुत से पशु बँधे हैं। अभिप्राय यह है कि व्यवस्था सामिष भोजन की भी थी निरामिष भोजन की भी। वाद्यवृन्द बज रहे थे, युधिष्ठिर पर पुष्पवर्षा हो रही थी। इसी बीच यज्ञभूमि में एक नगण्य जन्तु, नीली आँखों वाला नेवला आ जाता है। नेवला एक डरपोक जन्तु है। फिर भी प्रत्येक घर में आता-जाता रहता है। मनुष्य की आहट से भाग जाता है। लेकिन यह तो शोर-शराबे के बीच कुछ कहता हुआ विराजमान है, ठीक वैसे ही जैसे नाटक के प्रेक्षकों में से उठकर कुछ कहता हुआ रंगमंच पर पहुँच जाता है। वह मनुष्य की बोली में बोला। मानो वज्रनिर्घोष करती हुई बिजली गिरी हो।

''राजाओ! तुम्हारा यह ऐश्वर्यपूर्ण यज्ञ कुरुक्षेत्र निवासी एक उच्छवृत्तिधारी (खेत में गिरे हुए अन्न बीनकर खानेवाला) उदार ब्राह्मण के सेर भर सत्तू-दान के बराबर भी नहीं है।'' राजन्य वर्ग मौन था। ब्राह्मणों को यज्ञ-निन्दा अच्छी नहीं लगी। उन्होंने कहा कि यह यज्ञ शास्त्र-विधि से, बिना किसी त्रुटि के सम्पन्न कराया गया है, इसकी निन्दा क्यों करते हो? तुम कौन हो? नेवले ने अपनी पूरी कहानी बता दी।

वह कुरुक्षेत्र के एक ब्राह्मण के घर रहता था। घर में चार लोग थे— ब्राह्मण-ब्राह्मणी, पुत्र-पुत्रवधू। ब्राह्मण परिवार उच्छवृत्तिधारी था। उच्छवृत्तिधारी को नित्य भोजन का जुगाड़ कर पाना सम्भव नहीं था। प्रायः पूरा परिवार भूखा रह जाता था। एक दिन उसे कुछ जौ प्राप्त हो गया। उसका सत्तू बनाया। उसे चार भागों में बाँट कर एक-एक भाग सबको दे दिया। वे लोग खाने ही जा रहे थे कि एक भूखा

अतिथि आ गया। पहले ब्राह्मण ने अपना भाग उसे दे दिया। उसकी भूख नहीं मिटी। एक-एक करके ब्राह्मणी, पुत्र और पुत्र-वधू ने अपना-अपना भाग भूखे अतिथि को सौंप दिया। अतिथि परितृप्त हो गया। उसने कहा कि "मैं धर्म हूँ, तुम्हारी परीक्षा ले रहा था। अब तुम लोग सीधे स्वर्ग जाओ।" धरती पर भूमि अतिथि के सत्तू खाते समय कुछ कण गिर गये थे। नेवला उसी धरती पर लोटने लगा। फलस्वरूप उसका आधा शरीर और आधा सिर सोने का हो गया। किसी अन्य यज्ञ की भूमि पर लोटने पर सिर का अन्य भाग भी सोने का नहीं हुआ। युधिष्ठिर का यज्ञ मामूली नहीं था, दक्षिणा में सोना लुटाया जा रहा था। ब्राह्मणों ने डट कर स्वादिष्ट भोजन किया। उनके उच्छिष्ट से धरती थोड़ी-बहुत गीली हो गयी होगी। इस यज्ञभूमि पर भी वह लोटा लेकिन कुछ न हुआ। इसलिए उसने इस महायज्ञ की निन्दा की थी। अनुमान किया जा सकता है कि नील चक्षु कथा से युधिष्ठिर को कितना सदमा पहुँचा होगा!

यज्ञ के पूर्व युधिष्ठिर संन्यास लेने पर डटे हुए थे। अगर किसी दिन चले जाते तो कोई क्या करता! लेकिन व्यास ऐसा करने नहीं देते। सबसे बड़ी हानि तो यह होती कि व्यास की महाभारत की संरचना ही खंडित और विकृत हो उठती। उसे काल-चक्र में घूर्णित मनुष्य को पूर्णतः चित्रित करना है। युधिष्ठिर ने छत्तीस वर्ष तक किस धरती पर राज्य किया? इसका उल्लेख कर्ण ने अपने स्वप्न में किया है, दुर्योधन ने मरते समय युधिष्ठिर से किया है— कोई चुनौती नहीं, कोई संघर्ष नहीं। देश भर में बिखरा-बिखरा हड्डियों का चूर्ण, हवा में बसी हुई चिरायन्ध गन्ध, छाती पर बैठा हुआ महाशून्य— ये ही सब प्रजाएँ हैं धर्मराज युधिष्ठिर की। प्रबन्ध के नाम पर धृतराष्ट्र को अपमानित होने से बचाना था, किन्तु भीम ने बड़े भाई की उपेक्षा की। मौसल युद्ध का वृत्तान्त सुनना था। भारत-युद्ध के महाधनुर्धर की हार देखनी थी। 'कालो पचति भूतानि' को अपनी पूरी आन्तरिकता में अधिगृहीत करना था।

नील चक्षु नकुल की कहानी बौद्धों की है, इसे निश्चित रूप से नहीं कहा जा सकता। इस कहानी का अन्त फूहड़ ढंग से किया गया है जो निःसन्देह ब्राह्मणवादी है। जमदग्नि ऋषि ने श्राद्ध करने का निश्चय किया। होमधेनु से दूध दुहा और उसे पवित्र पात्र में रख दिया। किन्तु ऋषि की परीक्षा लेने के लिए धर्म ने क्रोध का रूप धारण कर उसे अपवित्र कर दिया। ऋषि को तो क्रोध नहीं आया किन्तु पितरों ने उसे नेवला होने का शाप दे दिया, अनुनय-विनय करने पर शाप मुक्ति का उपाय भी बता दिया। जब वह युधिष्ठिर के यज्ञ में जाकर युधिष्ठिर और यज्ञ दोनों की निन्दा करेगा तब शापमुक्त हो जाएगा। यज्ञ के समर्थन में ब्राह्मणों द्वारा एक ऊलजलूल कहानी ठूँस दी गयी है। लेकिन बौद्ध कहानी का नेवला पाठकों को युधिष्ठिर के

जीवन को नये सिरे से पढ़ने के लिए बाध्य करता है।

कीर्केगार्द की तरह पीड़ा और उदासी उस जीवन के साथ लगी हुई थी। 1841 में उसने अपनी डायरी में लिखा है— ''जब ईश्वर किसी व्यक्ति को अपने से मिला लेना चाहता है तो वह अपनी सर्वाधिक विश्वस्त परिचारिका 'उदासी' को बुलाकर— जल्दी करो, उसे ग्रहण कर लो। देखो कभी उसकी बगल से हटना मत। और सच, संसार की कोई नारी अपने प्रेमी को ऐसा मृदु आलिंगन नहीं दे सकती जैसा कि यह उदासी।''

नील चक्षु नकुल उसके बाह्य यज्ञ, स्वर्ण-मुद्राओं के दान आदि आडम्बरों की ब्राह्मणों के सामने निन्दा करता है। इस तरह प्रकारान्तर से वह उसकी शुचिता, अपरिग्रह, अहिंसा, वैराग्य आदि का समर्थन करने लगता है। धर्मशास्त्रों के माध्यम से उसे राजधर्म, दंडनीति, हिंसा, गृहस्थ धर्म आदि के बारे में किसने नहीं समझाया। व्यास, भीष्म कृष्ण जैसे ज्ञानियों की बातें उसके सिर से गुजर गयीं। शान्तिपर्व से अनुशासन पर्व में यही सब कहा गया है। ऐसा लगता है कि व्यास ने अपनी उदासी इन पर्वों को भी दे दी है— नीरस, गद्यवत उपदेश, अनर्गल उबाऊ कहानियों से ऊब होने लगती है। कहा जाता है कि महाभारत पढ़ने के पहले शान्तिपर्व पढ़ना चाहिए। ऐसा करने पर तो पाठक महाभारत पढ़ना छोड़ बैठेगा। संरचना की दृष्टि से भी महाप्रास्थानिक पर्व पर उदासी छायी हुई है।

'महाभारत' को ठीक से आयत्त करने के लिए उसे युधिष्ठिर के परिप्रेक्ष्य में देखना चाहिए। अन्य पात्रों के जीवन की सरणि निर्धारित है, यदि नहीं है तो युधिष्ठिर की। 'महाभारत' एक ऐसा ग्रन्थ है जिसे कामू के शब्दों में कहा जा सकता है कि वह एक कुल्हाड़ी है जो हमारे भीतर जमी हुई बर्फ को काटती है। महाभारत में वे बार-बार युद्ध का विरोध करते हैं। युद्धोपरान्त तो 'जोऽयमजयाकारो' उसका एक फिकरा बन जाता है। वह युद्ध की निन्दा करता है और युद्ध लड़ता है, वह अहिंसा की प्रशंसा करता है किन्तु हिंसा करता है। क्या इसी तरह के अन्तर्विरोधों से भरा हुआ मानवीय जीवन नहीं है?

जिस अनौचित्यपूर्ण मृत्यु के लिए वे दुखी हैं उसमें वे भी शामिल हैं। आज अणु युग में तो हम अनौचित्य मृत्यु का दृश्य हिरोशिमा-नागासाकी में देख चुके हैं। कश्मीर में तो यह रोज हो रहा है। आतंकवादी अपने ही मजहब के स्त्री, पुरुष और बच्चों के नाक, कान, जीभ काट रहे हैं। चेखव के बुद्धिजीवी की भविष्यवाणी सच हो रही है। युद्ध चलता रहेगा, मनुष्य रोकता रहेगा। महाभारत का कोई ऐसा प्राणी नहीं है जो दुखी न हो। दुख जीवन का अनिवार्य अंग है। महाभारत के युधिष्ठिर का निर्वेद भी यही है। एक मात्र मृत्यु सत्य है। इसके प्रकाश में जीवन को— उसके यथार्थ को— झेलना, सहना ही मनुष्य होना है।

स्त्रीगत अन्तर्विरोध

भारतीय वाङ्मय में सबसे पुराना मानवधर्मशास्त्र 'मनुस्मृति' है। उसमें प्रतिपादित धर्म की छाप आज भी एक सीमा तक हमारे जीवन पर छाई हुई है— दलित वर्ग के विरोध के बावजूद। गीता में कृष्ण ने स्पष्ट कहा है कि प्राज्ञ योग का प्रचलन वैवस्वत मनु से होता है। कालिदास ने लिखा है कि रघुवंश के राजा और उसकी प्रजा मनु द्वारा प्रतिपादित मार्ग पर ही चलते थे। मनुस्मृति का वर्तमान संस्करण भृगुवंशी ब्राह्मणों द्वारा तैयार किया गया। प्रारम्भ में मनु ने ऋषियों को धर्म के सम्बन्ध में कुछ बताया। फिर अपने शिष्य भृगु को यह कार्य सौंप दिया। महाभारत का वर्तमान संस्करण भी भृगुवंशियों द्वारा ही निर्मित किया गया। उन्होंने दोनों ग्रन्थों में कुछ समान श्लोक डाल दिये हैं। ब्रूलर ने दोनों ग्रन्थों का तुलनात्मक अध्ययन करते हुए बताया है कि वनपर्व, शान्तिपर्व और अनुशासन पर्व में मनुस्मृति के दो सौ पचास श्लोक हैं।

मनुस्मृति और महाभारत में स्त्री के सम्बन्ध में समान अन्तर्विरोध मिलते हैं— वह स्तुत्य भी है और निन्द्य भी, पतिव्रता भी है, पुंश्चली भी, स्वर्ग भी है नरक भी, ममतामयी भी है और क्रूर भी। सब मिलाकर समाज में उसकी स्थिति दयनीय ही रही है। मनुस्मृति को दलित आन्दोलन के परिप्रेक्ष्य में जिस तरह से याद किया जाता है वह वर्ग विशेष का अपना सन्दर्भ है। सच तो यह है कि एक ऐतिहासिक कालखंड में समाज को व्यवस्थाबद्ध करने को जो प्रयास किया गया है वह ऐतिहासिक अनिवार्यता भी थी। आगे चलकर उस समय भी मान्यताएँ अप्रासंगिक और अमान्य होती गयीं।

मनुस्मृति में कहा गया है—

पिता रक्षति कौमारे भर्ता रक्षति यौवने।
रक्षन्ति पुत्रा स्थविरे न स्त्री स्वातन्त्र्यमर्हति। (9.3)
यत्र नार्यस्तु पूज्यन्ते रमन्ते तत्र देवताः। (3.56)

अनुशासन पर्व में भी इन्हें देखा जा सकता है। सवाल यह उठता है कि स्त्री

की रक्षा पर इतना जोर क्यों दिया गया है? सच तो यह है कि किसी धर्म में स्त्री के लिए सम्मान नहीं है। सामन्ती व्यवस्था में स्त्री को जमीन-जायदाद की तरह माना जाने लगा। वस्तुतः पुरुष स्त्री को बराबर शक की दृष्टि से देखता रहा है। उसके आचरण पर उसे भरोसा नहीं था। जिस वर्ग ने इस विचार को लिपिबद्ध किया है, उसे तो अक्षतयोनि की हजारों कुमारियाँ दान-दक्षिणा में मिला करती थीं— खास करके राजसूय, अश्वमेध आदि यज्ञों में। इस तरह के दान से महाभारत भरा पड़ा है किन्तु कहीं पर यह नहीं बताया गया है कि इन्हें ले जाकर ब्राह्मण पुरोहित क्या करते थे। गायों के झुंड के साथ इन्हें हाँक कर ले जाया जाता होगा। इसमें सत्यासत्य का कितना अंश है, नहीं कहा जा सकता। पर इतना सामाजिक सत्य तो है कि वे गायों की तरह बेची जाती रही होंगी।

स्त्रियाँ सर्वत्र दोषों की खान मानी गयी हैं। अनुशासन पर्व के अड़तीसवें अध्याय में युधिष्ठिर ने भीष्म से जो प्रश्न पूछा है, निन्दा के बीज उसकी वाणी में ही हैं— '*स्त्रीणां स्वभावमिच्छामि श्रोतुं भरतसत्तम। स्त्रियो हि मूलं दोषाणां लघुचित्ता ही ताः स्मृताः॥*' भरतश्रेष्ठ! मैं स्त्रियों के स्वभाव का वर्णन सुनना चाहता हूँ। क्योंकि सारे दोषों की जड़ स्त्रियाँ ही हैं। वे ओछी बुद्धिवाली मानी गयी हैं। (अनु. 38/1) भीष्म ने इसके उत्तर में धर्मराज को नारद-पंचचूड़ा का संवाद सुना दिया। एक दिन देवर्षि नारद ने ब्रह्मलोक में अनिन्द्य सुन्दरी अप्सरा पंचचूड़ा को देखा। नारद ने स्त्री से ही स्त्री के स्वभाव के बारे में जानना चाहा। पहले तो पंचचूड़ा ने स्त्री होकर स्त्री के बारे में कुछ कहने से अस्वीकार कर दिया। किन्तु नारद के यह कहने पर कि सच कहने में दोष नहीं लगता, पंचचूड़ा ने कहा— "स्त्रियों से बढ़कर दूसरा कोई पापिष्ठ नहीं है। वे सारे दोषों की जड़ हैं। स्त्रियों को दूसरों से मिलने का अवसर मिल जाए तो वे सद्‌गुणों में विख्यात, धनवान, अनुपम, रूप सौन्दर्यशाली तथा अपने वश में रहने वाले पतियों की प्रतीक्षा नहीं करतीं। निर्लज्ज होकर पापी पुरुषों को भी स्वीकार लेती हैं।" पंचचूड़ा का अन्तिम उत्तर बेहद शर्मनाक है— यमराज, वायु, मृत्यु, पाताल, बड़वानल, क्षुरधार, विष, सर्प और अग्नि समवेत रूप से एक तरफ और दूसरी तरफ अकेले स्त्री। दोनों बराबर हैं। (अनु. 28/14-30)। गनीमत यह है कि दोनों को बराबर बताया गया है, स्त्री को उनसे बढ़कर भयंकर नहीं कहा गया। कदाचित इसीलिए वाल्मीकि रामायण की अहिल्या को भी इस दोष से मुक्त नहीं किया गया है। इस काल में देवताओं का राजा-देवराज-सर्वाधिक व्यभिचारी दिखाई पड़ता है। स्वर्ग में एक से एक सुन्दर अप्सराएँ मौजूद हैं। वे तो इन्द्र को सहज उपलब्ध हैं। लेकिन मर्त्यलोक में भी जहाँ कोई सुन्दरी दिखाई पड़ी इन्द्र छल-छद्म से उसे अपनी भोग्या बना लेने में बहुत कम चूकते थे। अहिल्या ऋषि पत्नी थी। इन्द्र का मन आ गया। ऋषि के बाहर जाने

पर उसके पति गौतम का भेष बनाकर इन्द्र पहुँच गया। अहिल्या पतिव्रता स्त्री थी। उसने कपटाचारी इन्द्र को पहचान तो लिया, लेकिन—

मुनिवेषं सहस्राक्षं विज्ञाय रघुनन्दन।
मति चकार दुर्मेधा देवराज कुतूहलात॥

"हे रघुनन्दन! मुनि-वेष धारण किये हुए इन्द्र को पहचान कर भी दुष्टा अहिल्या ने प्रसन्नतापूर्वक इन्द्र के साथ सम्भोग किया।" गौतम ने इन्द्र को नपुंसक होने का शाप दिया। अहिल्या को शाप देते हुए उन्होंने कहा— "तू कठोर तप करती हुई, भूमि पर सोती हुई अनेक वर्षों तक यहाँ निवास कर!" मानस में तुलसी ने इसे बदल दिया है। अहिल्या को शापवश पत्थर बना दिया है। राम ईश्वर हैं। अत: अपने चरणों से छूकर अहिल्या को पत्थर से जीवित प्राणी बना दिया है। गोस्वामी जी का परिवर्तन अयथार्थ है जबकि वाल्मीकि का वर्णन यथार्थ है। हाँ इसके आधार पर गोस्वामी जी ने विनोद का एक अवसर निकाल लिया है— 'होइहैं सिला सब चन्द्रमुखी परखे पद-पंकज मंजु तिहारे / कीन्हीं भली रघुनायक जू करुणा करि कानन को पगु धारे।' मुनि प्रसन्न हो उठे। रामायण में आये प्रसंग से यह निकर्ष निकलता है कि स्त्रियाँ स्वभाव से ही व्यभिचारिणी होती हैं।

स्त्रियाँ वे ही प्रशंसनीय हैं जो पतिव्रता है— सीता, सावित्री दमयन्ती, शकुन्तला आदि। महाभारत में इनके लम्बे आख्यान हैं।

सीता के शुद्ध आचार-विचार के बारे में भारतीय जनमानस में शंका नहीं उत्पन्न हुई। वे प्रणम्य हैं, पूज्य हैं। उनमें देवत्व का भाव भर दिया गया है। किन्तु ऐसी आदर्श पत्नी के प्रति भी पुरुषोत्तम राम के मन में आशंका उत्पन्न हो गयी। लंका विजय के बाद राम ने सीता को वापस लेने से इनकार कर दिया। वे सीता से कहते हैं— 'हे भद्रे! मैंने रावण-वध तुम्हारे लिए नहीं किया है। अपने चरित्र की रक्षा और अपने प्रख्यात वंश के अपयश को धो डालने के लिए किया है। मुझे तुम्हारे चरित्र के बारे में सन्देह हो गया है।' *तद गच्छ त्वानुजानेऽद्य यथेष्टं जनकात्मजे। एता दश दिशे भद्रे कार्यमस्ति न मे त्वया*' (रामायण, लंका. 5.10)' "हे जनकदुलारी! तुम्हारे लिए दशों दिशाएँ खुली हैं। मैं तुम्हें आज्ञा देता हूँ कि जिधर तुम्हारी इच्छा हो उधर चली जाओ। मुझे तुमसे कुछ लेना-देना नहीं है।"

महाभारत में भी राम सीता को स्वीकार नहीं करते, लेकिन उनकी वाणी बेहद कर्कश और क्रूरतापूर्ण है। वे कहते हैं कि धर्म के सिद्धान्त को जानने वाला मेरे जैसा कोई भी पुरुष दूसरे के हाथ में पड़ी हुई नारी को क्षण भर के लिए भी कैसे ग्रहण कर सकता है?

सुवृत्तामसुवृतां पाप्यहं त्वामद्य मैथिली।
नोत्सहे परिभोगाय श्वावलीढं हविर्यथा॥

विदेह-नन्दिनी! तुम्हारा आचार-विचार शुद्ध रह गया हो अथवा अशुद्ध, अब मैं तुम्हें अपने उपयोग में नहीं ला सकता— ठीक उसी तरह, जैसे कुत्ते का चाटा हुआ हविष्य कोई ग्रहण नहीं करता। (वन. 291/ 13) आकाशवाणी द्वारा सीता की शुद्धता का प्रमाण मिलने पर राम ने उन्हें अंगीकार किया। महाभारत के राम अधिक क्रूर हैं या रामायण के, नहीं कहा सकता। महाभारत की सीता इतना भर कहती है— ''रघुकुल श्रेष्ठ! आपको स्त्री-पुरुष की गति ज्ञात है।'' इससे शास्त्रों के जकड़वाल में स्त्री की गति का एक सूक्ष्म संकेत मिल जाता है। रामायण की सीता में कुछ तेजस्विता अवश्य दिखाई पड़ती है। वह राम से कहती है—

किं मामसदृशं वाक्यमीदृशं श्रोत्रदारुणम्।
रुक्षं श्रावयसे वीर प्राकृतः प्राकृतामिव॥ (लंका. 66.3)

हे वीर! तुम ऐसी अनुचित, कर्णकटु बातें मुझसे उसी प्रकार कर रहे हो जैसे गँवार मनुष्य अपनी गँवार स्त्री से करता है। पाँचवें श्लोक में वे पुनः कहती हैं कि गँवार स्त्रियों के चरित्र से सारी की सारी स्त्री जाति के ऊपर सन्देह करना उचित नहीं है।

मारीच वध के समय मारीच लक्ष्मण-सीता को धोखा देने के लिए 'हा लक्ष्मण-हा सीते' कहकर पुकार उठता है। राम पर संकट आया जानकर सीता लक्ष्मण से राम की रक्षा के लिए जिधर से आवाज आयी थी, उधर जाने के लिए कहती है। लक्ष्मण के लाख समझाने पर भी कि राम अजेय हैं, सीता नहीं मानती। लक्ष्मण के टस-से-मस न होने पर सीता लक्ष्मण के चरित्र पर ही सन्देह कर बैठती है— '*अनार्याकरुणरम्भ नृशंस कुलपांसन। / अहं तव प्रियं मन्ये रामस्य व्यसनं महत् / सुदुष्टस्त्वं बने रामेकमेकोऽनुगच्छसि। / मम हेतो प्रतिच्छन्नः प्रयुक्ते भरतेन वा।*' हे अनार्य, कठोर हृदय, क्रूर स्वभाव और कुल कलंक! मैं जान गयी कि श्रीराम का विषादग्रस्त होना तुम्हें अच्छा लगता है। लक्ष्मण तुम्हारा स्वभाव बहुत खोटा है, इसी से तू अकेला मुझे प्राप्त करने के लिए श्रीराम के साथ वन में आया है अथवा भरत की प्रेरणा से अपने भावों को छिपाकर तुम राम के पीछे घूम रहे हो। (अरण्य., 27/24-25)। महाभारत में सीता लक्ष्मण पर कलंक का टीका क्यों लगाती है— '*हता वै स्त्री स्वभावेन— स्त्री स्वभाव वरा।*' स्त्री स्वभाव पर पुनः उँगली उठाई गयी है। शकुन्तलोपाख्यान अत्यन्त लोकप्रिय आख्यान है।

महाभारत में इसे विस्तार से कहा गया है, पद्मपुराण में यह कथा थोड़ी अलग है, श्रीमद्भागवत में भी है— अत्यन्त संक्षेप में। कालिदास का अभिज्ञान शाकुन्तल

पद्मपुराण पर आधृत है।

महाभारत में यह कथा आदिपर्व के अड़सठवें अध्याय से आरम्भ होकर चौहत्तरवें अध्याय तक चलती है। इसमें नीति, उपदेश, शास्त्र आदि की ठूँसठाँस कम नहीं है। इससे कथा-प्रवाह बाधित होता है। किन्तु यह तो महाभारत की शैली है। कण्व-आश्रम में महाराज दुष्यन्त ने रूपराशि शकुन्तला को देखा और मुग्ध हो गये। महाभारत में दुष्यन्त-शकुन्तला से आमने-सामने बात होती है। शकुन्तला अपना जन्म-वृत्तान्त स्वयं कहती है। पद्मपुराण और अभिज्ञान शाकुन्तल में उसका परिचय सखियाँ देती हैं। लगता है आश्रम-संस्कृति खुली हुई थी। सभ्यता की कृत्रिमताएँ अभी उसे ढँक नहीं पायी थीं। यही कारण है कि पद्मपुराण और अभिज्ञान शाकुन्तल में, सभ्यता के अधिक विकसित हो जाने के बाद शकुन्तला की ओर से उसकी सखियाँ बात करती हैं। दुष्यन्त ने पहले उसके रूप की प्रशंसा की। बाद में स्वयं अपना परिचय दिया कि मैं राजा दुष्यन्त हूँ। क्षत्रिय कन्या के अतिरिक्त किसी दूसरी स्त्री पर मेरा मन नहीं जाता। राजा तो वह था ही, लेकिन क्षत्रिय कन्या के अतिरिक्त किसी अन्य जातीय कन्या पर उसके मन का न जाना मनोवैज्ञानिक झूठ है। उसका यह परिचय शकुन्तला को प्रभावित करने के लिए दिया गया है जो स्वाभाविक है, मनुजोचित कमजोरी है। दुष्यन्त कम सुन्दर नहीं था। दोनों ने स्वेच्छा से गन्धर्व विवाह कर लिया। इस विवाह में मन्त्र-पाठ की भी आवश्यकता नहीं होती थी। शकुन्तला ने विवाह की एक शर्त रखी कि उसका पुत्र ही युवराज होगा। दुष्यन्त को यह स्वीकार्य था। दुष्यन्त ने यह भी वादा किया कि वह शीघ्र ही चतुरंगिणी सेना भेज कर उसे राजधानी बुलवा लेगा।

तीन वर्षों बाद शकुन्तला के गर्भ से एक बालक का जन्म हुआ। वह बारह वर्षों तक आश्रम में ही रहा। तदुपरान्त महर्षि कण्व ने शकुन्तला और उसके पुत्र को राजा दुष्यन्त के पास भेज दिया। आश्रम में बालक सिंह-शावक से खेला करता था, एक दैत्य को भी मार डाला था। इतने वर्षों में वह वेद-शास्त्र का पंडित भी हो गया।

दुष्यन्त ने शकुन्तला को पहचाना नहीं, बल्कि दुर्वचनों से उसकी भर्त्सना की। उसे 'दुष्टातावसि' सम्बोधन करते हुए कहा कि धर्म, काम, अर्थ को लेकर मेरा तुझसे कोई सम्बन्ध स्थापित नहीं हुआ था। शकुन्तला उसे ईश्वर, धर्म के साक्ष्य के आधार पर उसे गन्धर्व-विवाह की याद दिलाती रही। वह बोली— "यदि मेरी उचित याचना पर भी आप मेरी बात नहीं मानेंगे तो आपके सिर के सौ टुकड़े हो जाएँगे।" किन्तु दुष्यन्त उसे व्यभिचारिणी कहता रहा। यही नहीं उसकी माता मेनका को बन्धकी (वेश्या) तक कह डाला। अन्त में आकाशवाणी सुनकर दुष्यन्त ने उसे स्वीकार कर लिया। अभिज्ञान शाकुन्तल का दुष्यन्त भी शकुन्तला का अपमान करता है। कण्व के शिष्य भी जाते-जाते अज्ञात कुलशील व्यक्ति के साथ मित्रता करने

वाली शकुन्तला को छोड़कर आश्रम लौट जाते हैं। कण्व के दोनों शिष्य जनाकीर्ण राजकीय परिवेश को देखकर दुखी हो जाते हैं। शारंगरव कहता है कि यहाँ पर तो लगता है मैं अग्नि की लपटों में जल रहा हूँ। शारदत्त की प्रतिक्रिया और भयानक है। वह है— ''यहाँ लोगों को हीन समझता है। वह उन्हें ऐसे देखता है जैसे नहाया हुआ व्यक्ति को, पवित्र अपवित्र को, जागता हुआ सोते को, स्वतन्त्र व्यक्ति बन्धन में जकड़े हुए व्यक्ति को। वे सोचते हैं कि निसर्ग कन्या शकुन्तला यहाँ कैसे रहेगी।'' आज का नाटककार दुर्वासा के शाप को छोड़कर नगर परिवेश में स्त्री की दुर्दशा को भलीभाँति उकेर सकता है। सीता और शकुन्तला के उत्तरों के परिप्रेक्ष्य में कहा जा सकता है कि स्त्री-विमर्श की शुरुआत बहुत पहले हो गयी थी।

महाभारत में स्त्रियों की दशा का जो चित्र मिलता है वह अत्यन्त चिन्त्य है। पतिव्रता की इतनी महिमा शायद ही कहीं अन्यत्र दिखाई पड़े। उसे आत्यन्तिक रूप से महिमा-मंडित करना एक प्रकार का कठघरा है। धर्म के पाश में बाँधकर पुरुष उसे अपने अधीन रखना चाहता है। गान्धारी को एक अन्धे के गले में बाँध दिया गया। पातिव्रत्य को उच्चतर सोपान देने के लिए उसने अपनी आँखों पर पट्टी बाँध ली। अभिप्राय यह कि आँखों पर पट्टी बाँधकर पति के चरण-चिह्नों पर चलो— पति चाहे जैसा हो— अन्धा, लँगड़ा, नपुंसक वगैरह-वगैरह। माद्री तो जरखरीद गुलाम थी, पर पतिव्रता थी। अपने पति के शव के साथ चिता पर भस्म हो गयी। गान्धारी को पातिव्रत्य के बदले में शाप देने की शक्ति आ गयी। उसने युधिष्ठिर का अँगूठा काला कर दिया, भगवान कृष्ण को भी शाप दे दिया। द्रौपदी भी पतिव्रता थी, उसका चीरहरण हुआ, अपहरण हुआ, बलात्कार से किसी प्रकार बच गयी। तो क्या उसका पातिव्रत्य शाप देने लायक नहीं बन पाया था? दमयन्ती को नल ने विध्याटवी में छोड़ दिया था। उसे एक अजगर लील रहा था। एक व्याध ने अजगर का मुँह फाड़कर दमयन्ती को बचा लिया। किन्तु वह स्वयं दमयन्ती पर मुग्ध हो गया। यह देखकर दमयन्ती ने अपने पातिव्रत्य से उसे भस्म कर दिया। पर अजगर को भस्म नहीं कर सकी। कन्याओं के अपहरण में कुरुश्रेष्ठ भीष्म पितामह माहिर थे। अम्बा का जीवन बर्बाद करने का दायित्व उन्हीं पर है।

वनपर्व में द्रौपदी-अनुसूया-संवाद का एक प्रकरण है। अनुसूया ने द्रौपदी से पूछा कि तुम किस प्रकार, किन जड़ी-बूटियों से अपने पाँच पतियों को प्रसन्न रखती हो। द्रौपदी मन्त्र-तन्त्र जड़ी-बूटियों से पति को प्रसन्न रखने की लोकरीति का बुरी तरह से खंडन करती है। अब स्त्रियों में इन पर विश्वास भले उठ गया हो पर राजनीतिज्ञों में खूब प्रचलित है। अनुसूया श्यामसुन्दर को अपने वश में करने का उपाय जानना चाहती है। द्रौपदी कहती है— ''मैं अहंकार और कामभाव को छोड़कर पतियों की सेवा में लगी रहती हूँ। मेरा मन पांडवों के सिवा अन्य कहीं

नहीं जाता। पतियों को भोजन कराने के बाद भोजन करती हूँ। उनके सोने के बाद सोती हूँ और जागने के पहले उठ जाती हूँ। वे जो खाते हैं, मैं वही खाती हूँ। शास्त्र-विहित नियमों का पालन करती हूँ। क्रोध से भरे विषैले साँपों से जैसे लोग डरते हैं वैसे ही मैं अपने पतियों से डरती हुई उनकी सेवा करती हूँ। घर को लीप-पोत कर स्वच्छ रखती हूँ, सासू-सेवा में लगी रहती हूँ।'' इस संवाद को जिस किसी ने घुसेड़ा हो वह निपट अनाड़ी मालूम पड़ता है। द्रौपदी जैसी राजमहिषी अपना घर गोबर से लीपती है, यह कथन कितना उपहासास्पद है। इससे तत्कालीन समाज में ही स्त्री की स्थिति का ठीक-ठीक पता तो नहीं लगता पर यह सामान्य हिन्दू धर्म की एक सनातन रूढ़ि बन गयी है। वह किसी-न-किसी रूप में आज भी जारी है। हालाँकि आज एक सीमा तक वह मुक्त हो चुकी है।

उद्योगपर्व में गरुड़ोपाख्यान के अन्तर्गत माधवी की कथा है। इसे नारद दुर्योधन को समझाने के लिए कहते हैं। कथा उद्योगपर्व में अयथास्थान ठूँस दी गयी है, पर यह स्त्री की दुर्दशा का एक स्वच्छ दर्पण है। गालव विश्वामित्र के शिष्य हैं। विदा होते समय उसने गुरु से गुरु-दक्षिणा माँगने का आग्रह किया। जब यह आग्रह दुराग्रह की सीमा तक पहुँच गया तो गुरु ने नाराज होकर उससे आठ सौ श्यामकर्ण घोड़े माँगे। घोड़ों के कान का ऊपर का हिस्सा काला होता था, शरीर दुग्ध धवल। ऐसे घोड़े राजाओं के पास ही मिल सकते थे। चिन्ताग्रस्त गालव की सहायता के लिए गरुड़ मिल गये। गरुड़ उन्हें महाराज ययाति के पास ले गये। ययाति गरुड़ और गालव को याचना हेतु अपने यहाँ आया हुआ देख गौरवान्वित महसूस कर रहा था। दानवीरता उसकी कमजोरी थी, यही उसका अहं भी था। उसके पास न पर्याप्त धन था और न श्यामकर्ण घोड़े थे। उसने अपनी एकमात्र कन्या माधवी को गालव को सौंपते हुए कहा कि इसके अनिन्द्य सौन्दर्य से आकृष्ट हो कोई भी राजा घोड़े क्या अपना राज्य दे डालेगा। गालव कन्या को लेकर तीन राजाओं के पास गया। उनके पास दो-दो सौ श्याम कर्ण घोड़े थे। माधवी को, घोड़ों का शुल्क लेकर साल साल भर के लिए प्रत्येक राजा के पास छोड़ना पड़ा। फिर भी आठ सौ घोड़े नहीं मिले। दुनिया में कुल आठ सौ श्यामकर्ण घोड़े थे। उनमें से दो सौ नदी में बह गये थे। अत: गालव माधवी को लेकर विश्वामित्र के पास गये। ऋषिवर ने उसे देखते ही कहा कि गालव यदि इस रूपराशि को पहले ही ले आते तो चार साल मैं ही अपने पास रख लेता। एक वर्ष वह विश्वामित्र की सेवा में रही। इसके बाद वह पिता के घर न लौटकर वन में तपस्या के लिए चली गयी।

भीष्म साहनी ने इसी थीम पर एक नाटक लिखा है। किन्तु उसमें स्त्री की पीड़ा और बाप की नृशंसता पर ध्यान न देकर बम्बइया फिल्मों की तरह गालव और माधवी के रोमांस की मधुचर्या परोस दी है। महाभारत में स्त्रीत्व की अस्मिता के

अपमान का महत्त्वपूर्ण शिलालेख है। यों तो महाभारत पराशर, विश्वामित्र, रैक्व आदि ऋषि-मुनि, देवता सभी के लिए स्त्री भोग्या है। भेड़-बकरी है। सभी स्त्रियों के मुँह पर तथाकथित धर्म का ताला जड़ दिया गया है। सब चुप हैं, पुरुष वर्चस्व के प्रतिकार और अन्याय के विरुद्ध कहीं से एक भी स्वर नहीं सुनाई पड़ता है। रामायण में सती का आदर्श मानी जाने वाली सीता की अग्निपरीक्षा और राम द्वारा निष्कासित होने पर अपना आक्रोश व्यक्त करती है।

इतिहास या समय की राख में दबी ये चिनगारियाँ आज स्त्री-विमर्श के रूप में आग बनती जा रही हैं। किन्तु अभी भी उनका शोषण जारी है, अत्याचार हो रहा है। अतः विमर्श में और तेजी आनी चाहिए, सन्तुलन बढ़ना चाहिए।

श्रमण-ब्राह्मण धर्म और महाभारत

सांख्य, जैन और बौद्ध श्रमण परम्परा के अन्तर्गत आते हैं। ब्राह्मण उनसे भिन्न हैं। दोनों परम्पराओं का सूत्रपात पूर्व इतिहास-काल में हो चुका था। श्रमण परम्परा कुछ पहले की है। ब्राह्मण आर्य परम्परा कुछ बाद की। जो लोग आर्यों को बाहर से आया कहते हैं, वे इन्हें मूलतः इस देश का नहीं मानते। अनेक विद्वान आर्यों को इसी देश के निवासी मानते हैं। उनकी दृष्टि में आर्य परम्परा इसी देश की मिट्टी की उपज है। पर दोनों परम्पराएँ मूलतः अपनी अवधारणाओं में इतनी भिन्न हैं कि प्रयाग में गंगा-यमुना के संगम की जलधाराओं की तरह उन्हें अलग-अलग रंगों में देखा जा सकता है। जी.सी. पांडेय और आई.एम. जोशी ने दोनों की धर्म संस्कृति पर विस्तार से प्रकाश डाला है।

श्रमण परम्परा का लक्ष्य निर्वाण या कैवल्य है यानी जन्म-मृत्यु के चक्र से छुटकारा पाना। ब्राह्मण-परम्परा में दीर्घायु, समृद्धि और सन्तानोत्पत्ति पर सर्वाधिक बल दिया गया। इससे स्वर्ग की कल्पना की गयी। इस जीवन में इच्छा कर्म करने पर मनुष्य स्वर्ग जाता है; जहाँ सुख ही सुख है, जहाँ देवताओं, अप्सराओं, गन्धर्वों का निवास है, नन्दन कानन है।

श्रमण धर्म वैराग्य और योग पर आधारित था। उसकी कर्म की अवधारणा कारण कार्य पर प्रतिष्ठित थी। प्रत्येक कार्य के पीछे कारण होता है। मीमांसा पूर्णतः वैदिक थी— मुख्यतः पूर्व मीमांसा। यह वैदिक कर्मकांडों का पूरा समर्थक है। उत्तर-मीमांसा वेदान्त है, उपनिषदों पर आधारित। भारतीय दर्शन और धर्म को समझने के लिए उनके द्वन्द्वान्तक संश्लेष को समझना जरूरी है। महाभारत में इनके अन्तर्विरोधों को देखा जा सकता है। इस खंड की शुरुआत प्रारम्भिक बौद्धमत और उपनिषदों के पारस्परिक संघात से होती है। बाद में सांख्य योग को ठहरे हुए कट्टर हिन्दू धर्म दर्शन में समाहित कर लिया जाता है। गीता में इस पर दो अध्यायों में विचार हुआ है, जो मूल सांख्य-योग से बदला हुआ है।

बौद्ध धर्म ने योग को तो स्वीकार कर लिया पर वर्णगत (जातिगत) सामाजिक कर्तव्य उसके लिए अस्पृश्य बना रहा।

हिन्दू दर्शन में वेदान्त ब्राह्मण-धर्म के 'सेक्यूलर' लक्ष्य की उपेक्षा करते हुए श्रमणधर्म के लोकातीत (ट्रान्सेंटल) लक्ष्य को अपनाया। इसके फलस्वरूप यह विशिष्ट वर्ग (इलीट) का दर्शन हो गया। गीता एक ऐसा ग्रन्थ है जिसमें श्रमण-ब्राह्मण-धर्म-दर्शन का सुविचारित संश्लेष मिलेगा। कृष्णार्जुन के प्रारम्भिक संवाद में श्रमणधर्म के तत्त्व मिलते हैं। पर समग्रत: कृष्ण हिन्दू धर्म की इहलौकिकता और सामाजिकता के समक्ष श्रमण-प्रत्यय को गौण बनाकर दुर्बल और पुंसत्वहीन बना देते हैं।

सांख्य एक अनीश्वरवादी और भौतिकवादी पद्धति है। इसमें ईश्वर और आत्मा के लिए कोई स्थान नहीं है। ब्रह्मांड का अनुभव प्रकृति (प्रधान) से होता है। गाय चारा खाती है, उसका दूध नहीं बनता। प्रकृति की विधि में, सम्पूर्ण प्रक्रिया में गाय के चारा खाने से दूध बनता है। यह प्रक्रिया गाय के साथ लागू है, बैल के साथ लागू नहीं होगी। वैदिक दर्शन में प्रकृति के साथ पुरुष भी लगा हुआ है। पुरुष आत्मा है, जीव है, ब्रह्म है और वही सत्य है। संसार विवर्त है, माया है, नश्वर है। सांख्य के अनुसार संसार ही सत्य है। विश्वोत्पत्ति में पुरुष का कोई योगदान नहीं है। वह पदार्थ या प्रधान की गत्यात्मकता का परिणाम है। गति पदार्थ में ही होती है, पुरुष बुद्धि या चेतना में नहीं। शंकराचार्य ने इस परिणामवाद का खंडन किया है।

सांख्य के साथ योग भी लगा हुआ है। हिरियन्ना और देवीप्रसाद चट्टोपाध्याय के मतानुसार योग पहले सांख्य में ही निहित था। बाद में ईश्वर को चोर दरवाजे से उसमें घुसेड़ने के लिए उसके साथ जोड़ दिया गया। वैदिक कर्मकांडों में यज्ञों का बहुत महत्त्व है। अश्वमेध यज्ञ में अश्व की बलि दी जाती थी। उपनिषदों ने 'यज्ञ' शब्द का लाक्षणिक अर्थ किया। वृहदारण्यक उपनिषद में अश्व के स्थान पर ध्याता सम्पूर्ण जगत को समर्पित करता है। इस तरह प्रत्येक वस्तु का त्याग करके स्वराज्य में विचरण करता है। स्वराज्य स्थूल अश्वमेध से प्राप्त माने जाने वाले अधीश्वरत्व के समकक्ष ही मना जाता है। महाभारत में अनेक अन्तर्विरोध हैं। महाभारत में यज्ञ की स्तुति भी है और निन्दा भी। (12/272/3-18)। भीष्म ने युधिष्ठिर को एक उच्छवृत्ति-ब्राह्मण की कथा सुनाई है। वह खेत से बीने हुए अन्न और कन्द-मूल-फल देवताओं को समर्पित कर अहिंसक यज्ञ करता था। उसके आसपास एक मृग रहता था, जो धर्म ही था। उसने ब्राह्मण से कहा कि इस प्रकार का यज्ञ व्यर्थ है। वह स्वयं बलिपशु बनने को तैयार है। लेकिन हिंसात्मक यज्ञ के लिए प्रस्तुत नहीं होता। मृग ने पुन: मनुष्य की बोली में कहा कि बलि से उसका भी कल्याण होगा। ब्राह्मण ने उसकी बलि दे दी। उसके सारे अर्जित पुण्य क्षीण हो गये। तब मृग ने धर्मरूप धारण कर उसे अहिंसा का उपदेश दिया और कहा

कि धर्म अपनी सम्पूर्णता में अहिंसा ही है।

गीता श्रमण-धर्म-दर्शन की विरोधी है। वह अनात्मवादी दर्शनों को आर्य धर्म (हिन्दू धर्म) के हित में अर्थापित करती है। गीता में जिस सांख्य-योग का वर्णन किया गया है, वह मूल से एकदम भिन्न है। गीता में उसे आत्मवादी ही नहीं, ईश्वरवादी भी कहा गया है (अध्याय 2,3)। इसीलिए उसमें कई अन्तर्विरोध भी आ गये हैं। सांख्य का उल्लेख कई अध्यायों में हुआ है। वेदान्त को सिर्फ एक बार याद किया गया है। वेदान्त की मूल कृति से भी इसका मेल नहीं खाता।

वास्तव में इसमें पारस्परिक आर्य धर्म (हिन्दू धर्म) को पुनर्जीवित करने की चेष्टा की गयी है। इसमें ईश्वर है, उसका अवतार है, चातुर्वर्ण है, मोक्ष है, ज्ञान, कर्म, भक्ति है। आध्यात्मिकता और प्रज्ञा के संश्लेष से एक मध्यम मार्ग खड़ा किया गया है। पदे-पदे वे अपने को ईश्वर कहते हैं। इसका अर्थापन करते समय लोग प्रायः भूल जाते हैं कि यह काव्य भी है। लोग उनके विश्वरूप को माया कहते हैं। वास्तव में विश्वरूप एक फंतासी है, प्रत्यक्ष सत्य नहीं है। इसका अर्थ है कि ईश्वर में सारी सृष्टि समाहित है। वही इसका सर्जक है, पोषक है, संहारक है। चातुर्वर्ण के बारे में पिछले अध्याय में लिखा जा चुका है कि यह एक जातीय विशेषता है। 'स्वधर्म' का अर्थ है ब्राह्मण, क्षत्रिय, वैश्य, शूद्र का पूर्व निर्धारित धर्म।

गीता में बहुत कुछ बदला गया है जैसे यज्ञ का अर्थ। 'यज्ञ कोई साधारण वस्तु नहीं। वह तो प्रजाओं के जीवन में पिरोया हुआ सूत्र है। क्या कोई यज्ञ से भाग सकता है? विश्व निर्माता ने यज्ञ से ही प्रजाओं को बनाया है, अतएव प्रत्येक जीवन यज्ञ का ही रूप है प्रजापति ने स्वयं अपनी आहुति डाली तो यह सर्वहुत यज्ञ चला और चल रहा है। मनुष्य जिस काम में सर्वाहुति नहीं देता, वह काम यज्ञ का रूप नहीं ग्रहण करता।' (वासुदेवशरण अग्रवाल, 'भारत सावित्री', 2003 पृ. 492)।

वस्तुतः गीता एक प्रेरणाप्रद कर्मयोग— अनासक्त कर्मयोग— का काव्य है। राजनीतिक आन्दोलन में इसके कर्मयोग ने महत्त्वपूर्ण भूमिका निभाई है। तिलक, महात्मा गाँधी के जीवन का यह अभिन्न अंग था। अनेक क्रान्तिकारियों ने इसकी शपथ लेते हुए फाँसी के फन्दे को सहर्ष गले लगाया। जितने अधिक भाष्य गीता पर लिखे गये उतने शायद ही किसी अन्य ग्रन्थ पर लिखे गये। इसमें प्रतिपादित भक्ति का सूत्र पकड़कर रामानन्द ने मध्यकाल में जो आन्दोलन खड़ा किया उससे सामन्तवाद की चूलें खींची गयी हैं। भारतीय नवजागरण का समारम्भ भी यहीं से होता है।

धर्मस्य तत्त्वं निहितं गुहायाम्

महाभारत के अठारहवें पर्व के अन्त में व्यास ने कहा है—

ऊर्ध्व बाहुर्विरौभ्येस न च कश्चिच्छ्रणोति मे।
धर्मादर्थश्च कामश्च स किमर्थं न सेव्यते॥ (18/5/62)

मैं दोनों हाथ उठाकर कह रहा हूँ कोई नहीं सुनता। धर्म से अर्थ और काम दोनों सिद्ध होते हैं तो भी लोग उसका सेवन क्यों नहीं करते? आगे के श्लोक में वे फिर कहते हैं—

न जातु कामान्न भयान्न लोभाद्
धर्म त्येजैज्जीतस्यापि हेतोः।
नित्योधर्मः सुखदुःखे त्वनित्ये
जीवो नित्यो हेतुरस्य त्वनित्यः॥ (18/5/63)

काम से, भय, लोभ से, मरण से बचने के लिए भी धर्म का त्याग न करें। धर्म नित्य है, सुख-दुःख अनित्य है। जीव नित्य है, उसके बन्धन का हेतु अनित्य है।

भारतीय (हिन्दू) आत्मा या जीव को नित्य मानता है यद्यपि श्रमणों को इनके प्रति आस्था नहीं है और न तो चार्वाक और न सांख्य को। पहले श्लोक में व्यास मोक्ष का नाम नहीं लेते, पर गीता प्रेस की टीका में ऊपर से मोक्ष को भी जोड़ दिया गया है। व्यास की अहम समस्या है कि उसकी बात यानी धर्म सम्बन्धी बात कोई नहीं सुनता। हमारा धर्म सामी मजहब नहीं है। ईसाइयों की पुस्तक बाइबिल धर्मग्रन्थ है। इसकी लक्ष्मण रेखा के बाहर जाना ईसाइयों को मना है। पोपवादी ईसाइवादी कट्टरता के विरुद्ध प्रोटेस्टेंट आन्दोलन चला था। इस्लाम के विरुद्ध ऐसा कोई आन्दोलन कभी नहीं चला।

धर्म की जो व्यापक व्याख्या दी गयी है उसकी मुख्य समस्या है व्यावहारिक जीवन में उतारना। '*धारणात् धर्मः*'। कोई वस्तु जो धारण करती है वही उसका धर्म है, जैसे सूर्य का धर्म प्रकाश देना, अग्नि का धर्म है जलना। वस्तुतः यह ऋत के

तहत आएगा। मनुष्य के धर्म को सरलतापूर्वक परिभाषित नहीं किया जा सकता। व्यास पूरे महाभारत में इसी प्रश्न से जूझ रहे थे। मनुष्य का धर्म पृथ्वी, जल, अग्नि, आकाश, वायु आदि की तरह अनादि काल से निर्धारित नहीं है। पशु-पक्षियों, कीट-पतंगों, पेड़-पौधों (वनस्पतियाँ) आदि के धर्म भी पूर्व निर्धारित हैं। मनुष्य ने कुछ पेड़-पौधों और पशुओं की अपने हित में एक सीमा तक नस्ल बदलने की कोशिश की है और बदला भी है। नस्ल बदलने पर भी उनके मूल स्वभाव में परिवर्तन नहीं हुआ है। मनुष्य तो अपने मूल रूप में पशु ही है। आरम्भिक अवस्था में उसके सारे आचरण पशुवत थे। प्रकृति ने मनुष्य को एक छठी इन्द्रिय भी दी है—बुद्धि। कुछ जानवरों, बन्दर, हाथी, वनमानुष वगैरह में भी इसे अत्यल्प सीमा तक देखा जा सकता है। पर मनुष्य ने अपनी बुद्धि-शक्ति के साथ वाक् शक्ति का भी विकास किया। इन्हीं के फलस्वरूप धरती-आकाश पर उसका अप्रतिहत शासन है। कभी-कभी प्रकृति, ऋत के दुखी होने पर, मनुष्य की बुद्धि को रगड़कर बौना बना देती है। वह असहाय हो जाता है। सुनामी के आगे वह कर भी क्या सकता है? लेकिन दुर्दशाग्रस्त लोगों की सहायता करना उसका धर्म है।

धर्म की अनेक व्याख्याओं को देखते हुए उस व्यवस्था को धर्म कहना अधिक आधुनिक और औचित्यपूर्ण प्रतीत होता है, जिसमें प्रजा (व्यक्ति) और समाज सामंजस्यपूर्ण रीति से चलता रहे। धर्म एक ऐसी नियन्त्रणात्मक शक्ति है जो व्यक्ति और समाज में सन्तुलन स्थापित करता रहता है। नियन्त्रण तन्त्र आवश्यकतानुसार बदलता रहता है। कब बदल जाए, कैसे बदल जाए अनिश्चियात्मक है, बहुत कुछ मानवीय शक्ति के बाहर है, पर बदलने का कार्य मनुष्य ही करेगा। इसके बावजूद एक ही कार्य को एक व्यक्ति धर्म तो दूसरा अधर्म कहेगा।

उत्तर आधुनिकतावाद का युग तो और भी अधिक संशयात्मक और बहुलतार्थवादी हो गया है। यह समस्या किसी न किसी रूप में व्यास के युग में भी रही होगी।

वनपर्व में युधिष्ठिर कहते हैं—

तर्कोऽप्रतिष्ठः श्रुतयो विभिन्ना नैको
ऋर्षिर्यस्य मतं प्रमाणम्।
धर्मस्व तत्त्वं निहितं गुहायम्
महाजनो येन गतः स पन्थाः॥ (वन. 3/3/117)

तर्क प्रामाणिक नहीं है। एक तर्क दूसरे तर्क से, दूसरा तीसरे तर्क से कट सकता है। श्रुतियाँ भी विभिन्न अर्थों की प्रतिपादक हैं। ऋषियों में मतभेद हैं। किसी भी एक ऋषि के मत को भी प्रमाण नहीं माना जा सकता। धर्म का तत्त्व अत्यन्त गुह्य

या गूढ़ है। अत: महापुरुषों ने जिस मार्ग का अनुसरण किया है वही अनुकरणीय है। किन्तु महाजन या महापुरुष को चिह्नित करना सम्भव नहीं है। शान्तिपर्व में साधु और शिष्ट को इस श्रेणी में रखा गया है। उनके पहचान की समस्या उतनी ही कठिन है जितनी महाजन की। आगे महाजन को चिह्नित करने की कोशिश की जाएगी।

धर्म की और भी समस्याएँ हैं। पहले इसे त्रिवर्ग-धर्म, अर्थ और काम— की श्रेणी में रखा गया था। त्रिवर्ग का उल्लेख महाभारत में ही कई स्थानों पर हुआ है। '*अत्रैव हि महाराज त्रिवर्ग: केवलं फलम्*।' मनुस्मृति और कौटिल्य के अर्थशास्त्र में भी इसका उल्लेख है। बाद में इसमें मोक्ष जोड़ दिया गया। अब इसकी गणना पुरुषार्थ में होने लगी। त्रिवर्ग के स्थान पर चातुर्वर्ग कहा जाने लगा। चार्वाक काम को ही एकमेव पुरुषार्थ मानते हैं। कृष्ण ने गीता में कहा— '*धर्माविरुद्धो कामोस्मि भरतर्षभ: ।*' मैं धर्म के अविरुद्ध काम हूँ। धनार्जन भी धर्मसम्मत होना चाहिए। धर्म और काम के बारे में मतभेद नहीं है। लेकिन धर्म अत्यधिक विवाद्य है। इसे और स्पष्ट और पारदर्शी बनाने के लिए उद्योगपर्व के कई श्लोकों में इसकी व्याख्या की गयी है—

कामार्थौ लिप्समानस्तु धर्मेवादितश्चरेत्।
न हि धर्मादपैत्यर्थ: कामो वापि कदाचन्॥ (5.122.35)

अर्थ और काम प्राप्त करने की इच्छा करनेवाले को पहले धर्म का ही आचरण करना चाहिए। क्योंकि अर्थ और काम कभी धर्म से पृथक नहीं होते। स्मृतियाँ भी सभी पुरुषार्थों के मूल में धर्म का उल्लेख करती हैं। चाणक्यसूत्र के अनुसार 'सुखस्य मूलं धर्म:।' लेकिन धर्म को जगह-जगह दुर्बोध भी कहा गया है।

युद्धोपरान्त युधिष्ठिर सुख-भोग से दूर हटकर वन में तपस्या करने की इच्छा व्यक्त करते हैं। वे कहते हैं कि श्रुति के मतानुसार संग्रह-परिग्रह से ग्रस्त व्यक्ति पूर्णतम धर्म को नहीं प्राप्त कर सकता। इसका मुझे प्रत्यक्ष अनुभव है। इसके उत्तर में अर्जुन उसे धन की महिमा बताते हैं— ''नरेश्वर! धन से ही धर्म, काम और स्वर्ग की सिद्धि होती है। लोगों के जीवन का निर्वाह भी बिना धन के नहीं होता। (12.8.17)। जिसके पास धन होता है, उसके बहुत से मित्र होते हैं। जिसके पास धन है, उसी के भाई-बन्धु हैं। जिसके पास धन है वही पुरुष है, वही पंडित है (12.8.19)। वे आगे और कई बातें कहते हैं कि निर्धन के लिए न लोक सुखदायक है और न परलोक, कि देवता जिससे धन या राज्य पाना चाहते हैं वह ज्ञातिद्रोह है। राजा के पास जो धन है वह दूसरों का उपकार करके ही लाया गया है। आप अश्वमेध करके खूब दक्षिणा दीजिए। यही क्षत्रिय धर्म है। अर्जुन के परामर्श को देखते हुए पूछा जा सकता है कि ज्ञाति-वध द्वारा धन या राज्य-प्राप्ति अथवा दूसरों

का अपकार करके लाया गया धन क्या धर्मसम्मत है?

दूसरों का अपकार करके लाया गया धन धर्मसम्मत तो नहीं कहा जा सकता, लेकिन धन के अभाव में कुछ नहीं हो सकता। उसकी महिमा जैसे पहले थी, उससे कहीं अधिक आजकल दिखाई पड़ती है। पहले तो धन से आत्मकल्याण के साथ लोक कल्याण भी होता था। लोकतन्त्र में धन का लोकात्मक सरोकार हाशिये पर चला गया है। सत्ता पक्ष मन से लूट-खसोट करता है, जनता के नाम पर, घर-परिवार को कई पीढ़ियों तक के लिए सम्पत्ति एकत्र कर देता है।

काम मूलतः व्यापक अर्थवत्ता लिये हुए है। संस्कृत में इसके पर्याय हैं— मदन, मन्मथ, मार, प्रद्युम्न, मीनकेतन, कन्दर्प, दर्पक, अनंग, पंचशर, स्मर, संवरादि, मनसत्व, रतिपति, मकरध्वज आदि इक्कीस नाम हैं (अमरकोष, 1.25)। आज की शब्दावली में उसे अभिलाषा, लालसा, विलास, प्रेम, स्नेह, आनन्द, यौनसुख, कामातुरता (लस्ट) कहा जा सकता है। यह आसक्ति से बढ़ता है। आसक्ति जितनी गहरी होगी, कामातुरता उतनी अधिक विक्षोभक होती जाएगी। धनासक्ति की स्थिति इससे भिन्न नहीं है। मनुस्मृति (2/94) में कहा गया है— '*नजातु कामः कामानामुपयोगेन शाम्यति। हविषा कृष्णवर्त्मेव भूय एषाभिवर्धते॥*' विषयों के उपभोग से इच्छा कभी शान्त नहीं होती। घी डालने से अग्नि के समान बढ़ती है। इसलिए इसे धर्म द्वारा नियन्त्रित होना चाहिए।

धर्म द्वारा कभी भी न तो धनार्जन पर नियन्त्रण हो पाया है और न होगा। महात्मा गाँधी के 'ट्रस्टीशिप' की कल्पना व्यर्थ सिद्ध हुई। आजकल के लोकतन्त्र में तो नेताओं, प्रशासकों को अवैध ढंग से धनार्जन की खुली छूट है। सोवियत में किसी हद तक इसे नियन्त्रित किया जा सका था। पर इसके साथ व्यक्ति-स्वातन्त्र्य का गला घोंट दिया गया था। आज के पूँजीवादी समाज का मुख्य उद्देश्य धन कमाना है। दुनिया भर में इसी के लिए युद्ध हो रहे हैं, अपहरण का बोलबाला है, हिंसा का बाजार गर्म है। काम एक मनोवैज्ञानिक समस्या है। इसे जितना दबाया जाएगा वह उतना विस्फोटक और कुंठोत्पादक होगा। इसे एक सीमा तक मुक्त रखना चाहिए। मुख्य समस्या धन या अर्थ है। कौटिल्य ने त्रिवर्ग का क्रम धर्म, अर्थ, काम नहीं रखा है, बल्कि अर्थ, धर्म और काम रखा है। अतः अर्थ को नियन्त्रित करने का प्रयास होना चाहिए।

पुरुषार्थ में एक चौथा वर्ग है— मोक्ष। मोक्ष को निर्वाण या कैवल्य भी कहा गया है। इसका अभिप्राय है आवागमन या पुनर्जन्म से मुक्ति। इससे तो मानव जन्म का सिलसिला ही टूट जाएगा। जितने दिन मनुष्य जीवित रहेगा अपने लिए और समाज के लिए किसी काम का नहीं होगा। कुछ लोग पुरुषार्थ को मिथक कहकर सिरे से खारिज कर देते हैं।

किन्तु यदि मोक्ष को वर्णाश्रम धर्म के सन्दर्भ में देखा जाए तो इसकी प्रासंगिकता स्वतः सिद्ध हो जाती है। मोक्ष चौथे आश्रम— संन्यास का क्षेत्र है। इसे चौथापन भी कहते हैं— 'चौथेपन नृप कानन जाहीं।' इस समय मनुष्य शारीरिक दृष्टि से इस स्थिति में नहीं रहता कि इहलौकिक कार्यों में लग सके, मनोवैज्ञानिक दृष्टि से भी तटस्थ हो जाता है। इस अवस्था में वैयक्तिकता से मुक्त होकर वह सामाजिक उत्थान के लिए बहुत करता रहता है। जैसे, बोधिसत्व। यों अवधारणा के रूप में वह बहुत सार्थक नहीं लगता है। रामकृष्ण परमहंस ने विवेकानन्द को शुष्क संन्यास के विरुद्ध उपदेश दिया था। विवेकानन्द अन्तिम क्षण तक अपने ढंग से सामाजिक कार्यों में लगे हुए थे।

गीता में निर्वाण की चर्चा नहीं है। वह कर्मयोग का ग्रन्थ है— अनासक्त कर्मयोग या निष्काम कर्म का। यही उसका केन्द्रीय विषय है। इसके साथ एक-दूसरे शब्द 'स्वधर्म' पर बराबर बल दिया गया है। गीता एक मेटाफिजिकल काव्य है। अतः इसे दूसरे ढंग से पढ़ना होगा। निष्काम कर्म योग है और 'स्वधर्म' कर्तव्य। निष्काम कर्म के लिए अभ्यास आवश्यक है। 'स्वधर्म' सहज है। स्वधर्म कर्तव्य है। इस तरह यह जीवन का कार्य सिद्ध होता है। यह जीवन की एक सुनिश्चित पद्धति पर जोर देता है। यह पद्धति निष्काम कर्म भी है और स्वधर्म भी।

लेकिन यह स्वधर्म क्या है? गीता के निर्देशानुसार यह वर्ण या जाति धर्म है यानी ब्राह्मण, क्षत्रिय, वैश्य, शूद्र के लिए पूर्व निर्धारित कर्म या कर्तव्य। यों विभिन्न सन्दर्भों में 'स्वधर्म' के अर्थ अलग हो जाते हैं। सम्राट जरासन्ध प्रजापालन को 'स्वधर्म' कहता है। भीष्म अपने ब्रह्मचर्य-व्रत पालन को ही 'स्वधर्म' कहते हैं— ''मैं इन्द्र के भय से भी 'स्वधर्म' का परित्याग नहीं करूँगा'' (उद्योग 178)। किन्तु कृष्ण स्वधर्म को जाति या वर्णधर्म से सम्बद्ध कर देते हैं। इस तरह वह वर्ण-धर्म को एक ठोस भूमि पर स्थापित कर देता है। गीता में वह कहता है—

स्वधर्ममपि चावेक्ष्य न विकम्पतुमर्हिसि।
धर्म्याद्धि युद्धाच्छ्रेयोऽन्यत्क्षत्रियस्य न विद्यते॥ (2/31)

अपने धर्म को देखकर भी तुम्हें भय नहीं करना चाहिए क्योंकि क्षत्रिय के लिए धर्मयुक्त युद्ध से बढ़कर दूसरा कोई कल्याणकारी कर्तव्य नहीं है। महाभारत में धर्मव्याध की कथा है। वह शूद्र है, मांस बेचता है। यह उसका स्वधर्म था। स्वधर्मरत होने के कारण वह किसी ऋषि से कम नहीं था। ब्राह्मण कौशिक धर्म की शिक्षा लेने उसके पास गया था। शूद्र की जाति-धर्म मांस बेचना था। उसके लिए यही करणीय था। यहाँ पर भी स्वधर्म जाति से ही सम्बद्ध है।

द्रोण पर्व में भीम द्रोण से कहता है— ''तुमने जाति-धर्म छोड़कर शस्त्र ग्रहण न किया होता तो क्षत्रियों को भलीभाँति व्यक्त जाति में स्वधर्म पालन में सुविधा

होती। ब्राह्मणों का धर्म तो सबके साथ अहिंसात्मक ढंग से रहना है। आप तो ब्राह्मणों में श्रेष्ठ हैं। पुत्र के लिए म्लेच्छ जाति के कई लोगों को मार डाला। वे तो अपने धर्म पर चल रहे थे। आपने स्वधर्म छोड़कर उनका वध किया। इसमें आपको लज्जा नहीं आयी?...'' सौप्तिक पर्व में द्रोण पुत्र अश्वत्थामा ने जिस क्रूरता से सोते हुए लोगों का संहार किया वह ब्राह्मणत्व के विरुद्ध था। यहाँ पर भी जोर जाति-धर्म पर ही है। ब्राह्मण को शस्त्र विद्या न सीख कर शास्त्र-विद्या सीखनी चाहिए।

बुद्धदेव बसु इस जातिगत वर्णाश्रम धर्म को जातिवाद और कृष्ण को इससे मुक्त करने के लिए जो तर्क देते हैं वह गले के नीचे नहीं उतरता। वे गीता का एक श्लोक उद्धृत करते हैं—

श्रेयान्स्वधर्मो विगुणः पर धर्मात्स्वनुष्ठितात्।
स्वधर्मे निधनं श्रेयः परधर्मो भयावहः॥ (गीता 3.30)

सम्यक् भाव से पर धर्म के अनुष्ठान से आंशिक रूप से स्वधर्म का पालन अच्छा है। स्वधर्म का पालन करने में मृत्यु भी श्रेयस्कर है, किन्तु परधर्म भयंकर है। इरावती कर्वे अपनी पुस्तक 'युगान्त' में परधर्म की भयंकरता के बारे में द्रोण और अश्वत्थामा को प्रस्तुत करती हैं। कर्वे ने इसके लिए कोई सामाजिक या मनोवैज्ञानिक तर्क नहीं दिया है जबकि उसके जैसे नृतत्त्ववेत्ता से इसकी अपेक्षा थी।

इस वर्णव्यवस्था का निर्माण स्वयं कृष्ण यानी ईश्वर ने किया है। याद रखना चाहिए कि कृष्ण ने गीता में बार-बार अपने को ईश्वर कहा है। उसका कहना है—

चातुर्वर्ण्यं मया सृष्टं गुणकर्मविभागशः।
तस्य कर्तारमपि मां विद्धयकर्तारमव्ययम्॥ (4.13)

चारों वर्णों— ब्राह्मण, क्षत्रिय, वैश्य, शूद्र— की सृष्टि गुण-कर्म के आधार पर मैंने की है। इसका कर्ता होने पर भी मुझे अकर्ता ही समझो। यहाँ पर जिस अकर्तापन पर जोर दिया गया है वह निष्काम कर्मयोग का एक महत्त्वपूर्ण तत्त्व है।

पर 'चातुर्वर्णं मया सृष्टं' आज भी विवाद्य है। यदि इसे भगवान ने बताया है तो यह मिथक है। ईश्वर की सृष्टि भी तो मनुष्य की कल्पना ने ही की है। चातुर्वर्ण के साथ गुण-कर्म को जोड़ कर उसे तर्क-संगत बना दिया गया है। गुण तीन होते हैं— सत्, रज, तम। इसे प्रकृति कहा गया है। इन्हीं की टकराहट से स्वभाव बनता है। स्वभाव के आधार पर, जैसा कि उन्होंने कहा है, वर्णधर्म की सृष्टि हुई है। सिद्धान्ततः इसे स्वीकार किया जा सकता है, पर व्यवहारतः कृष्ण ने स्वयं इसे ब्राह्मण, क्षत्रिय आदि जातियों में कीलित कर दिया है। वे अर्जुन से बार-बार क्षत्रिय धर्म का पालन करने के लिए कहते हैं। युधिष्ठिर में ब्राह्मणत्व का सत्व था, क्षत्रित्व का नहीं। इसे स्वयं उसके भाइयों ने कहा है, उद्योग पर्व में संजय ने कहा है, द्रोणपर्व में कर्ण ने कहा है। लेकिन वे अन्त तक क्षत्रिय बने रहते हैं।

सूतपुत्र कर्ण में क्षत्रित्व के सारे गुण भरे हुए थे। लेकिन कृष्ण के समाज में वह सूतपुत्र ही बना रहा। द्रोण और अश्वत्थामा स्वभाव से क्षत्रिय-धर्मी थे। किन्तु ब्राह्मण ही बने रहे। परशुराम की स्थिति भी यही है। ब्रह्मर्षि बनने की लाख कोशिश करने के बावजूद विश्वामित्र राजर्षि से आगे नहीं जा सके। विश्वामित्र को राजर्षि से आगे जाने से इसलिए रोक दिया गया है कि इससे ब्रह्मर्षि या ब्राह्मण की महत्ता सिद्ध हो सके। जनक से बड़ा ब्रह्मवेत्ता कौन था? लेकिन वे क्षत्रिय की जातिवादी लक्ष्मण-रेखा से बाहर नहीं निकल सके। आज तो स्थिति और भी गम्भीर है। यदि जूते की दूकान ब्राह्मण की है तो वह जूता बेचते हुए भी पंडित जी बना रहेगा। यदि क्षत्रिय की है तो जूता बेचने का कार्य करते हुए भी ठाकुर साहब ही बना रहेगा। वोट की राजनीति के कारण जातिवादी समीकरण और भी दृढ़ हो गया है। इसमें सन्देह नहीं कि जातिवाद में थोड़ा लचीलापन दिखाई देता है। शादी-विवाह के मामले में यह कुछ मुक्त जरूर हुआ है। किन्तु जीवन के अन्यान्य क्षेत्रों— नौकरी, चयन, मारपीट आदि— में इसमें तनिक शैथिल्य नहीं आ पाया है।

वास्तव में कृष्ण की उपलब्धि निष्काम कर्म ही है। इसके साथ वे ही वैष्णवधर्म की नये सिरे से प्रतिष्ठा भी कर रहे थे। वे नास्तिकवादी धर्मों के प्रति पूर्णतः सचेत थे। महाभारत काल के पूर्व कम से कम दो दर्शन-चार्वाक और सांख्य-मौजूद थे। यही नहीं जनता पर उनका प्रभाव भी था। निरीश्वरवादियों पर गीता में जमकर प्रहार किया गया है। महाभारत में चार्वाकों का उल्लेख कई जगह आया है। समय-समय पर ब्राह्मण उनका वध करने में भी संकोच नहीं करते थे। उन्हें राक्षस कहते थे। धीरे-धीरे उन लोगों ने चार्वाकों के साहित्य को ही नष्ट कर दिया। सांख्य कम भौतिकवादी नहीं था। उसे षड्दर्शन में तब शामिल किया गया जब अकादमिक षड्यन्त्र के तहत उसमें वेदों के प्रति आस्था जोड़ दी गयी।

देवीप्रसाद चट्टोपाध्याय ने 'लोकायत' में सांख्य दर्शन पर काफी विस्तार से चर्चा की है। उन्होंने अनेक देशी-विदेशी विद्वानों के साक्ष्य और स्वयं अपने विवेक के आधार पर इसकी प्रामाणिक विवेचना की है। अधिकांश सांख्य साहित्य विलुप्त हो चुका है। जो कुछ उपलब्ध है उससे लगता है कि वह तत्त्व-मीमांसा की महान पद्धति थी। तन्त्रवाद काफी पुराना है किन्तु सांख्य के पुरुष और प्रकृति के सिद्धान्तों पर उसकी नींव पड़ी। यह बंकिमचन्द्र का मानना है। शंकराचार्य ने इसे 'कपिलस्य तन्त्र' कहा है। तन्त्रवाद वैदिक परम्परा का प्रबल विरोध था।

'ब्रह्मसूत्र' में बादरायण ने वेदान्त के पक्ष में तन्त्रवाद का खंडन किया है। चट्टोपाध्याय के मतानुसार सांख्य कट्टर नास्तिकवादी और भौतिकवादी था। याकोबी इसका समर्थक है, राधाकृष्णन् विरोधी। देवीप्रसाद मूल 'सांख्य कारिका' के अनुसार इसे वेद-स्मृति और ब्राह्मणवाद विरोधी कहते हैं। इसमें पदार्थ को ही परम सत्य माना गया है। विश्व की उत्पत्ति का यह पहला कारण था। वेदान्त में पुरुष को जीव

या चैतन्य कहा गया है। देवीप्रसाद ब्रह्मसूत्र के आधार पर ही सिद्ध करते हैं कि पदार्थ से ही सत्, रज, तम से उपेत पुरुष (चैतन्य) का प्रादुर्भाव होता है।

गीता और महाभारत में इन्हीं अवैदिक धर्मों के विरोध में ब्राह्मणधर्म या वैष्णवधर्म की प्रतिष्ठा का प्रयास किया गया है। इसके द्वारा वेद, स्मृति, एकेश्वरवाद की मर्यादा और भक्ति का प्रतिपादन हुआ है। इसकी नींव वर्ण, आश्रम और पुनर्जन्म है। पुनर्जन्म की कल्पना वर्णधर्म को सुदृढ़ करने के लिए की गयी है। महाभारत का शान्तिपर्व मनुस्मृति की मान्यताओं का पिष्टपेषण और पुनर्भाष्य है। उसमें कहा गया है कि चौरासी लाख योनियों में भटकता हुआ मनुष्य पहले शूद्र होता है। शूद्र के शोषण का इससे बेहतर उपाय और क्या हो सकता था। मतलब यह कि यदि शूद्र निर्भ्रान्त भाव से सेवा में प्रवृत्त नहीं रहता है तो उसे पुनः चौरासी लाख योनियों में भटकना पड़ेगा।

वर्णधर्म पर इतना अंकुश लगाने के बावजूद अवैदिक धर्म की परम्पराएँ भी चलती रहीं। वर्ण धर्म स्वयं द्वन्द्वातीत नहीं रह सका। द्वन्द्व के बिना गति नहीं आती। वर्णधर्म के दो शीर्षस्थ वर्णों में मतभेद उभरा। इस मतभेद का सूक्ष्म संकेत मनुस्मृति और महाभारत में मिलता है। दोनों का कहना है कि ब्रह्म-क्षत्र के मिलने से जो कार्य होगा उससे इहलोक और परलोक की समृद्धि मिलेगी (मनु. 9/522, महा. शान्तिपर्व, अ. 74)। महाभारत में इसे कुछ विस्तार से कहा गया है। इस प्रकार के मेल के उल्लेख से अनुमान लगाया जा सकता है कि दोनों के बीच मतभेद उभर रहा था।

रवीन्द्रनाथ टैगोर का एक लम्बा लेख है— 'भारतवर्ष में इतिहास की धारा'। उसमें इस मतभेद को विस्तारपूर्वक विश्लेषित किया गया है। इस तरह समाज और आदर्श दोनों में ही ब्राह्मण और क्षत्रिय में जो भेद उत्पन्न हुआ, उसका मूल स्वरूप हम दो देवताओं में देख सकते हैं— प्राचीन वैदिक मन्त्र-तन्त्र और क्रियाकांड का देवता है ब्रह्मा और नये वर्ग का देवता है विष्णु। ब्रह्मा के चार मुख चार वेद हैं। वह सदा के लिए ध्यानरत और स्थिर है। विष्णु के चार हाथ क्रियाशील हैं, नये नये क्षेत्रों में मंगल की घोषणा करते हैं और ऐक्यचक्र को प्रतिष्ठित करते हैं, विश्व-शासन को प्रचारित और सौन्दर्य को विकसित करते हैं।

रविबाबू के अनुसार विष्णु क्षत्रियों के देवता हैं और मूलतः भक्ति का प्रवर्तन उन्होंने ही किया। ब्राह्मण भृगु ने विष्णु के वक्ष पर पदाघात किया था। सामान्यतः यह कहानी सबको ज्ञात है। पंडितों ने बताया है कि भृगु ने विष्णु के धैर्य की परीक्षा लेने के लिए ऐसा किया था। पर रविबाबू इसे दूसरी तरह लेते हैं। 'वेदों में भृगु को यज्ञकर्ताओं और यज्ञफल योगियों का आदर्श माना गया है। पूजा के आसन पर जब ब्रह्मा का स्थान विष्णु को मिला तब यज्ञक्रिया कांड को छोड़कर भक्ति-धर्म के युग ने प्रवेश किया। इस सन्धिकाल में एक बहुत बड़ा तूफान आया। और ऐसे

तूफान का आना अपेक्षित था। जिनके हाथ में क्रियाकांड का अधिकार था और जिन्होंने इस अधिकार द्वारा समाज में एक विशेष स्थान प्राप्त किया था वे आसानी से पीछे हटने के लिए तैयार न थे।'

वह भक्ति-धर्म या वैष्णव-धर्म विशेष रूप से क्षत्रिय प्रवर्तित था। इस बात का एक प्रमाण यह है कि क्षत्रिय श्रीकृष्ण को हम इस धर्म के गुरु के रूप में देखते हैं। और हमें श्रीकृष्ण के उपदेशों में वैदिक मन्त्र और आचार के विरुद्ध आघात का परिचय मिलता है। इसी का दूसरा प्रमाण यह है कि प्राचीन भारत के पुराणों में जिन दो व्यक्तियों को विष्णु का अवतार मानकर स्वीकार किया गया है वे दोनों क्षत्रिय हैं— श्रीकृष्ण और रामचन्द्र।... इस वृत्तिगत भेद से आरम्भ होकर ब्राह्मण-क्षत्रिय में जो चित्तगत भेद निर्मित हुआ था वह यहाँ तक बढ़ गया था कि सामाजिक विप्लव की आग उगलने लगा। वसिष्ठ, विश्वामित्र की कहानी में इस क्रान्ति का इतिहास निबद्ध है। राजा हरिश्चन्द्र ब्राह्मणों के पक्षधर थे। किन्तु विश्वामित्र के सामने उन्हें हार माननी पड़ी। जरासन्ध का वध इसलिए भी किया गया कि वह ब्राह्मण-समर्थक और क्षत्रिय विरोधी था।

युधिष्ठिर के राजसूय यज्ञ में कृष्ण को ही अग्रपूजा के लिए क्यों चुना गया? उन्हें ही अर्घ्य क्यों दिया गया? स्मरण रखना चाहिए कि वे ब्राह्मणों का चरण पखारने के लिए नियुक्त थे— '*चरणक्षालने कृष्णो ब्राह्मणानां स्वं ह्यभत।*' कृष्ण की अग्रपूजा का प्रस्ताव स्वयं पितामह भीष्म ने किया था। शिशुपाल कृष्ण का विरोधी था। उसने अग्रपूजा के लिए व्यास, द्रोण, अश्वत्थामा, दुर्योधन, भीष्म, कृप आदि का नाम लिया। कृष्ण ने उसका सिर धड़ से अलग कर दिया। रामचन्द्र ने भी क्षत्रिय विश्वामित्र का शिष्यत्व स्वीकार किया और क्षत्रियों के दुर्दान्त शत्रु परशुराम को बिना युद्ध के ही शान्त करके एक तरह परास्त कर दिया। वस्तुतः राम और कृष्ण दोनों ही बहुलत्व में एकत्व की प्रतिष्ठा कर रहे थे।

वर्णधर्म आज भी टूटता नजर नहीं आ रहा है बल्कि राजनीतिक कारणों से विकृत होते हुए भी मजबूत होता जा रहा है। किन्तु इतना सच है कि विभिन्न वर्णों के बीच एक सामंजस्य का प्रयास भी हो रहा है। इसके लिए गीता मार्ग-प्रशस्त प्रतीत होता है। परन्तु तथ्य यह है कि 'धर्मस्य तत्त्वं निहितं गुहायाम्' जितना सच पहले था, उतना ही आज भी है।

□□□

श्रेष्ठ भारतीय साहित्य

भारतीय ज्ञानपीठ